# 中国商业银行竞争力报告
# （2015）

## Annual Report on The Competitiveness
## of China's Commercial Banks （2015）

主　编：王松奇

副主编：刘煜辉　欧明刚

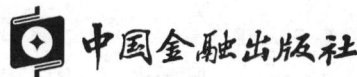中国金融出版社

责任编辑：石　　坚
责任校对：刘　　明
责任印制：陈晓川


图书在版编目（CIP）数据

中国商业银行竞争力报告.2015（Zhongguo Shangye Yinhang Jingzhengli Baogao. 2015）/王松奇主编.—北京：中国金融出版社，2015.12
ISBN 978－7－5049－8253－7

Ⅰ.①中…　Ⅱ.①王…　Ⅲ.①商业银行—市场竞争—研究报告—中国—2015　Ⅳ.①F832.33

中国版本图书馆 CIP 数据核字（2015）第 280400 号


出版
发行
**中国金融出版社**

社址　北京市丰台区益泽路 2 号
市场开发部　（010）63266347，63805472，63439533（传真）
网 上 书 店　http：//www.chinafph.com
　　　　　　　（010）63286832，63365686（传真）
读者服务部　（010）66070833，62568380
邮编　100071
经销　新华书店
印刷　北京市松源印刷有限公司
尺寸　169 毫米×239 毫米
印张　19.75
字数　256 千
版次　2015 年 12 月第 1 版
印次　2015 年 12 月第 1 次印刷
定价　69.00 元
ISBN 978－7－5049－8253－7/F.7813
如出现印装错误本社负责调换　联系电话（010）63263947

# 《中国商业银行竞争力报告（2015）》
# 编　委　会

**课题实施单位**　《银行家》研究中心

**专家指导委员会**

王广谦　中央财经大学校长

王松奇　中国社会科学院金融研究所博导、教授，《银行家》
　　　　主编

洪　崎　中国民生银行董事长

张　杰　中国人民大学中国财政金融政策研究中心副主任

吴念鲁　中国金融学会副会长

宋逢明　清华大学国际贸易与金融系主任

赵彦云　中国人民大学应用统计中心主任

夏　斌　国务院发展研究中心金融研究所所长

秦池江　中国金融学会副秘书长

曹凤岐　北京大学金融与证券研究中心主任

焦瑾璞　中国人民银行研究生部部务委员会副主席

魏加宁　国务院发展研究中心宏观部副部长

课题组组长　王松奇

课题组副组长　刘煜辉　欧明刚

课题组成员　王松奇　刘煜辉　欧明刚　张云峰
　　　　　　高广春　刘明彦　王光宇　宋　飞
　　　　　　周　立　陶艳艳　范　嘉　徐　虔
　　　　　　张　坤　邓　鑫　张桦成　蔡鸿志

课题支持　北京费雪投资咨询中心

# 摘　　要

2014 年，对于商业银行乃至整个金融业来讲都是多事之秋的一年，同样也是改革动力与创新机遇并存的一年。利率市场化的浪潮愈演愈烈，从起初逐步放开存贷款浮动区间到存款保险的推出，后来又郑重宣布取消商业银行存贷比，无不反映了"把决定权交给市场"的强劲呼声；另外，经济结构调整下的去库存、去产能、去杠杆，特别是随着股市"融配资"的高涨热情和随后股市的大幅下泄，使我国商业银行风险逐步暴露开来。与信托、证券、基金等机构协同而生的银行隐性风险逐步显性化已经成为一个不得不面对的事实，这就需要监管机构更加审慎的监管力度；特别是已经存在的混业经营市场对分业监管的改革呼声高昂。对于商业银行来说，要在利率市场化、坏账风险增加、直接融资市场比例上升以及互联网金融多重冲击下站稳脚跟，需要积极调整自身定位以不致失去市场。

我们看到，银行的利益相关者已经不再简单，银行的所作所为也与信托、证券、基金、保险等混为一体，资金可以通过金融创新在金融市场内自由流动，不同行业之间的监管篱笆已经形同虚设。银行的风险也可以传导到信托、证券、基金、保险等机构，从而引发更大规模的金融危机。尽管 2014 年银行监管部门围绕推动银行业深化改革和深化监管改革作出很多努力，但监管的分割使效用大大降低。金融监管的目标应当是在危机之前将系统风险降至尽可能低，使得危机爆发后的危害降至尽可能小，现有监管体制已经无法实现这一目标。

面对越来越严酷的市场竞争，以及以前风险的集中爆发，商业银行需要适时调整经营方式。大型商业银行和中小型银行由于资产规模和市场范围不同，二者所面对的经济环境也不太一样。两类银行应该相互补充发展，在各自的领域做深做透，在做好风险审慎的同时获得盈利。

我国已处在金融混业的前夜。但与此相配套的金融混业监管法规及金融监管体制还没有。在这种情况下，金融混业的风险将被隐藏起来，不利于整个金融体系和国民经济的正常运行。建立健全的金融混业与监管体系是市场发展所需。越晚建立，类似"钱荒"、"债灾"、"股灾"等监管真空引致的事件将再次发生。商业银行要确立审慎经营理念，帮助企业修复资产负债表，从而在国家经济结构转型中发挥正向积极的作用。

《银行家》研究中心研究并推出的"2015 中国商业银行竞争力评价报告"，以整体行业为研究对象，以科学分析方法，在对以往评价模型不断改进基础上，通过大量实地调研，历经一年多时间，为广大读者奉献的"呕心"之作。本次报告摘要部分包括中国银行业总体评价和全国性商业银行财务评价。本报告以 2014 年中国商业银行业的经营状况为依据，利用竞争力分析框架，分析了中国商业银行竞争力的基本格局，对全国性商业银行和城市商业银行的竞争力作了评价，点评了不同银行的特点，提出了中国银行业竞争力提升中需要解决的问题。

在对全国性商业银行盈利能力、资本实力、资产质量和流动性等指标的综合评价中，中国全国性商业银行的竞争能力在财务性指标的表现来看有了明显的改善。中国工商银行、中国建设银行、中国农业银行为五家大型银行排名的前三名，招商银行、上海浦东发展银行、兴业银行、中国民生银行、恒丰银行分列全国性股份制银行的前五名。以全国性商业银行为代表的中国银行业积极推进改革创新，资产负债规模稳步增长，存贷款增速有所放缓，资本实力不断增强，资本充足水平稳步提升，利润增速进一步放缓，流动性水平总体平稳，但不良贷款余额和不良贷款率增长幅度有所扩大，资产质量的压力进一步上升。各类银行业金融机构，继续围绕公司、业务、风险、行业等方面深化治理体系改革，不断优化银行业金融机构治理体系；紧跟时代脉搏，从电子银行服务渠道、高附加值非信贷业务、负债产品等方面，加大金融创新力度。银行业金融机构投资主体进一步多元化，民营银行试点取得历史性突破，一批以民资主导的金融租赁公司、消费金融公司、财务公司和村镇银行成功设立，广覆盖、差异化、高效率的银行业机构体系进一步完善。

在对全国性商业银行发展战略、公司治理、风险管理、产品与服务、流程银行建设、信息技术和人力资源等方面的综合评价中，中国工商银行、中国建设银行、中国银行为五家大型银行排名的前三名，招商银行、中信银行、平安银行、中国民生银行、兴业银行分列全国性股份制银行的前五名。

总体来看，城商行受人才、系统、流程、资源等多种因素的限制，在改革创新转型方面落后于国有大型商业银行和全国性股份制商业银行。城商行需要付出更多的努力和资源来改善自己，提升自己应对新常态下复杂经济金融形势和市场竞争的能力。2014 年，城商行资产负债规模增速低于 2013 年，但仍然高于银行业平均水平，城商行资产负债规模在银行业金融机构中的占比继续增长，其中 3 家城商行资产规模超过 1 万亿元；不良贷款增长有所加速，但资产质量、风险抵偿能力仍保持在较好水平；资本金补充压力较大，但资本金和流动性保持充足；盈利水平继续增长，但增幅继续下降，盈利能力有所下降。

# Abstract

2014 was troubled time for Chinese commercial banks and the financial industry, and also the momentum for reform and innovation opportunities was coexisted in this year. The wave of interest rate liberalization intensified, which was beginning from gradual liberalization of deposit and loan floating interval to the introduction of deposit insurance, then solemnly announcement of the abolition of the commercial bank loan, all of these were reflecting the a strong voice of financial marketization. On the other hand, the De – stocking, DE – Capacity, and De – leverage under the situation of economic structure adjustment, and especially along with the surging enthusiasm in stock market and subsequent stock market sharply discharged, all of these made commercial banks of China to exposure their risks. The implicit risks of commercial banks that was along with the development of trust, securities, funds and other institutions had become emerge. So our regulatory agencies needed to be more cautious. The market also should reform its separate supervision because the mixed operation market had already formed. For commercial banks in China, under the situation of interest rate liberalization, the risk of bad debts, the growing proportion of direct financing market and the impact of the Internet Financial, banks need to actively adjust their developing strategy so as to get more core competencies.

We have already found that stakeholders of banks are no longer simple, and bank's actions also mixed into the activities of trust, securities, funds, insurance and others financial institutions. The capital can free flow in the financial market through financial innovation, and regulatory fence between different industries has been non – existent. And the Banking risks can also be transmitted to the trust, securities, funds, insurance and other institutions, thus triggering a more massive financial crisis. Although in 2014, the banking regulatory authorities has made a lot of efforts on deepen reform and deepen regulatory reform around banking industry promotion, the division of the regulatory made the effect greatly reduced. The goal of financial supervision should focus on the reduction of the risk of the system as low as possible before the crisis, so as to reduce the possibility of crisis, and the existing regulatory system has been unable to achieve this goal.

In the face of increasingly severe market competition, as well as the outbreak of the previous risks, commercial banks need to adjust the operating ways in a timely manner. Due to their developing scales and the market scope, large commercial banks and small – medium banks should do some research on their different economic environment. Also, these two kinds of banks should complement each other, and to do a depth development and innovation in their respective areas.

China has been in the eve of the mixed operation management of financial industry. However, we merely have no financial supervision system and the financial supervision system. In this kind of situation, the risk of financial mixed operation will be hidden, which was not conducive to the development of the entire financial system and the normal operation of the national economy. The establishment of a sound financial mixed and regulatory system is the requirement of the market development. Otherwise, similar to debt disaster, crash disaster, Stock crash and other regulatory vacuum induced events will happen again. Commercial banks should establish prudent management concept, and try their best to help enterprises to repair the balance sheet, so as to play a positive role in the transformation of national economic structure.

The research center of Chinese Banker launches the competitiveness evaluation report of Chinese commercial banks in 2015, which is setting the whole industry as the research object, with the scientific analysis methods. And the research is based on the continuous improvement of previous evaluation model, through one year of research and with a large number of empirical researches that we try to provide the most authoritative works for readers. The abstract of this report mainly includes the general evaluation of Chinese Banking industry and the financial evaluation of national commercial banks. This report is based on the operating conditions of Chinese commercial banks in 2014, using the analytical framework of competitiveness, the writer analyses the basic competitiveness pattern of Chinese commercial banks, and makes the competitiveness evaluation on national commercial banks and city commercial banks, reviews the characteristics of different banks, and puts forward problems need to be solved in the process of competitiveness enhancement of Chinese banks.

Through comprehensive evaluation on profitability, capital strength, asset quality and liquidity index of the national commercial banks, the competitive abilities of Chinese national commercial banks are generally improved on the financial index performance aspect over the last year, in which The Industrial and Commercial Bank of China, China Construction Bank, Agricultural Bank of China, China Merchants Bank, and Shanghai Pudong Development Bank are ranked the top five. The comprehensive evaluation on development strategy, corporate governance, risk management, product and service, process bank construction, information technology and human resources and other aspects of the national commercial banks shows that The Industrial and Commercial Bank of China, China Construction Bank, Bank of China, China Merchants Bank, and China Citic Bank are listed the top five.

The national commercial banks as the representative of the Chinese banking industry that can actively promote the Chinese financial reform and innovation. In this field, steady growth in the size of assets and liabilities, deposit and loan growth has slowed, capital strength continues to increase, capital adequacy level steadily, profit growth further slowed down, the overall level of liquidity, however, non – performing loans and non – performing loan ratio growth rate was increased, asset quality pressure was also improved. Various banking financial institutions, continue to deepen the reform around the governance system, business, risk, industry and so on, they continue to optimize the banking financial institutions management system, and improved their electronic banking services, high value – added non credit business, debt products and so on, they also increased financial innovation continuously. The banking financial institutions had made some further diversification on their investment subjects, the private bank pilot made a historic breakthrough, leading a group of private capital financial leasing companies, consumer finance companies, finance companies and rural banks successfully set up. The banking institutions have made a further, wide coverage, differences and efficient improvement.

The personnel, systems, processes, resources and other factors restricted the development of city commercial banks, so they lagged behind the state – owned large commercial banks and national joint – stock commercial banks in the reform, innovation and transformation. These banks need to do more efforts and resources to enhance their ability and improve their products and services, so as to cope with the complex economic and financial situation and market competition under the new normal. In 2014, the growth of assets and liabilities scale of city commercial banks was lower than that of 2013, but this index was still higher than the average level of the banking industry. And the proportion of assets and liabilities scale of city commercial banks in the banking financial institutions continued growth, in which three city commercial banks' assets had developed over 1 trillion Yuan. At the same time, their non – performing loan growth has accelerated, but their asset quality and risk compensation ability remained at a good level. The capital supplementary pressure was larger, but the capital and liquidity maintained adequate. Also the profitability levels continued to grow, but the growth rate continued to decline, which means that profitability of city commercial banks was declined.

# 目　　录

## 第二部分　2014 年全国性商业银行财务分析报告

## 第四部分　2014年中国城市商业银行竞争力评价报告

## 第五部分　专家篇

## 第六部分　附录：2014 年中国商业银行竞争力评价结果

# 第一部分

# 2014 年中国商业银行
# 竞争力评价总报告<sup>*</sup>

# 一、背景

2014年对于商业银行乃至整个金融业来讲都是多事之秋的一年，同样也是改革动力与创新机遇并存的一年。利率市场化的浪潮愈演愈烈，从起初逐步放开存贷款浮动区间到存款保险的推出，后来又郑重宣布取消商业银行存贷比，无不反映了"把决定权交给市场"的强劲呼声；另外，经济结构调整下的去库存、去产能、去杠杆，特别是随着股市"融配资"的高涨热情和随后股市的大幅下滑，使我国商业银行风险逐步暴露开来。与信托、证券、基金等机构协同而生的银行隐性风险逐步显性化已经成为一个不得不面对的事实，这也就需要监管机构更加审慎的监管力度；特别是已经存在的混业经营市场对分业监管的改革呼声高昂。对于商业银行来说，要在利率市场化、坏账风险增加、直接融资市场比例上升以及互联网金融多重冲击下站稳脚跟，需要积极调整自身定位以致不失去市场。

## （一）利率市场化压迫下商业银行开拓高风险市场

为了改变长期以来商业银行靠"存贷差"为主要收入来源的弊端，改变原有商业银行垄断定价体系下金融机构偏爱大企业而小微企业融资难的局面，监管部门推进利率市场化改革。从2004年10月央行取消贷款上浮封顶，到2014年11月央行调大存款利率浮动区间，存贷款利率市场化已经跨过了十个年头。

市场化以后的利率由商业银行自行决定，各家银行为了留住利润，扩大市场份额采取了各种方法。部分银行采取以高于金融机构平均存款利率和低于平均贷款利率的方式来吸引客户；很多银行开始青睐中小微企业贷款，做精做细市场；更多的银行开始转战高风险的资本市场和"非标"，多样化的理财产品层出不穷。

表1-1            存贷款利率市场化进程

| | |
|---|---|
| 2004 年 10 月 | 经过多次调整，央行取消贷款上浮封顶（信用社最高上浮基准利率的 2.3 倍），贷款最多下浮到基准利率的 0.9 倍 |
| 2006 年 8 月 | 央行将商业性个人住房贷款利率下限下调到基准利率的 0.85 倍 |
| 2008 年 10 月 | 央行将商业性个人住房贷款利率下限下调到基准利率的 0.7 倍 |
| 2012 年 6 月 | 贷款利率下浮区间扩大至基准利率的 0.8 倍 |
| 2012 年 7 月 | 贷款利率下浮区间扩大至基准利率的 0.7 倍 |
| 2013 年 7 月 20 日 | 央行取消金融机构贷款利率 0.7 倍的下限（个人住房贷款暂不调整），由金融机构根据商业原则自主确定贷款利率水平，贷款利率实现市场化 |
| 2014 年 11 月 22 日 | 央行在调整人民币贷款和存款基准利率水平的同时，将金融机构存款利率浮动区间的上限由存款基准利率的 1.1 倍调整为 1.2 倍 |

"非标"是银行通过信托公司、基金子公司、证券子公司等渠道，将资金投向城投平台等软约束部门，以及房地产企业、钢铁等产能过剩行业的金融创新形式，在 2012 年经济下滑、银行惜贷时，发挥了增加投资的作用。然而，随着中国楼市放缓以及中央政府致力于控制地方政府债务迅速上升，这种形式的影子银行业务逐渐受限。

2014 年下半年股市开始回暖，"非标"资金被吸引至这一市场，偏股型资管产品、伞形信托和场外配资悄然兴起。银行、证券公司、P2P 平台通过信托、配资公司、证券公司等渠道，将资金投向股民。其中伞形信托是这样一种结构：信托公司将股权投资变成了能产生固定回报的结构化产品，银行买入承诺提供固定回报的优先级受益权，再把优先级受益权分割后以理财产品的形式分销给客户。对冲基金、券商及其他机构则认购劣后级受益权，购劣后级将首先吸收股票投资的损失，但同时也享有满足优先级投资者固定回报后的所有盈利。这一完美的设计方案建立在股市永远上涨的设想之上，谁也没有想到危机很快就会到来。

2015 年 6 月下旬至 7 月初，A 股市场出现了一轮暴跌走势。6 月

26日当天，上证指数大跌335点，跌幅高达7.40%，其中创业板更是大跌8.91%，当日沪深两市跌停个股超过2000只。市场的强烈抛售让很多股票到了平仓线，平仓导致更大的抛售，从而形成了雪崩效应。连日的跌停，机构抛不掉现货，只能通过股指期货对冲风险，股指期货又连累现货下跌，进入恶性循环。银行深涉其中，坏账风险加大。

## （二）曾经激进跑马的银行不良贷款爆发式增长

在2008年金融危机后，银行开始大量投放贷款以缓冲危机影响，2009年全年新增人民币贷款累计值为95900亿元，随后五年贷款也保持高位投放。其中全国性中小型银行占了贷款投放的三分之一，区域性中小型银行占到十分之一。在此期间，很多银行跑马圈地，大力扩大市场份额，以此作为发展的重要机遇。一些中型银行业务发展极为迅速，其资产规模也在快速扩张。然而，短期内资产的快速膨胀，如果没有相应带动管理、人才、风控等方面的同步提升，那么将为日后留下隐患。

商业银行所进行的信贷扩张可以从多个方面影响市场流动性。首

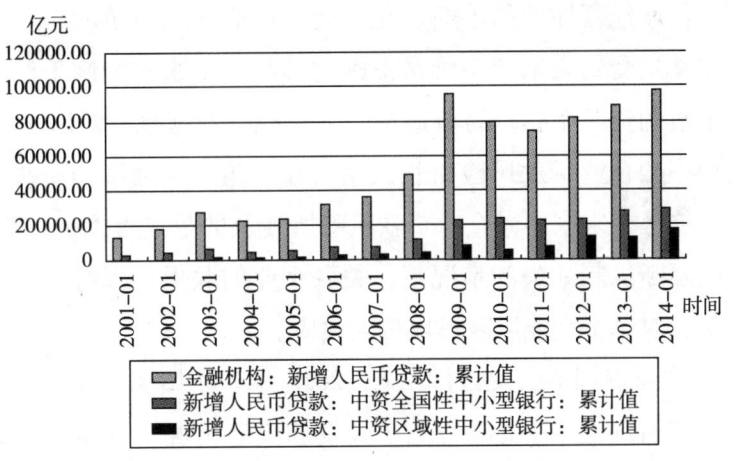

资料来源：Wind数据库。

**图1-1　银行新增人民币贷款**

先，信贷扩张可以直接增加市场上的资金供给，会提高交易者的资金可得性，从而增加企业、个人对资产的需求，因而会提高市场流动性。其次，信贷扩张伴随着宏观经济和公司利润的同步性增长，也会增强投资者对未来的信心。这时候房地产市场火爆、地方政府融资高涨、企业大规模融资扩张。反过来，市场流动性的增加也会对银行体系的流动性产生正向影响。在市场流动性较高的时期，往往伴随着资产价格的大幅度上涨，通过发售理财产品，银行获得了新的流动性，从而可以发放更多的贷款，并从中产生了丰厚的利润。银行通过"非标"把贷款从表内移到表外，从而避开了监管限制，不论是银行、贷款人，还是机构投资者似乎都大获全胜。

然而，随着我国经济进入新常态，经济结构调整去除过剩产能，虚拟经济去除多余泡沫，长期积累的风险压力向银行业传导，不良率开始攀升。

1. 经济结构调整引发银行坏账。近两年，工业产品价格整体低位运行、PPI 负增长和工业领域通缩态势难以在短期内逆转，因此企业层面经营状况和盈利能力改善的余地不大，企业信用风险暴露。随着产能过剩，行业经营环境的不断变化，处于产业链上下游的企业也受到波及，尤其是受到大宗商品价格下跌的影响，本来就受制于产能过剩而业绩下滑的资源型和贸易流通型企业风险继续显现。2014 年下半年已经出现小微企业贷款风险由长三角、珠三角向环渤海和一些内陆省份扩散的趋势，未来小微企业贷款风险所涉及的范围可能进一步扩大。而在风险隔断机制缺失的情况下，关联企业的联保互保行为极易造成连锁反应，对单个企业风险形成放大效应。

2. 虚拟经济调整引发银行坏账。2015 年 7 月 15 日，国家统计局发布的"2015 年 1 ~ 6 月全国房地产开发和销售情况"显示，一线城市累计签约 21 万套，比 2014 年同期上涨了 42.9%；二线城市也上涨了16.9%；但三四线城市成交量则出现下降。未来地区分化的趋势将更加明显，三四线城市的市场波动可能加剧，部分中小型开发商因资金回笼放缓而发生违约的可能性有所增加。新一轮股市过山车使商业银行用于股市融资的隐性风险暴露，银行、信托、证券、配资公司、P2P公司通过混业经营，使融资受限的居民部门曲线获得银行等部门资金，导致居民部门在股市过度加杠杆。股市出现挫折，商业银行坏账风险势必加重。

3. 地方政府债务调整引发银行坏账。2015 年初，存量地方政府性债务的甄别工作将告一段落，未来以平台为代表的地方政府及其关联主体的融资将出现信用分化。其中被甄别确认的债务质量预计将继续保持稳定，而未被甄别确认的债务风险则主要取决于融资主体本身的信用状况，从目前情况看，这部分债务质量有出现波动的可能。

自 2014 年第一季度至 2015 年第二季度，我国商业银行正常类贷款增长约 15%，关注类贷款增长约 70%，不良贷款增长约 69%。不良贷款余额和关注类贷款增长速度明显高于正常类贷款。银行风险加大。

表 1 - 2　　　　　　　我国商业银行总体贷款状况　　　　　单位：亿元

| 日期 | 不良贷款余额 | 关注类贷款 | 正常类贷款 |
| --- | --- | --- | --- |
| 2014 - 03 | 6461 | 15553 | 599671 |
| 2014 - 06 | 6944 | 16398 | 620824 |
| 2014 - 09 | 7669 | 18359 | 632770 |
| 2014 - 12 | 8426 | 20985 | 645317 |
| 2015 - 03 | 9825 | 24826 | 669789 |
| 2015 - 06 | 10919 | 26465 | 690695 |

资料来源：Wind 数据库。

从银行性质来看，农村商业银行不良贷款率最高，一路突破了2%；其他三类银行不良贷款比例上升基本相同，截至 2015 年 6 月始终保持在 1.5% 以下。从不良贷款投放行业来看，2014 年除了电力燃气水的生产供应，交通邮政仓储，科学研究，水利环境公共设施管理及教育这几个行业不良贷款率较 2013 年略有下降之外，其他行业不良率较上一年都有反弹。从规模上看，制造业和批发零售业不良贷款金额最高，截至2014年末分别达到了3035亿元和2695亿元；其次是个人不良贷款，至2014年底为882亿元。

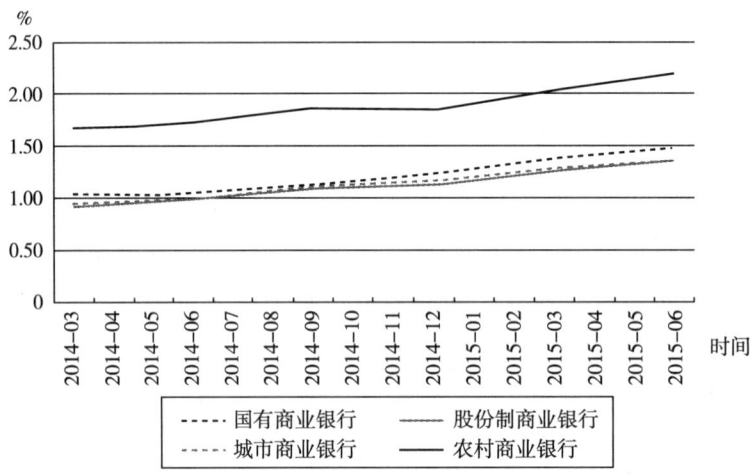

**图1-2　各类商业银行不良贷款比例**

银行业的稳定处于金融安全核心地位。综观世界各国的金融危机，我们可以得到实证：美国在20世纪30年代的大危机虽然直接归因于1929年的美国股市崩溃，但是继之而来1933～1934年的大量银行倒闭，才是形成美国持续经济大萧条的主要原因。日本在20世纪80年代开始的长达十余年的衰退起因于房地产泡沫的破灭，但日本经济长期不能恢复的真正障碍在很大程度上是日本银行业的失败。泰国和印尼在本国货币稳定之后经济遭受的破坏，主要是由于大规模的银行倒闭和公司破产造成的，它阻碍了经济的迅速复苏。

金融危机传染的机理主要有两个：一是恐慌情绪传导。一旦某一金融市场板块发生危机。会导致其他板块的投资者恐慌，对其他板块资产价格产生影响。二是流动性传导。由于混业经营，某一板块发生危机后，金融机构为获取流动性，只能卖出其他板块资产，这就对其他板块产生影响。例如，2013 年 6 月的"钱荒"时期，包括债券、股票、大宗商品、离岸汇率在内的金融资产价格均出现大跌。再如，2015 年 7 月 8 日 A 股大跌的高峰时，债券、大宗商品、离岸汇率等金融资产价格均出现大跌。价格就像是坠入了一个旋涡，一个黑洞，快速地下滑，不知何处是底。市场上各类机构的境况普遍很糟，机构之间互相不能信任，没有办法交换流动性，从而市场上出现了流动性紧缩，很多机构筹不到钱，资不抵债，面临破产，银行危机和市场危机就这样产生了。

## （三）市场风险倒逼金融一体化监管改革

我们看到，银行的利益相关者已经不再简单，银行的所作所为也与信托、证券、基金、保险等混为一体，资金可以通过金融创新在金融市场内自由流动，不同行业之间的监管篱笆已经形同虚设。银行的风险也可以传导到信托、证券、基金、保险等机构，从而引发更大规模的金融危机。尽管 2014 年银行监管部门围绕推动银行业深化改革和深化监管改革作出了很多努力，但监管的分割使效用大大降低。金融监管的目标应当是在危机之前将系统风险降至尽可能低，使得危机爆发后的危害降至尽可能小，现有监管体制已经无法实现这一目标。

### 1. 从海外经验看监管潮流

从国际上看，20 世纪 70 年代以来，随着金融业内各部门间的界限日益模糊、大型金融集团的不断涌现和金融全球化的迅猛发展，给各国金融监管当局带来了严峻的挑战。为了提高金融监管的能力与效果，各国纷纷更新金融监管理念，采用先进的监管技术，并积极变革现有的金融监管体制。

美国 1933 年颁布的《格拉斯—斯蒂格尔法案》规定银行与证券公司严格区分。然而随着金融自由化趋势发展，分业经营的限制使美国金融业在国际市场的竞争力日益下降。20 世纪 80 年代，美国开始金融自由化改革，分业经营的基础逐渐消失。1999 年 11 月 12 日，克林顿总统签署了《金融服务现代化法案》，美国正式宣告实行金融业的混业经营制度。《金融服务现代化法案》的颁布标志着当今金融法律已经从规范金融活动过渡到管理和防范金融风险，并向推动金融市场主体的联合、竞争和效率方向发展。同时，该法以金融持股公司的形式确立了未来美国金融混业经营的制度框架，同时赋予美联储对金融持股公司的监管权力。这样，美联储成了能同时监管银行、证券和保险行业的唯一一家联邦机构。

20 世纪 70 年代以后，英国政府逐渐放松了对银行业竞争的限制和对金融业的管制，一时间英国各金融机构的金融工具、金融交易手段不断创新，金融业务、金融品种不断交叉，呈现混业经营的迹象。然而金融业实行的是分业监管体制，主要有 9 家监管机构，分别是英格兰银行的审慎监管司（SSBE）、证券与投资管理局（SIB）、私人投资监管局（PIA）、投资监管局（IMRO）、证券与期货管理局（SFA）、房屋协会委员会（BSC）、财政部保险业董事会（IDT）、互助会委员会（FSC）和友好协会注册局（RFS）。这些监管机构分别行使对银行业、保险业、证券投资业、房屋协会等机构的监管职能。由这 9 家主要的监管机构及若干法律构成的监管体系，使英国成为较典型的多头金融监管的国家之一。这些监管机构分别发布各自的指令，有时甚至是相互矛盾的指令，而出现问题后则相互推诿。分业监管的格局不仅使监管成本增加，监管效率降低，而且被监管人利用进行"监管套利"。为了改变这种情况，英国政府于 1997 年 10 月 28 日成立了金融监管服务局（Financial Service Authority，FSA），对银行、住房信贷机构、投资公司、保险公司以及金融市场清算和结算体系统一监管。1998 年 7 月，《金融服务和市场法案》颁布，该法明确了新成立的金融监管机构和被监管者的权力、责任及义务，统一了监管标准，规范了金融市场的运作。FSA 继承了原有 9 个金融监管机构分享的监管权力，拥有对金融机构、金融市场及服务于该市场的专业机构和个人、清算和支付系统、有问题的金融案例进行谨慎监管的全部权力。FSA 还负责过去某些不受监管的领域，如金融机构与客户合同中的不公平条款，金融市场行业准则，为金融业提供服务的律师与会计师事务所的规范与监管等。

在改革以前，中国台湾地区的金融机构数量多、规模小，机构之间展开激烈竞争。而在经济全球化下大型机构才具备国际竞争的能力，台湾地区金融机构多而不强，使得它们在国际竞争中处于劣势地位。于是政府部门为了促进金融机构大型化，便采取多种手段促进金融机构合并重组，同时提升现有金融机构的金融服务手段和能力。2001 年 11 月 1 日，《金融控股公司法》正式实施，该法使台湾地区金融机构可以依其经营目标直接投资或收购子公司跨业经营以扩大金融版图，同时该法提供营业让与、股份转换的机制，并针对相关登记规费、租税给予适度优惠，有利于银行、保险公司及证券商转换为金融控股公司。2004 年 7 月，金融监督管理委员会（金管会）成立，是台湾地区监督与管理金融事务与规划金融政策的部会，目标包含维持金融稳定、落实金融改革、协助产业发展、加强消费者与投资人保护与金融教育。台湾地区正式开始统一监管。

### 2. 银行资金与股市之间需要建立防火墙

我国这次股灾的罪魁祸首就是股市的杠杆融资比例过高，而且没有透明度，监管制度上的最大漏洞就是没有建立银行与股市之间的防火墙。虽然《证券法》明确规定"银行资金不得违规进入股市"，但对"什么是违规进入股市"没有明确的规定。银行资金大规模违规入市，增加了银行的流动性风险的同时，打乱了股市的均衡机制和价格发现机制，误导资金流向虚拟繁荣的股市，剥夺了实体经济的发展资金，从而制约了经济的发展，并为系统性金融风险留下隐患。但值得注意的是，此次银行理财资金通过伞形信托或配资公司大量流入股市时，银监会和证监会都没有适当阻止。

股市中的银行杠杆资金还表现在大股东的质押融资上。2015年7月8日前后，有1400多只股票停牌，相当部分的股票停牌原因是大股东将股票质押给银行进行贷款融资，当股价跌到需要补充保证金的价位时，采取股票停牌的方式应对。该行为暴露了股市与银行之间的另外一条连通管道，涉及资金规模应该比伞形信托和场外配资规模更大。由此看来，在制度上建立银行与股市之间的防火墙，需要多个金融监管部门联合行动。

### 3. 建设完善一体化的监管公共基础设施

目前我国拿全牌照的金融公司控股集团越来越多，可以参考台湾地区金融监管的模式，鼓励成立更多的金融控股公司，旗下有银行、信托、证券、保险等机构，可进行包括金融衍生业务、各类投资基金托管、代理证券业务、代理保险业务，从而形成事实上的混业经营。

在混业经营的基础上，我国也应该启动一体化监管议程，从顶层设计出发，建设一套完善一体化的监管体制，实现监管对统一大市场的全覆盖，构建统一高效的协调联动机制。在市场需求的倒逼下，监管机构需要以积极的态度明确金融混业的方向与日程，为金融混业提供制度的保障，以防在目前情况下金融混业风险的累积和监管套利的盛行。

## （四）商业银行要采取积极的态度应对经济新常态

面对越来越严酷的市场竞争，以及以前风险的集中爆发，商业银行需要适时调整经营方式。大型商业银行和中小型银行由于资产规模和市场范围不同，二者所面对的经济环境也不太一样。两类银行应该相互补充发展，在各自的领域做深做透，做好风险审慎的同时获得盈利。

### 1. 跟随国家战略国际化经营

面对国内的经济下行压力，有实力的大型商业银行应该把眼光投向全球，在中央大力推行"一带一路"战略的宏大发展背景下，抓住难得的机会，加快推动国际经营向纵深发展，提升境外机构本土化经营水平和全球服务能力。

"一带一路"的基础是基础设施的互联互通，考虑到"陆上丝绸之路"有相当一段都是经济欠发达地区，基础设施薄弱，这无疑将带动一大批战略性大项目，包括跨境高速公路、铁路、输电网、通信光缆、油气管道、工业园区等。有资金实力的大型商业银行可以支持我国电力、高铁、基础设施等优势产业"走出去"，同时随着银行混业经营的深入发展，从单纯的信贷资金支持向综合化金融业务转变。银行可以集结基金、信托、金融租赁、国际投行、保险、期货、资产管理等渠道，为外国企业和政府设计基础设施和工业园区建设的综合金融解决方案，提升盈利能力。

### 2. 深耕本地，做好社区银行

对于中小商业银行来说，受到自身条件和金融监管的限制，短期内很难通过调整业务结构来改善收入结构。而做社区银行则被证明是中小商业银行盈利的好方法。严谷军（2008）通过研究 1992~2006 年美国金融业的经营数据发现，整体来看，社区银行的资产收益率高于大银行，净利差比大银行高，不良资产率明显小于大银行。我国城市商业银行具有与地方联系紧密，熟悉当地经营环境和人文环境的优势。中小银行应该深耕本地市场，确立以中小企业、小微企业和居民个人为目标客户群，服务于地方经济，提供个性化的服务。中小银行与大型商业银行相比，管理层级较少，信息反馈迅速，交易成本更低，机制比较灵活。可以进行技术、业务、管理、市场开拓等方面的创新，设计不同的金融服务种类，如投资咨询、财务顾问、信息调研、结算便利等，以满足中小企业和居民个人的需求。

2015 年 5 月 1 日，我国《存款保险条例》正式施行，按其规定，存款保险制度是实行最高偿付人民币 50 万元的限额赔偿。存款保险制度解决了风险处置问题，是利率市场化的前提条件，为银行业市场化退出机制拉开了序幕。存款保险在为市场整体提供安全机制的同时，也对商业银行个体提出了更高要求，特别是城乡信用社、小型商业银行很有可能因此陷入经营困境。所以越小的银行越要找准自己的市场定位，越要慎重经营，用服务打动客户，提高客户粘性。

### 3. 审慎经营才有稳健发展

古往今来，在商业银行经营中，"稳健"一直是银行业经营者恪守的重要原则。在经历了粗放扩张后滋生不良贷款的教训后，商业银行应从此确立审慎经营和稳健发展的经营理念。商业银行需要深入进行结构调整，从自身经营特点出发，建立健全风险管理体系，提升风险管理水平。一是要实施主动风险管理，进一步加强对宏观经济走向的预判能力，加强对行业风险的跟踪研究。二是要进一步加强和完善信贷监控体系，严格控制信贷资产质量，严格落实贷后管理的各项条件，切实提高信用风险缓释能力，加强对存量贷款的质量分析和发展趋势分析。三是要特别关注市场风险和流动性风险，关注短存长贷期限错配，关注银行理财业务的期限错配风险。

### 4. 帮助企业修复资产负债表

当前，我国经济正在经历结构调整的阵痛，局部资产负债表出现了问题，如地方政府、高杠杆国企，有过剩产能的企业，部分民营企业，这些部门面临资产负债表衰退的风险。银行应该出面帮助企业来修复资产负债表，帮助企业转型获得重新发展。银行可以利用自身关系联络广泛的优势，帮助企业进行剥离和改制，包括改制重组、项目导入、引入战略投资者、实行员工持股、资产证券化、设立基金等形式，让企业放下包袱，重新出发。此外，银行可以利用自身技术联络广泛的优势，帮助传统企业进行技术改造，例如生物技术，健康、清洁技术，信息技术等，提升传统行业的价值。企业的资产负债表修复了，银行的资产负债表就会修复，整个国家的资产负债表也会得到修复。

## （五）结束语

我国已处在金融混业的前夜。但与此相配套的金融混业监管法规及金融监管体制还没有。在这种情况下，金融混业的风险将被隐藏起来，不利于整个金融体系和国民经济的正常运行。建立健全的金融混业与监管体系是市场发展所需。越晚建立，类似"钱荒"、"债灾"、"股灾"等监管真空引致的事件将再次发生。商业银行要确立审慎经营理念，帮助企业修复资产负债表，从而在国家经济结构转型中发挥正向积极的作用。

# 二、全国性商业银行财务评价

全国性商业银行是我国银行业的重要组成部分。截至 2014 年 12 月 31 日，全国性商业银行的总资产、总负债及税后利润在银行业金融机构中的占比分别达到 59.42%、59.48% 和 62.81%，较上一年分别下降 1.72 个、1.79 个和 2.12 个百分点。其中，五家大型银行在总资产、总负债及税后利润上的市场份额均继续呈下降趋势，股份制银行在总资产和总负债上的市场份额继续上升，但基于税后利润的市场份额出现了下滑。具体而言，大型银行的总资产、总负债和税后利润的市场份额与 2013 年相比分别下降了 2.14 个、2.26 个和 1.90 个百分点；股份制银行基于总资产和总负债的市场份额与 2013 年相比，分别增加了 0.41 个和 0.46 个百分点，而基于税后利润的市场份额则下降了 0.23 个百分点。

2014 年全球经济增长与 2013 年持平，但缓慢复苏态势持续分化，国际金融市场出现了较为剧烈的波动。发达经济体经济温和复苏，但分化愈发明显。美国经济复苏强于预期；欧元区受经济结构调整进展缓慢、公共债务压力较大和地缘政治事件冲击等因素影响，经济增长动能明显减弱；日本进一步加大宽松力度，但经济仍未全面复苏。新兴经济体整体增长势头放缓，风险因素更为复杂。印尼盾、智利比索、巴西雷亚尔和土耳其里拉等新兴经济体货币出现大幅度贬值，部分新兴经济体跨境资本流动更加剧烈，面临资本外流风险。由于各经济体复苏步伐不一，全球货币政策格局趋于复杂，国际金融市场波动加剧。

国内方面，在"三期叠加"的背景下，2014年中国经济增长继续放缓，较上年增长7.4%。总体而言，经济运行处在合理区间，同时在经济结构调整上也出现了积极的趋势性变化，以服务业为主体的第三产业快速增长、比重提高，电子商务、移动互联等新型业态加快发展，就业和节能降耗等指标好于预期。宏观政策取向继续维持积极的财政政策和稳健的货币政策，并在保持政策连续性和稳定性的同时，结合宏观经济结构性变化，有针对性地进行预调微调，运用定向降准、再贷款、再贴现、调整存贷比考核、发行专项金融债等定向调控手段，加大金融对实体经济的支持力度。金融市场总体保持稳健运行，资本市场活跃程度明显提升，股票市场成交量显著增加。此外，根据宏观经济金融形势，着力缓解实体经济融资成本高的问题，中国人民银行于2014年11月22日实施了两年多以来的首次降息。一是采取非对称方式下调贷款和存款基准利率，有针对性地引导市场利率及社会融资成本下行。二是结合推进利率市场化改革，存款利率浮动区间的上限由基准利率1.1倍扩大至1.2倍。三是简并存贷款基准利率的期限档次，进一步拓宽金融机构的自主定价空间，引导金融机构积极转变经营理念，也有利于强化市场基准利率体系建设，健全利率传导机制，为进一步推进利率市场化改革创造有利条件。

以全国性商业银行为代表的中国银行业积极推进改革创新，资产负债规模稳步增长，存贷款增速有所放缓，资本实力不断增强，资本充足水平稳步提升，利润增速进一步放缓，流动性水平总体平稳，但不良贷款余额和不良贷款率增长幅度有所扩大，资产质量的压力进一步上升。各类银行业金融机构继续围绕公司、业务、风险、行业等方面深化治理体系改革，不断优化银行业金融机构治理体系，紧跟时代脉搏，从电子银行服务渠道、高附加值非信贷业务、负债产品等方面，加大金融创新力度。银行业金融机构投资主体进一步多元化，民营银行试点取得历史性突破，一批以民资为主导的金融租赁公司、消费金融公司、财务公司和村镇银行成功设立，广覆盖、差异化、高效率的银行业机构体系进一步完善。

其中，大型银行不断健全公司治理机制，强化履职能力建设，完善绩效考评机制。稳步推进事业部制和专营部门制改革，实现理财、同业等业务流程再造和转型发展。建立表内外、境内外、本外币、母子公司等多维度、全覆盖的风险管控机制，加强集团并表全面风险管理。提高资本管理高级方法实施质量，完善资本规划，开展内部评估和资本工具创新。持续推进全球系统重要性银行危机管理机制建设及恢复处置计划制订工作。

股份制商业银行和中小商业银行围绕"改革、创新、提质、控险"的改革发展主题，不断增强科学管理和可持续发展能力。建立小微支行、社区支行等便民服务网络，不断下沉业务重心。结合金融系统深化改革和互联网、移动设备、大数据等网络信息技术广泛应用的新趋势，加强产品创新、服务创新和渠道创新，提高服务标准，降低服务成本、规范服务定价。部分股份制商业银行和中小商业银行在加强并表监管与风险隔离的前提下，立足自身发展战略与市场定位，审慎开展综合化经营。

截至2014年末，全国性商业银行资产总额102.39万亿元，比上年增长10.65%；负债总额95.18亿元，比上年增长10.03%。所有者权益7.22万亿元，比上年增长19.64%；资本实力与盈利水平进一步提升，绝大部分全国性商业银行流动性水平均有所增强，但整体上资产质量压力均进一步加大，抗风险能力出现一定程度下滑。

以下从资本状况、资产质量、盈利能力和流动性水平四个方面对全国性商业银行 2014 年度财务状况予以分析。各项财务数据除另有注明外，均取自监管部门及各银行的定期财务报告、新闻稿件等公开披露的信息。

## （一）完善资本约束机制，调整业务结构，创新拓展资本补充渠道

2014 年是《商业银行资本管理办法（试行）》正式实施的第二年，全国性商业银行从完善资本约束机制与调整业务结构、创新拓展资本补充渠道两方面着手，不断提高资本管理水平。一方面，建立资本规划和全面风险评估体系，并在加强信息系统等基础设施建设、提升风险计量技术的基础上，进一步强化资本约束机制，引导业务结构的调整与优化；另一方面，在利润留存补充核心一级资本的基础上，创新和拓展资本补充渠道，二级资本债券发行实现常态化、境外市场发行试点破题，商业银行优先股发行顺利启动，实现了资本结构的进一步合理与优化。

根据各全国性商业银行年报及公开信息披露，所有全国性商业银行均已推出了通过二级资本债券补充资本的计划，部分银行已经完成全部发行计划，交行完成中资银行总行首单境外二级资本债券发行。全国性商业银行于 2014 年共通过二级资本债券在境内、境外共募集约合逾 2800 亿元人民币。优先股方面，所有上市的全国性商业银行均已披露优先股发行计划，工行、农行、中行、浦发、兴业 5 家全国性商业银行均已在 2014 年完成或部分完成了优先股发行，中国银行率先在境外发行优先股。2014 年，全国性商业银行通过优先股在境内外累计募集约合逾 1700 亿元人民币。截至 2014 年末，我国银行业整体资本充

足率、一级资本充足率、核心一级资本充足率分别为 13.2%、10.8%、10.6%，较 2013 年末分别提高 1.0 个、0.9 个和 0.7 个百分点。

## （二）不良率与不良贷款绝对额明显反弹，整体拨备率大幅下降

2014 年，我国商业资产质量方面面临的压力显著上升，不良贷款率和不良贷款绝对额均出现了明显反弹，商业银行整体的拨备覆盖率大幅降低，风险抵补能力有所减弱。截至 2014 年末，我国商业银行按贷款五级分类的不良贷款余额为 8425.6 亿元，比年初增加 2504.3 亿元，增幅达到 42.29%，增幅较上年扩大 22.15 个百分点，不良贷款余额连续三年上升，且增加额、增幅持续扩大；不良贷款率为 1.2%，在连续三年保持基本稳定后较 2013 年同比上升了 0.2 个百分点；拨备覆盖率在 2013 年出现了下滑后进一步大幅降低至 232.1%，降幅达到 50.6 个百分点。整体上，大型银行、股份制银行等全国性商业银行，农村商业银行、城市商业银行等区域性银行以及外资银行出现的资产质量下滑程度依次增大。

2014 年，全国性商业银行不良贷款余额为 6383.5 亿元，较上年上升 1792.2 亿元，增速大幅扩大至 39.03%。其中，次级类不良贷款余额为 3005.20 亿元，较去年增长 62.31%，增速比上年大幅攀升 46.39 个百分点；可疑类余额和损失类余额分别为 2557.20 亿元和 820.90 亿元，也出现了 26.07% 和 15.39% 的大幅回升。不良贷款率方面，2014 年末全国性商业银行不良贷款率为 1.1%，自 2012 年以来连续第三年出现反弹，且反弹幅度持续扩大至 0.3 个百分点。

就不良贷款余额的绝对额而言，由于资产规模上的差别，整体上大型银行要高于股份制银行。大型银行中，农行（1249.7 亿元）超过工行（1244.97 亿元）成为 2014 年不良贷款余额最大的全国性商业银行，交行的不良贷款（430.17 亿元）规模最小；股份制银行中，中信

（284.54 亿元）、招商（279.17 亿元）的不良贷款余额较大，渤海（24.74 亿元）、浙商（22.90 亿元）、恒丰（22.54 亿元）等非上市股份制银行不良贷款余额较小，但渤海银行不良贷款余额已连续两年增长 100% 以上，2014 年的增幅更高达 468.91%。

不良贷款率方面，农行由于上市较晚，不良贷款率继续维持在 17 家全国性商业银行中最高，2014 年达到 1.54%，其次是中信（1.30%）、中行（1.25%）、招商（1.25%），最低的是浙商（0.88%）、恒丰（0.94%）、平安（1.02%）；大型银行 2012～2014 年平均不良率为 1.01%、1.04%、1.24%，股份制银行则分别为 0.7%、0.8%、1.09%，显示出由于股份制银行不良贷款率持续快速反弹，其在资产质量上相对于大型银行的优势不断缩小。

目前，银监会对商业银行的贷款损失准备以拨备覆盖率和贷款拨备率两项指标进行综合考核，其中前者以 150% 为基本标准，后者以 2.5% 为基本标准，两者中的较高者为商业银行贷款损失准备的监管标准。

贷款集中度是考察商业银行资产分散程度的重要指标，在宏观经济形势严峻、行业之间与行业内部分化严重的背景下，贷款集中度对于商业银行资产质量的潜在影响尤其值得关注。根据监管标准要求，最大单一客户贷款不得超过银行净资产的 10%，前十大客户贷款总额不得超过净资产的 50%。2014 年底，全国性商业银行的这两项指标均符合监管要求，但也出现了一些新情况。

### （三）银行业利润增速整体进一步回落

2014 年，受宏观经济低位徘徊、利率市场化进程不断推进、金融脱媒趋势日益明显、金融主体多元化格局加快形成等诸多外部不利因素影响，银行业利润增速整体上进一步回落。17 家全国性商业银行共实现税后净利润 12749.72 亿元，较上年增长 7.47%，增速回落 5.37

个百分点。从收入支出角度来看，17 家全国性商业银行在 2014 年实现营业收入 3.36 万亿元，较上年增长 14.57% 且增速有所加快，其中利息净收入占 76.05%、手续费及佣金净收入占 20.07%，由此可见资产产值损失等营业支出的大幅增长拉低了税后利润的增速。

与 2013 年相比，15 家全国性商业银行净利润增速出现了下滑，渤海银行下滑幅度最大，达到 26.35 个百分点，广发银行利润增速略微提高了 0.68 个百分点，平安银行增速逆势大幅提高 17.29 个百分点。大型银行增速下滑幅度相对较小且情况较为相近，农行下滑幅度最大（6.52 个百分点），交行下滑幅度最小（1.02 个百分点），其他三家大型银行下滑幅度均在 4% ~ 5.5%。股份制银行中，除平安、广发增速逆势提高以外，其他 10 家增速下滑情况呈两极分化态势，渤海银行下滑幅度最大（26.35 个百分点），中信银行作为资产规模排名靠前的股份制银行以及国内系统性重要银行，净利润增速也出现了 23.61 个百分点的下滑，浙商银行增速下滑幅度也达到两位数（17.79 个百分点），其他 7 家下滑幅度则均在 4% ~ 10%。

从近三年情况来看，整体上全国性商业银行净资产收益率水平加速下降，股份制银行下降幅度更大，加速下降的速度也快于大型银行。与上年相比，2014 年，16 家银行净资产收益率下降，仅华夏银行净资产收益率基本持平，微增（0.01 个百分点）；除华夏银行以外，下降幅度最小的是平安银行（0.22 个百分点），光大、恒丰分别下降 4.12 个和 3.20 个百分点，降幅最大；大型银行中，交行在低位继续下降 0.62 个百分点，降幅在大型银行中最小，但绝对水平也最低，工行则在高位下降 1.96 个百分点，降幅最大，但绝对水平最高，二者差距在缩小。

同上年相比，2014 年绝大部分全国性商业银行的总资产收益率均有所下降，仅平安、华夏分别上升了 0.10 个和 0.04 个百分点，而 2013 年则仅有 11 家出现下降。股份制银行下降幅度大于大型银行，二者之间的差距有所扩大。大型银行下降幅度均在0.05个百分点以内，浦发（0.01个百分点）、兴业（0.02个百分点）、光大（0.02个百分点）均微幅下降、下降幅度较小，浙商（0.23个百分点）、中信（0.13个百分点）、广发（0.11个百分点）、招商（0.11个百分点）下降幅度均在0.1个百分点以上，下降幅度在全国性商业银行中最大。

目前息差收入仍是我国银行业收入结构中最主要的组成部分，占整体营业收入的70%以上，是商业银行最主要的盈利来源。得益于生息资产规模的持续稳定增长以及息差水平的回升，2014年，17家全国性商业银行的利息净收入达到2.54万亿元，较上年增长12.65%，增速提高2.58个百分点。

近年来，一方面受利率市场化持续推进、同质化竞争下信贷资产议价能力下降的影响，商业银行主动推进收入非利息化；另一方面，随着金融脱媒化、融资渠道多元化、存款理财化等趋势的深入发展，为商业银行非利息收入的快速发展提供了有利的市场机遇。在以上两方面共同作用下，商业银行中间业务收入持续快速增长。但是，值得注意的是，我国商业银行的综合经营程度相对较低，即中间业务收入与信贷资源的关系仍然较为紧密，近年监管机构持续推动降低实体经济融资成本的各项措施，已经对商业银行中间业务收入持续增长构成不利影响，而这可能已在2014年全国性商业银行手续费及佣金收入增长率大幅下降上有所体现。

近年来，商业银行一方面受诸多外部不利因素影响，收入增长放缓；另一方面，工资、房租等支出出现刚性增长，资产减值损失受资产质量影响大幅攀升。因此，直观上商业银行成本收入比承受较大的反弹动力。但从实际情况来看，近年商业银行成本收入比仍持续下降。具体分析来看，营业收入增速虽较前些年有所放缓，但仍保持10%以上的增幅；而支出方面，工资、房租支出虽然刚性增长，但在宏观经历整体放缓的背景下，此部分支出在多年高速增长后处于高位，并不具备大幅增长的基础；资产减值损失受资产质量不利变化的影响出现了大幅增长，但其在整体营业支出中的比重仅在 20% 左右。但是，随着营业收入的进一步放缓，资产减值损失的持续大幅攀升，后期商业银行将面临较大的成本管控压力。

### （四）流动性总体平稳，潜在风险因素日益增加

本质上而言，商业银行要根据流动性、安全性、收益性相统一的原则对资产负债进行配置，而发生于 2015 年 6 月的"钱荒"就是过于追求通过资产负债错配实现收益最大化，而忽视了对流动性的关注。2014 年以来，一方面人民银行通过诸多定向调控措施进行预调微调，并于 11 月启动了两年多以来的首次降息，同时受美联储降息的一再推迟及国内资本市场的大幅上涨，外汇流入持续增加，保持了银行体系流动性的整体充裕。另外，针对 2013 年商业银行流动性管理上出现的新情况，人民银行、银监会等五部门于 2014 年 5 月联合发布了《关于规范金融机构同业业务的通知》，规范金融机构同业业务，而银监会《商业银行流动性风险管理办法（试行）》也开始施行，从具体监管措施上强化流动性管理。

然而，市场环境的变化也对商业银行流动性管理提出了新挑战。利率市场化加快推进，存款利率上限浮动比例不断扩大，存款理财化趋势不断加快；同时，受资本市场持续上涨、新股发行加速的影响，存款、理财"搬家"现象突出，商业银行流动性管理受资本市场影响的程度在加深；此外，美联储降息虽一再推迟，而人民币汇率顶住压力保持基本稳定，跨境套利资本不断增加，一旦风吹草动，资本流动方向的逆转可能对商业银行流动性管理形成冲击。整体而言，2014 年商业银行流动性状况保持总体平稳，但面临的潜在风险因素也在日益增加。

对于商业银行而言，自 2014 年 3 月开始施行的《商业银行流动性

风险管理办法（试行）》（以下简称《办法》），是流动性管理上的一大重要变化。《办法》对于商业银行流动性监管设定了四大监管指标，包括原有的存贷比、流动性比例，以及新增的流动性覆盖率和净稳定融资比例。新增的两项监管指标相对其他流动性风险指标更具风险敏感性和前瞻性，也更适合于监测与国际比较；但是由于这两项指标的准确计量取决于比较完善的数据基础，现阶段我国大部分银行可能无法达到相关要求，而且大部分银行也并未完整披露相关数据。此外，针对取消商业银行存贷比的立法进程在加速推进、商业大额存单在试点基础上正式推出、同业负债比重持续攀升、金融债券等市场化融资手段不断推出等新情况，本报告还将选择商业银行负债结构这一指标来从侧面考察其流动性管理情况。

根据资产负债表中不同项目的稳定性以及受市场因素的程度，在此将总负债中不同项目分别归为客户存款（客户存款、存款证等）、市场化负债（向中央银行借款、同业及其他金融机构存放款项、拆入资金、以公允价值计量且其变动计入当期损益的金融负债，如表内理财、衍生金融负债、卖出回购款项、已发行债券证券等）、内源性负债（应付职工薪酬、应交税费、递延所得税负债、其他负债等）等。其中，内源性负债受自身控制程度较高影响稳定性也较高，但整体比重较小；客户存款稳定性其次，是现阶段我国商业银行负债中占比最大的部分；市场化负债受市场波动影响最大，是商业银行流动性风险最主要的触发因素。

与2013年相比，12家全国性商业银行中的市场化负债比重有不同程度的上升，包括5家大型银行。大型银行中，上升幅度最大的是交行（4.70个百分点），最小的是中行（0.81个百分点）；股份制银行市场化负债比重变化情况差别较大，上升幅度最大的是浙商（12.35个百分点），其次是民生（6.42个百分点），下降幅度较大的是恒丰（9.44个百分点）、平安（6.57个百分点）。

# 三、全国性商业银行的核心竞争力评价

## （一）发展战略：抓住机遇，面对挑战，加快战略转型

2014 年，中国经济运行总体平稳，但也面临不少困难和挑战：经济下行的压力较大，结构调整阵痛显现。利率、汇率市场化加快，给商业银行加快产品创新带来新机遇，直接融资市场快速发展也将给非牌照类投行业务、交易业务、金融衍生品业务及综合化经营带来巨大的机会；互联网金融方兴未艾，民营银行筹备踊跃，金融脱媒不断加剧，都使传统银行面临更严峻的挑战，同业竞争也更加激烈；金融领域的资产证券化快速发展，人民币国际化战略稳步推进。这一系列的机遇与挑战使各家商业银行也纷纷加快了战略转型的步伐。

面对复杂的宏观经济形势和日趋激烈的行业竞争态势，尤其是利率市场化步伐的加快，国内商业银行战略定位同质化的现状将被打破。大型商业银行纷纷强调综合化、国际化经营，而中小银行则进行差异化经营，选择几项优势业务进行深化。

国有大型商业银行中，中国工商银行提出"信息化、国际化、综合化"的发展战略；中国建设银行坚持"综合性、多功能、集约化"的发展战略；中国农业银行的战略则为"推进国际一流大型商业银行建设"；交通银行的战略定位则为"走国际化、综合化道路，建设以财富管理为特色的一流公众持股银行集团"。

中小银行则出于差异化经营的考量而定位于几项业务领域。比如对于小微企业金融业务领域，民生银行的战略定位之一为"小微企业银行"，华夏银行也致力于"中小企业金融服务商"的战略，小企业银行业务也是浙商银行的"一体两翼"（以公司业务为主体，小企业

银行和投资银行业务为两翼）的市场和业务定位中的重要组成部分，广发银行也致力于"最高效中小企业银行"战略目标，持续深化小企业金融业务改革。另外，各家银行也有自己的特色战略：民生银行坚持民营企业的银行和高端客户的银行的基本定位；中信银行提出要努力建设成为最佳综合融资服务银行；兴业银行提出稳步推进集团化、综合化和国际化经营；平安银行定位于成为国际领先的个人金融生活服务提供商；广发银行希望打造为中国最佳零售银行；浙商银行提出要成为浙江省最重要的金融平台。

## （二）公司治理：优化公司治理制度，完善公司治理结构

稳健的公司治理机制是中国银行业长期可持续发展的基础。在过去几年里，我国银行业通过股份制改造，陆续建立起了现代商业银行的治理架构，并取得了相当不错的成绩。但由于银行业具有许多不同于一般企业的特性，商业银行的公司治理也有一定的特殊性，其高水平的公司治理需要严格按照《中国公司法》、《商业银行法》、《商业银行公司治理指引》等法律法规以及上市地上市交易所规则的规定，并结合银行自身特点，在实践中不断优化公司治理制度和完善公司治理结构。我们考察银行的公司治理情况，可以从四个维度着手：一是公司治理构架是否完善，如独董比例是否满足 1/3 的要求；二是董事会监事会成员履职情况；三是信息披露是否满足真实、准确、完整等要求；四是社会责任履行状况。

截至 2014 年底，17 家全国性商业银行中有 8 家成功在香港和上海两个交易所上市，分别为工商银行、建设银行、农业银行、中国银行、交通银行、招商银行、中信银行和民生银行，5 家仅在上海或深圳上市，为浦发银行、兴业银行、光大银行、华夏银行和平安银行。广发银行、浙商银行、渤海银行和恒丰银行暂未上市。依据这 17 家银行的年报以及相关公开文件来看，已上市银行信息披露相对全面，年报质

量较未上市银行高出很多，公司章程也随着监管部门的要求提高而不断完善和修改，并积极履行社会责任，在扶贫救灾、支持科教文化事业以及保护环境方面作出积极贡献。值得一提的是，交通银行在 2014 年 7 月欲试行的混合所有制改革对银行内部激励体系的变革，包括推出管理层股权激励或是员工持股计划，在公司治理层面上有非常积极的影响，可以优化银行治理结构，更加适应市场化。

上市公司董事会成员中至少应包括 1/3 独立董事，13 家上市银行和广发银行公司治理结构符合要求，独立董事比例达标，建行独董比例最高，非上市银行中浙商银行和恒丰银行独董比例为 1/4，渤海银行仅为 1/5，这对大股东利益制衡有一定影响。监事会方面，监事会由职工代表出任的监事、股东大会选举的外部监事和股东监事组成，外部监事的人数不得少于 2 人。农业银行、中国银行、中信银行外部监事仅有 1 人，恒丰银行没有外部监事。

虽然各银行董事出席率很高，但是并不能说明他们在会议上充分参与，积极讨论并表达自己的观点。除中国银行和民生银行在年报中注明了独立董事对一些议案的意见和建议外，其他银行的会议讨论议案均全票通过，没有收到任何异议，不能体现公司民主以及公司治理的全面性。应加强对董事会成员的专项培训和实地考察调研以更好地掌握公司情况，提出专业性意见。

从 2014 年各银行发布的年报来看，已上市银行的年报与去年相比可读性增强，格式更加规范，披露内容更加全面，尤其是在内地与香港同时上市的 8 家银行，因信息披露需要符合两地监管要求，所以年报内容更加详尽。而未上市银行，例如渤海银行和恒丰银行，年报相对简略、模糊，很多重要数据并未提及。具体来看，银行年报有以下亮点：

履行社会责任是现代商业银行成熟的标志，也是完善商业银行公司治理的重要举措。浦发银行在业内最早启动全面、系统的企业社会责任工作，率先发布中国银行业第一份企业社会责任报告，交通银行则是国内首家在董事会专设"社会责任委员会"的上市公司。民生银行在 2014 年末正式加入"联合国全球契约"，成为首家加入该组织的全国性股份制商业银行，进一步拓展了社会责任沟通平台，提升了银行社会责任工作的国际认同度和影响力。越来越多的银行开始重视社会责任，不仅在传统的支持国家建设、服务实体经济和小微企业、提升客户满意度、提高员工福利、绿色信贷、环境保护等基本层面方面积极作出自己的贡献，还不断进行创新为更好地服务社会，便利大众。

### （三）风险管理：推进资本管理高级方法

经济新常态的到来也带来了风险管控的新挑战，2014 年正是银行业风险管理面临严峻挑战的一年。受经济下行影响，多家银行的不良贷款余额增加，不良贷款率升高，逾期贷款增加，风险管理难度增大：信用风险方面，受经济增长放缓、信贷规模控制和房地产调控政策延续等因素影响，部分区域及行业所蕴藏的风险逐步显现，贷后管理难度加大；流动性风险方面，货币政策稳健，同业竞争加剧，资金备付压力和流动性风险管理难度加大；市场风险方面，银行间市场利率波动加大，利率风险进一步凸显。另外，《商业银行资本管理办法（试行）》自 2013 年实施以来，新办法对资本充足率要求更高，资本定义更为严格，风险资产覆盖面更加广泛。

2014 年，多家银行纷纷积极推进资本管理高级方法的实施与应用。高级方法为商业银行提供了更为精确的风险和监管资本计量管理工具，将推动商业银行积极研发内部模型来量化风险，确保主要风险得到及时识别、审慎评估和有效监控，使商业银行风险管理更加系统化、一致化和精细化。

2014 年 4 月，银监会根据《商业银行资本管理办法（试行）》，核准工商银行、农业银行、中国银行、建设银行、交通银行、招商银行实施资本管理高级方法，核准范围包括非零售内部评级初级法、零售内部评级法和操作风险标准法。而实施高级方法后，银行需要在集团层面进行资本计量和分配，这将促进银行并表管理和加强资本规划，将对整个行业公司治理、风险控制、资本管理和发展方式转型产生十分深远的影响。

2014 年，在"三期叠加"环境下，企业生产经营困难增多，资金回笼周期延长，银行压缩贷款规模，融资难度加大，造成借款人资金链紧张甚至断裂，从而使得银行的逾期贷款增多。银行业不良贷款也普遍反弹，很多在高增速下长期被掩盖的风险开始暴露蔓延，多重风险交织重叠并且复杂多变，风险的关联性更强，银行业资产质量面临严峻考验，各家银行的逾期贷款占比与不良贷款率均有所上升。

五大行的不良贷款"全面双升"且升幅较大，不良贷款总额从 2013 年末的 3743.15 亿元增加至 2014 年末的 5003.75 亿元，增幅达 33.68%；不良贷款率均大幅上升，年末平均不良贷款率为 1.26%，比 2013 年末上升 0.23 个百分点，也高于多数中小股份制银行，其中农行的不良率高达 1.54%。

股份制银行也无一例外地出现"全面双升"且升势不缓，其中，浦发银行、民生银行、光大银行和招商银行的不良贷款余额增幅均超过 50%；光大银行、民生银行和浦发银行的不良贷款率增幅超过 30%。值得注意的是，恒丰银行的不良贷款率依然保持在 0.94%，尽管与去年相比变化幅度不大，但不良率不升反降。另外，浙商银行的不良率依然保持最低，仅为 0.88%；其次，平安、广发与浦发三家中小银行的不良贷款率也保持在较低水平，而广发银行和恒丰银行的逾期贷款率上升幅度较大，其中，广发银行 2014 年逾期贷款率高达 4.70%。

多家银行拨备覆盖率也较上年出现了大幅升高，主要是因为各银行为了应对经济下行、三期叠加带来的资产质量压力，加大了拨备的计提力度。同时，大部分银行的贷款迁徙率较 2013 年都有了大幅提升，其中中小银行的贷款迁徙率整体水平较高。工商银行、招商银行、浦发银行、兴业银行、光大银行、华夏银行以及渤海银行的关注类贷款迁徙率较 2013 年的增长幅度较大，其中浦发银行和兴业银行的关注类贷款迁徙率已经超过 40%，而渤海银行的这一比例更是高达 77.57%，这也解释了 2014 年渤海银行不良率大幅升高的原因。

## （四）信息技术：研发创新大量投入，风险安全明显进步

信息技术部门是银行系统安全运行和银行业务顺利展开的有力保障，也是银行维持竞争力的核心部门之一。近几年，随着银行业务不断拓宽，各家银行对于信息技术的投入不断增多，这有助于银行提高市场占有率和开拓新的业务领域。目前，在互联网金融的冲击和银行转型的双重冲击下，通过对信息技术应用与研发的大量投入，银行在业务创新、渠道开拓与维护、安全保障以及风险控制等方面都取得了明显的进步。

得益于规模和资源优势，大型银行的信息技术实力在全国商业银行中更胜一筹，其信息技术的研发和应用能力处于行业领先水平，IT系统建设更加完善。2014 年，工商银行持续完善信息化银行发展的"大数据"基础，将金融市场、电商平台、综合化子公司等数据充实至数据仓库，将个人网银日志等非结构化数据纳入集团信息库。建设银行按照上海清算所要求对系统进行功能优化，支持政策性债券产品发行；在部分网点推广智慧银行，为客户带来"自助、智能、智慧"的全新感受和体验；推出一键购、他人代购、跨境购、扫码购等多项金融商务平台新服务。农业银行围绕"安全生产运行、科技服务支撑、

科技创新驱动"总体要求，有序推进科技产品各项重点工作和银行信息系统建设工作，为业务经营提供有力的技术支撑。中国银行持续优化提升信息系统，从功能完整性、操作便利性、体验一致性、信息准确性、处理时效性、风险管理有效性等方面改善客户体验。其他全国性商业银行的信息技术建设也在加快发展。光大银行通过强化自主可控，推进系统整合。中信银行完成了核心系统主体开发、外围配套系统改造以及行内二代支付系统改造等工作，运营管理系统进一步夯实。广发银行以建设强大IT支持系统为中心，统筹资源深入开展信息技术建设。

2014年3月，十二届全国人大二次会议审议的政府报告中提到，"促进互联网金融健康发展，完善金融监管协调机制"。这是互联网金融首次出现在政府报告中，这也反映了互联网金融在中国的发展速度与受重视程度。2014年，是互联网金融快速发展与全面渗透金融业的一年，无论是移动支付还是金融产品创新，互联网金融正影响着整个金融行业的发展趋势。

虽然互联网金融在2014年依然蓬勃发展，但是众筹、P2P等已经渐渐回归理性，余额宝等宝宝类产品的收益率也明显下降。众筹市场已经开始逐步细分，演变成股权众筹、回报众筹以及公益众筹等并存的局面。P2P行业开始大规模洗牌，诸如人人贷、微贷网等获得融资，平台交易规模和参与人数快速增长，但是问题平台事件频发，法律法规依然不健全。对于2014年初火热的余额宝等宝宝产品而言，虽然涵盖领域开始扩大，但是收益率开始回落，2014年5月11日，余额宝对接的天弘基金增利宝货币7天年化收益率跌破5%。

## （五）人力资源：员工质量提升，结构进一步优化

2014年，各家银行在实行人力资源策略时，普遍侧重于员工技能的提高与员工结构的优化，根据未来发展战略，通过一系列培训计划

和激励措施培养和激励优质人才进而丰富人才储备。通过分析可以发现，各家银行更加注重员工质量的提高，员工结构高知化进一步加强，业务技能和研发能力均有所提高。

银行员工数量主要取决于银行规模与银行业务发展情况，尤其是网点分布情况。国有银行资产规模大，网点分布广泛，因此员工数量处于领先地位。股份制商业银行员工数量与之相比仍有较大差距，但是近几年一直保持高速增长的态势。2014 年，农业银行以 493583 名员工高居榜首，工行、建行紧随其后；浙商、渤海、恒丰等小银行的员工规模较小。

人均员工费用反映了银行的员工成本，是银行成本控制的主要指标之一。2014 年，在人均员工费用上，渤海银行以 46 万元排名第一，此外人均员工费用超过 40 万元的还有中信银行、浦发银行以及平安银行。招商银行、兴业银行、华夏银行、民生银行等股份制银行的人均员工费用也均超过 35 万元。总体看来，股份制银行的人均费用高于大型国有商业银行，人均员工费用普遍为 30 万~45 万元，而大型国有银行的人均员工费用则普遍为 20 万~30 万元，其中，中国银行以 27 万元排名第一。股份制商业银行近几年高速发展，对人员的投入较大，且逐年上升。

人均营业收入反映的是员工生产率的基本指标。从 2014 年的数据来看，股份制银行人均营业收入较高，国有大型商业银行营业收入较低。所有银行的人均营业收入均超过了 100 万元，其中浦发银行以 289 万元排名第一，而中国农业银行人均营业收入最低，为 104 万元。

优秀的人才无疑会提高银行的竞争力，加大人才培养力度是银行取得竞争优势的关键。近年来我国银行业普遍都重视人才的培养和员工的培训，这也促进了我国银行业近几年的发展和进步。面临新的经济形势，各家银行充分重视培训工作在其人才培养中的重要作用，不断加强员工培训的投入力度。2014 年，各家银行的培训次数、力度以及投入费用均有提高，培训范围逐渐扩大，培训内容更加合理，形成了完整的培训思路和体系。

### （六）产品与服务：产品服务研发加速，市场反应良好

在中国经济新常态的背景下，银行业产品与服务的创新对于银行运营和业务突破都有重要影响；同时，银行产品与服务的研发速度、推广效率以及市场反应都会影响银行的盈利水平。

工商银行完善产品创新工作机制和方法，实施产品全生命周期管理，提升对客户金融服务水平。建设银行继续以建设"创新型银行"为目标，坚持从客户、市场、技术、全球化、监管等维度进行创新驱动，初步建立了流程顺畅、协作高效、有机融合的产品创新体系。中国银行以互联网模式推进业务创新与转型，努力为客户提供普惠、高效、便捷、安全的线上金融服务。光大银行坚持创新驱动，不断完善创新机制体制，培育新的增长点。广发银行全面开展网络金融创新业务布局，初步建成网络金融创新业务基础架构。民生银行抓住互联网金融需求大释放、大爆发的良好机遇，加大网络金融投入和建设，重点围绕手机银行、直销银行、微信银行、线上支付开展产品和服务创新，持续提升客户体验，赢得了客户的支持和信赖，市场份额快速攀升。平安银行不断改造优化小企业网上银行、手机银行、电话银行、微信银行、短信、官网等渠道，实现"贷贷平安"多渠道查询、提款、还款、定向支付等功能。兴业银行作为国内首批试点银行发行优先股，为银行业务发展提供长远支持。浦发银行全面构建"三宝两通"小微客户批量开发模式。

对于商业银行而言，品牌就是一种竞争优势，是依托知识和能力的创造性优势，而金融业品牌主要以服务为主来支撑，只有在服务上有个性，才能有品牌的记忆。在竞争日益激烈的今天，各家银行依托

自身优势和市场细分特色，不断推出有自身特色的产品和服务，以更好地提升品牌声誉，增加市场影响力。

2014年，各家银行在继续发展和推广原有特色服务产品的同时，又结合客户需求和互联网金融兴起的新形势创新推出新产品，力争扩大品牌优势，加深品牌影响。工商银行继续保持世界领先大银行地位，持续努力和稳健发展，利用自身优质客户基础、多元业务结构、强劲的创新能力和市场竞争力，拓展海外业务跨六大洲，境外网络扩展至41个国家和地区，形成了以商业银行为主体，综合化、国际化的经营格局，保持业内领先地位。积极把握居民消费升级和需求多元化、市场主体投资领域放宽、企业并购加速等机遇，努力把大零售、大资管、大投行等业务打造成盈利增长的新引擎。借力互联网金融的发展，推出电子商务平台"融e购"，年交易额跻身国内电商前列，"工银e支付"每秒钟并发交易处理能力业内第一，新发展的基于居民线上线下消费的小额消费贷款"逸贷"和契合小微企业融资需求的"网贷通"成为国内单体金额最大的网络融资产品，在互联网刻下鲜明的"e-ICBC"印记，发扬普惠金融。

### （七）市场影响力：增长势头强劲，网点数量稳步增加

工商银行的资产规模处于首位，为20.61万亿元，建设银行（16.74万亿元）、农业银行（15.97万亿元）、中国银行（15.25万亿元）位列第二、第三、第四名，四家大型银行在资产规模上形成中国银行业的第一梯队。交通银行以6.27万亿元位列第五，其他银行中资产超过4万亿元的银行共计6家，分别是招商银行（4.73万亿元）、兴业银行（4.41万亿元）、浦发银行（4.20万亿元）、中信银行（4.14万亿元）、民生银行（4.02万亿元）和平安银行（4.01万亿元），3家银行资产超过1.5万亿元，分别是光大银行（12.74万亿元）、华夏银行（1.85万亿元）和广发银行（1.65万亿元）。资产增速方面，除交

通银行资产增速为 5.16% 较低外，其他四家大型银行都接近或超过 9%。其他股份制银行则表现出强劲的增长势头，浙商银行最高，为 37%，其次是民生银行（24.45%）、兴业银行（19.79%），民生银行相比于去年 0.44% 的增长，有着令人惊喜的变化。

截至 2014 年末，全国金融机构人民币各项存款余额为 113.9 万亿元，同比增长 9.1%，增速下降，比上年末低 4.7 个百分点。工商银行存款规模排名第一，为 15.56 万亿元，占金融机构存款总额的 13.25%，建设银行、农业银行和中国银行存款总额分别为 12.90 万亿元、12.53 万亿元和 10.89 万亿元，在金融机构存款总额中占比均在 10% 左右。交通银行存款规模为 4.03 万亿元，领先于其他股份制银行，占金融机构存款总额的 3.43%，其余各家商业银行存款占比均低于 3%。存款规模超过 2 万亿元的为招商银行（3.30 万亿元）、中信银行（2.85 万亿元）、民生银行（2.43 万亿元）、浦发银行（2.72 万亿元）和兴业银行（2.27 万亿元）。存款增速方面，建设银行和交通银行的增速较缓，分别为 5.53% 和 3.08%，工商银行和中国银行增速相对较快，分别为 6.4% 和 7.8%。其余股份制商业银行的增速除中信银行、兴业银行和广发银行的增速外，都保持在 10% 以上，其中恒丰银行、平安银行和招商银行的增速明显，达 28.75%、25.98% 和 19.07%，但是相比于去年，增速均下降较多。

截至 2014 年底，全国金融机构人民币贷款金额为 81.7 万亿元人民币，同比增占 13.6%。其中全国性商业银行贷款总额达到 55.4 万亿元，占金融机构贷款总额的 67.8%。规模排名方面，四大银行仍处前四的位置，相应规模分别为工商银行（11.03 万亿元）、建设银行（9.47 万亿元）、中国银行（8.48 万亿元）、农业银行（8.10 万亿元），分别占全国性金融机构人民币贷款金额的 12.70%、10.92%、9.77%、9.33%。交通银行以 3.43 万亿元的规模排名第五。股份制商业银行中贷款规模超过 1 万亿元人民币的银行共计 7 家，分别为招商银行

（2.51 万亿元）、中信银行（2.19 万亿元）、浦发银行（2.03 万亿元）、民生银行（1.81 万亿元）、兴业银行（1.59 万亿元）、光大银行（1.30 万亿元）和平安银行（1.02 万亿元）。

随着银行服务的不断改进，网点数量增加，服务功能也越来越齐全。截至 2014 年末，中国银行业金融机构网点总数达到 21.71 万个，新增营业网点 6800 多个，在全国 49 个金融机构空白乡镇、2308 个城镇社区和 318 个小微企业集中地区均增设了银行网点，50 多万个行政村实现了基础金融服务全覆盖，有效形成覆盖城乡、服务多元、方便快捷的网点布局体系。

近几年随着科技的发展，银行的电子银行业务丰富多样，创新不断，不仅方便了客户，提升用户体验，更是提高了银行业务效率，大大节约成本。理财产品的发展是银行从以产品为导向转变为以客户为导向的重要实践，当前更是面临多种金融机构的激烈竞争，需要在平衡风险的基础上继续推进。同时，随着经济的发展，越来越多的用户倾向于选择风险较低的理财产品来对抗通胀压力，获取一定的收益，各银行也越来越重视理财产品的开发和创新。国际结算业务对于整个银行业务来说，风险小、成本低、利润高、技术含量成分高。从整体上来看，国际结算业务领域从业人员和所占信贷规模比例并不高，但是所占的利润却要占银行净收入的相当大的份额。近年来我国银行业大力发展中间业务，拓展收入来源，国际结算自然得到了高度重视。随着我国经济结构调整升级、资本市场快速发展、大资管时代创新以及互联网金融大发展的多重机遇，银行越来越重视托管业务这一平台，各银行纷纷大力整合自身行内资源，搭建外部合作平台，积极推进交叉营销，以实现资产托管业务跨越式发展，全面打造包括保险、基金、信托、租赁、投行和期货等在内的综合服务平台，不断提高经营管理的综合性、多功能、集约化水平。

# 四、城市商业银行竞争力评价

总体来看，城商行受人才、系统、流程、资源等多种因素的限制，在改革创新转型方面落后于国有大型商业银行和全国性股份制商业银行。城商行需要付出更多的努力和资源来改善自己，提升自己应对新常态下复杂经济金融形势和市场竞争的能力。截至 2014 年底，不包括民营银行，我国城商行总数为 133 家，比 2013 年底减少 12 家。2014年，河南省内 13 家城商行以新设合并方式成立"中原银行"，并于当年底获得银监会开业批复（中原银行是由河南省开封、安阳、鹤壁、新乡、濮阳、许昌、漯河、三门峡、南阳、商丘、信阳、周口、驻马店 13 家城商行以新设合并方式而成，于 2014 年 12 月 26 日正式开业）。2014 年，城商行资产负债规模增速低于 2013 年，但仍然高于银行业平均水平，城商行资产负债规模在银行业金融机构中的占比继续增长，其中 3 家城商行资产规模超过 1 万亿元；不良贷款增长有所加速，但资产质量、风险抵偿能力仍保持在较好水平；资本金补充压力较大，但资本金和流动性保持充足；盈利水平继续增长，但增幅继续下降，盈利能力有所下降。

## （一）资产负债总额增速下降，行业占比持续提升

2014 年，城商行资产总额和负债总额增长速度低于 2013 年，增长速度连续第四年下降，但仍高于行业平均水平。银监会 2014 年年报显示，截至 2014 年底，银行业金融机构资产总额为 172.3 万亿元，比年初增加 21.0 万亿元，增长 13.9%；负债总额为 160.0 万亿元，比年初增加 18.8 万亿元，增长 13.3%。同期，城商行资产总额超过 18 万亿元，比 2013 年底增长 19.1%，增速低于 2013 年的 22.9%，高于银行

业金融机构平均水平；负债总额为 16.8 万亿元，比 2013 年底增长 18.7%，增速低于 2013 年的 22.9%，高于银行业金融机构平均水平。2014 年城商行所有者权益总额为 1.25 万亿元，比 2013 年底增长 25.0%，增速高于 2013 年 1.5 个百分点。

城商行资产总额和负债总额在全部银行业金融机构中的占比持续提升。截至 2014 年底，城商行资产总额在全部银行业金融机构中的占比升至 10.49%，比 2013 年底提高 0.46 个百分点；负债总额在全部银行业金融机构中的占比升至 10.52%，比 2013 年底提高 0.48 个百分点；所有者权益总额占比首次超过 10%，达到 10.13%，比 2013 年底提高 0.32 个百分点。

从单个银行看，受合并重组、自身发展等因素影响，近年来，单家城商行平均规模持续增加。2013 年底，单个城商行平均资产总额首次超过 1000 亿元，2014 年底达到 1360 亿元，比 2013 年增长 29.9%，增速比 2013 年提高 7.8 个百分点。2014 年底，单个城商行平均负债总额首次超过 1000 亿元，达到 1266 亿元，比 2013 年增长 29.4%，增速比 2013 年提高 7.4 个百分点。截至 2014 年底，资产总额超过 1 万亿元的城商行数量达到 3 家，从高到低依次是北京银行的 15244 亿元、上海银行的 11847 亿元和江苏银行的 10388 亿元，其中上海银行和江苏银行的资产总额于 2014 年首次超过 1 万亿元。包括新设的中原银行在内，资产规模超过 1000 亿元的城商行数量达到 55 家，存款总额超过 1000 亿元的城商行总数达到 36 家。

## （二）不良贷款保持"双升"，不良率低于行业均值

2014 年，城商行不良贷款继续保持"双升"。与 2013 年不同之处在于，2014 年城商行不良贷款余额呈现加速增长态势。截至 2014 年底，城商行不良贷款余额 855 亿元，比 2013 年底增加 307 亿元，增速高达 56.02%，增速比 2013 年提高 25.22 个百分点；不良贷款率升至

1.16%，比2013年底增加0.28个百分点，低于全部商业银行平均水平的1.25%。从比较情况看，城商行不良贷款率一直低于全部商业银行平均水平。

近几年，国内银行业不良贷款一直维持着"双升"态势，自2010年以来不良贷款率走势形成了一条"微笑曲线"，城商行不良贷款率走势与全部商业银行的走势保持一致。截至2015年第二季度末，全部商业银行不良贷款率达到1.5%，超过2010年第一季度末的1.4%。截至2015年第一季度末，城商行不良贷款率达到1.29%，超过2010年第一季度末的1.19%。从当前的形势看，不良贷款率走势仍然没有出现掉头向下的迹象。2015年上半年，全部商业银行不良贷款余额比年初增加2493亿元，仅比2014年全年增加额略低12亿元；城商行不良贷款余额比年初增加265亿元，仅比2014年全年增加额低42亿元。这条"微笑曲线"变成一条"扭曲的微笑曲线"的可能性在不断增加。

### （三）拨备覆盖率均值有所下降，拨备贷款率均值有所上升

从不同规模区间城商行拨备覆盖率情况看，各规模区间城商行在2014年底拨备覆盖率均值都比2013年底有所下降，较大规模区间的城商行拨备覆盖率均值较低。资产规模大于2000亿元的城商行拨备覆盖率均值最低，为283%，资产规模处于1000亿~1999亿元的城商行拨备覆盖率均值次低，为290%，二者都低于全部城商行拨备覆盖率均值。资产规模位于500亿~999亿元的城商行拨备覆盖率均值为344%；资产规模低于499亿元的城商行拨备覆盖率均值最高，为359%，二者均大于全部城商行拨备覆盖率均值。从近两年降幅看，资产规模处于500亿~999亿元的城商行拨备覆盖率均值降幅最大。

从不同规模区间城商行拨备贷款率情况看，各规模区间城商行2014年底拨备贷款率均值都比2013年底有所上升。从银监会统计数据看，全部商业银行2014年第二季度末拨备贷款率达到近一年半最低水

平2.83%，之后逐步升至2014年底的2.9%和2015年第二季度末的2.98%。2014年底，全部城商行拨备贷款率均值为2.9%，比2013年底水平有所提高。资产规模大于2000亿元的城商行拨备贷款率均值为2.5%，低于全部城商行拨备贷款率均值。资产规模位于1000亿～1999亿元、500亿～999亿元、小于499亿元的城商行拨备贷款率均值依次为3.1%、2.9%和3.1%，都比全部城商行拨备贷款率均值高。从近两年增幅看，资产规模处于1000亿～1999亿元的城商行拨备贷款率均值增幅最大。

### （四）资本充足性低于行业均值，但高于上市银行

从数据看，城商行资本充足率低于全部商业银行平均水平。自2014年第一季度以来，全部商业银行和城商行资本充足率走势呈现先升后降的态势，城商行资本充足率与全部商业银行资本充足率的差距有所增加。2014年第一季度末，城商行资本充足率11.9%，略低于全部商业银行的12.13%；第四季度末，城商行资本充足率升至12.19%，低于全部商业银行接近1个百分点。2015年上半年，全部商业银行和城商行资本充足率均呈下降走势。

从城商行与上市银行比较情况看，城商行的资本充足率、一级资本充足率、核心一级资本充足率均高于上市银行。截至2014年底，全部城商行核心一级资本充足率均值和一级资本充足率均值都是11.3%，资本充足率均值12.9%。从不同规模区间城商行情况看，较小规模区间的城商行资本指标均值比较大规模区间城商行资本指标均值高。资产规模大于2000亿元的城商行核心一级资本充足率、一级资本充足率和资本充足率属于四个规模区间城商行中最低，分别是10.1%、10.1%和11.9%。资产规模小于499亿元的城商行核心一级资本充足率、一级资本充足率和资本充足率属于四个规模区间城商行中最高，分别是12.3%、12.3%和13.4%。其中，资产规模大于2000亿元和资

产规模处于1000亿~1999亿元的城商行的三个资本指标均值都比全部城商行三个指标均值低，其他两个规模区间城商行资本指标均值都比全部城商行资本指标均值高。

### （五）流动性比率保持高位，均值较低

流动性与商业银行的偿付能力往往相互交织。流动性比率衡量的是商业银行偿还短期债务的能力。从整体上看，2014年城商行流动性比率保持在较高水平。2014年底，全部城商行流动性比率均值为55.4%，比2013年底上升约3个百分点。从不同规模区间城商行看，较大规模区间城商行的流动性比率均值较低。这一特征与过去两年基本一致。2014年底，资产规模大于2000亿元的城商行流动性比率均值为48.6%，比2013年底有所增加，低于全部城商行流动性比率均值，是四个规模区间城商行中流动性比率均值最低的。

存贷比计算口径调整之后，商业银行存贷比有所下降，但随后便再次上升。除了业务发展之外，监管部门对于存款偏离度的管理也是导致存贷比上升的因素之一。数据方面，2014年第三季度末，全部商业银行存贷比为64.17%，到年底升至65.09%，2015年上半年继续增加到第二季度末的65.80%。从整体上看，城商行存贷比保持在较低水平。截至2014年底，全部城商行存贷比均值为60.0%，比2013年底水平有所提高。横向比较来看，城商行存贷比要低于全部商业银行平均水平。从不同规模区间城商行看，2014年底各规模区间城商行存贷比均值均比2013年底有所提高。

存款是国内商业银行最重要的资金来源。从整体上看，2014年城商行负债存款比较2013年有所下降。截至2014年底，全部城商行负债存款比均值为77.5%，比2013年底下降1.7个百分点。城商行负债存款比要高于银行业金融机构平均水平。截至2014年底，银行业金融机构各项存款余额117.4万亿元，占负债总额的比重为73.4%，比2013

年底下降 2.4 个百分点。从不同规模区间城商行来看，负债存款比均值呈现两个特征：一是较大规模区间的城商行负债存款比均值比较小规模区间城商行负债存款比均值低，其中较大规模的两个区间城商行负债存款比均值低于全部城商行负债存款比均值，较小规模的两个区间城商行负债存款比均值高于全部城商行负债存款比均值。二是 2014 年底各规模区间城商行负债存款比均值都较 2013 年底有所下降。

## （六）贷款集中度略有下降

贷款过于集中不利于分散个别客户、行业性和地区性风险。从整体上看，2014 年城商行贷款集中度比 2013 年略有所下降。截至 2014 年底，城商行最大单一客户贷款比率均值为 5.8%，比 2013 年底下降了 0.1 个百分点；最大十家客户贷款比率均值为 35.2%，比 2012 年底下降了 1.1 个百分点。

从不同规模区间城商行情况看，较大规模区间的城商行贷款集中度相对较低一些。截至 2014 年底，资产规模大于 2000 亿元的城商行最大一家客户贷款比例均值为 5.2%，属四个资产规模区间最低；资产规模小于 500 亿元的城商行最大十家客户贷款比例均值为 6.7%，属四个资产规模区间最高；资产规模处于 500 亿～1000 亿元和处于 1000 亿～2000 亿元的城商行最大一家客户贷款集中度均值分别是 5.7% 和 5.3%。资产规模从高到低四个区间的城商行最大十家客户贷款比例均值依次上升，分别是 29.1%、32.7%、34.0% 和 44.8%，前三者均低于全部城商行最大十家客户贷款比例均值。

## （七）盈利水平持续增长，增速有所下降

受经济增速下调、不良贷款反弹、利率市场化等因素影响，城商行盈利水平继续增长，但增速有所降低；盈利能力也出现了进一步下滑，而且低于全部商业银行平均水平。城商行盈利水平继续保持增长

态势,但 2010 年以来盈利水平增速呈下降态势。2014 年,全部城商行实现净利润 1859.5 亿元,比 2013 年增长 13.3%,增速比 2013 年下降了 6.7 个百分点,但高于银行业金融机构净利润增速 2.8 个百分点。城商行净利润在全部银行业金融机构净利润中的占比略有上升,由 2013 年的 9.4% 增加至 9.6%。在全部 133 家城商行中,资产规模超过 2000 亿元的 23 家城商行实现净利润 1038.22 亿元,占全部城商行净利润的 55.8%。

从资产利润率和资本利润率这两个指标看,2014 年城商行盈利能力进一步下降,资产利润率和资本利润率均低于全部商业银行平均水平。2014 年全部城商行资产利润率为 1.12%,比 2013 年下降 0.07 个百分点,高于全国性股份制商业银行的 1.10%,低于大型商业银行的 1.30%;资本利润率 16.57%,比 2013 年下降 1.62 个百分点,低于全国性股份制商业银行和大型商业银行。

从盈利能力指标均值变化情况看,2014 年全部城商行资本利润率均值和资产利润率均值都比 2013 年有所下降。从不同规模区间城商行看,2014 年城商行盈利能力比 2013 年有所下降。从资本利润率数据看,2014 年资产规模处于 500 亿~999 亿元的城商行资本利润率均值为 13.76%,属于四个不同规模区间中最低者,低于全部城商行资本利润率均值 16.26%。从降幅情况看,资产规模处于 500 亿~999 亿元的城商行资产利润率均值和资产利润率均值降幅都是最大的。

盈利状况还与商业银行的成本控制能力有关,成本控制能力可以通过成本收入比指标来衡量。城商行的成本收入比要高于全部商业银行的平均水平。城商行规模相对较小,很多成本支出无法获得规模经济效应,而且城商行的平均人均薪酬开支也相对较高。根据银监会统计信息,2014 年四个季度全部商业银行成本收入比依次是 27.81%、28.12%、28.87% 和 31.62%。从整体上看,2014 年全部城商行成本收入比均值是 33.0%,比 2013 年略有下降。从不同规模区间城商行数据看，资产规模处于 500 亿～999 亿元的城商行成本收入比均值为 35.3%，比 2013 年有所增加，其他三个规模区间城商行成本收入比均值都比 2013 年有所下降。

## （八）利息净收入占比较高，手续费和佣金收入占比稳定

在城商行的收入结构中，利息净收入占比高也是一个重要特征。从数据看，2014 年全部城商行利息收入占比均值高达 80.2%，比 2013 年有所下降。同期，银行业金融机构利息收入占比为 62.2%，也比 2013 年有所下降。从不同规模区间数据看，2014 年各规模区间城商行利息收入占比均值都比 2013 年有所下降。资产规模大于 2000 亿元的城商行利息收入占比均值为 86.1%，属于四个规模区间中最高者。资产规模小于 499 亿元的城商行利息收入占比均值为 75.1%，属于四个规模区间中最低者。资产规模处于 500 亿～999 亿元和资产规模处于 1000 亿～1999 亿元的城商行利息收入占比分别是 83.5% 和 79.3%。

2014 年城商行手续费和佣金收入占比与 2013 年基本持平。从数据看，2014 年较大规模两个区间城商行手续费和佣金收入占比均值较 2013 年略有增加，而且高于全部城商行手续费和佣金收入占比均值；较小规模两个区间城商行手续费和佣金收入占比均值较 2013 年略有降低，而且低于全部城商行手续费和佣金收入占比均值。从高到低四个规模区间城商行手续费和佣金收入占比均值依次下降，分别是 9.4%、8.3%、3.6% 和 1.9%。从单个城商行数据看，个别城商行在手续费和佣金收入方面是负数。

# 第二部分

# 2014 年全国性商业银行财务分析报告[*]

---

* 本部分由蔡鸿志、欧明刚执笔整理。

# 一、前言

本报告从财务指标角度分析讨论 2014 年全国性商业银行的竞争力。

本报告所提全国性商业银行包括：由中国工商银行、中国农业银行、中国银行、中国建设银行和交通银行五家银行组成的大型商业银行（以下分别简称为工行、农行、中行、建行和交行，统称为"大型银行"），以及由招商银行、中信银行、上海浦东发展银行、中国民生银行、中国光大银行、兴业银行、华夏银行、广东发展银行、平安银行、恒丰银行、浙商银行、渤海银行十二家银行组成的全国性股份制商业银行（以下分别简称为招商、中信、浦发、民生、光大、兴业、华夏、广发、平安、恒丰、浙商、渤海，统称为"股份制银行"）。

全国性商业银行是我国银行业的重要组成部分。截至 2014 年 12 月 31 日，全国性商业银行的总资产、总负债及税后利润在银行业金融机构中的占比分别达到 59.42%、59.48% 和 62.81%，较上一年分别下降 1.72 个、1.79 个和 2.12 个百分点（如图 2-1、图 2-2 和图 2-3 所示）。其中，五家大型银行在总资产、总负债及税后利润上的市场份额均继续呈下降趋势，股份制银行在总资产和总负债上的市场份额继续上升、但基于税后利润的市场份额则出现了下滑。具体而言，大型银行的总资产、总负债和税后利润的市场份额与 2013 年相比分别下降了 2.14 个、2.26 个和 1.90 个百分点；股份制银行基于总资产和总负债的市场份额与 2013 年相比，分别增加了 0.41 个和 0.46 个百分点，而基于税后利润的市场份额则下降了 0.23 个百分点。

2014 年全球经济增长与 2013 年持平，但缓慢复苏态势持续分化，国际金融市场出现了较为剧烈的波动。发达经济体经济温和复苏，但

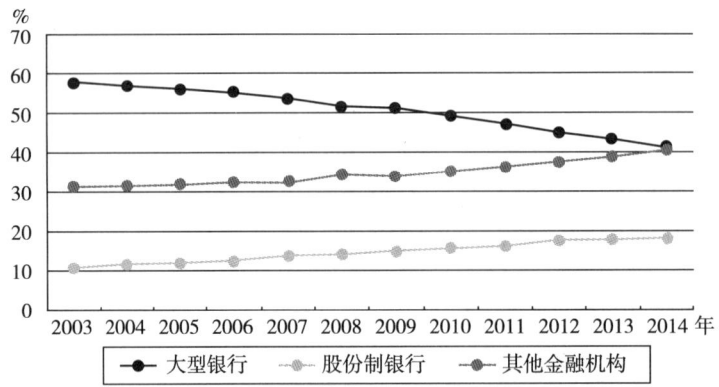

资料来源：银监会 2006～2014 年年报。

**图 2-1　银行业基于总资产的市场份额变化图（2003～2014 年）**

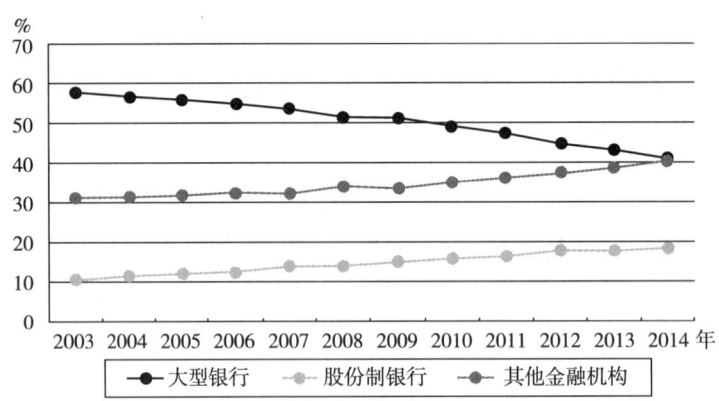

资料来源：银监会 2006～2014 年年报。

**图 2-2　银行业基于总负债的市场份额变化图（2003～2014 年）**

分化愈发明显。美国经济复苏强于预期；欧元区受经济结构调整进展缓慢、公共债务压力较大和地缘政治事件冲击等因素影响，经济增长动能明显减弱；日本进一步加大宽松力度，但经济仍未全面复苏。新兴经济体整体增长势头放缓，风险因素更为复杂。印尼盾、智利比索、巴西雷亚尔和土耳其里拉等新兴经济体货币出现大幅度贬值，部

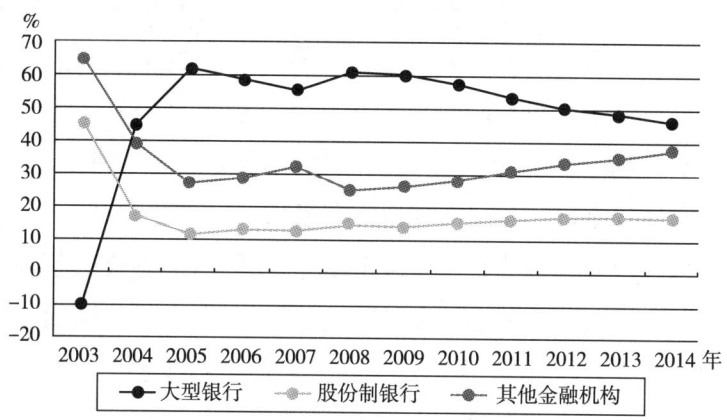

资料来源：银监会 2006~2014 年年报。

**图 2-3　银行业基于税后利润的市场份额变化图（2003~2014 年）**

分新兴经济体跨境资本流动更加剧烈、面临资本外流风险。由于各经济体复苏步伐不一，全球货币政策格局趋于复杂，国际金融市场波动加剧。

国内方面，在"三期叠加"的背景下，2014 年中国经济继续放缓，较上年增长 7.4%。总体而言，经济运行处在合理区间，同时在经济结构调整上也出现了积极的趋势性变化，以服务业为主体的第三产业快速增长、比重提高，电子商务、移动互联等新型业态加快发展，就业和节能降耗等指标好于预期。宏观政策取向继续维持积极的财政政策和稳健的货币政策，并在保持政策连续性和稳定性的同时，结合宏观经济结构性变化，有针对性地进行预调微调，运用定向降准、再贷款、再贴现、调整存贷比考核、发行专项金融债等定向调控手段，加大金融对实体经济的支持力度。金融市场总体保持稳健运行，资本市场活跃程度明显提升，股票市场成交量显著增加。此外，根据宏观经济金融形势，着力缓解实体经济融资成本高的问题，中国人民银行于 2014 年 11 月 22 日实施了两年多以来的首次降息。一是采取非对称方式下调贷款和存款基准利率，有针对性地引导市场利率及社会融资成本下行。二是结合推进利率市场化改革，存款利率浮动区间的上限由基准利率 1.1 倍扩大至 1.2 倍。三是简并存贷款基准利率的期限档次，进一步拓宽金融机构的自主定价空间、引导金融机构积极转变经营理念，也有利于强化市场基准利率体系建设，健全利率传导机制，为进一步推进利率市场化改革创造有利条件。

以全国性商业银行为代表的中国银行业积极推进改革创新，资产负债规模稳步增长，存贷款增速有所放缓，资本实力不断增强，资本充足水平稳步提升，利润增速进一步放缓，流动性水平总体平稳，但不良贷款余额和不良贷款率增长幅度有所扩大，资产质量的压力进一步上升。各类银行业金融机构，继续围绕公司、业务、风险、行业等方面深化治理体系改革，不断优化银行业金融机构治理体系；紧跟时代脉搏，从电子银行服务渠道、高附加值非信贷业务、负债产品等方面，加大金融创新力度。银行业金融机构投资主体进一步多元化，民营银行试点取得历史性突破，一批民资主导的金融租赁公司、消费金融公司、财务公司和村镇银行成功设立，广覆盖、差异化、高效率的银行业机构体系进一步完善。

其中，大型银行不断健全公司治理机制，强化履职能力建设，完善绩效考评机制。稳步推进事业部制和专营部门制改革，实现理财、同业等业务流程再造和转型发展。建立表内外、境内外、本外币、母子公司等多维度全覆盖的风险管控机制，加强集团并表全面风险管理。提高资本管理高级方法实施质量，完善资本规划，开展内部评估和资本工具创新。持续推进全球系统重要性银行危机管理机制建设及恢复处置计划制订工作。

股份制商业银行和中小商业银行围绕"改革、创新、提质、控险"的改革发展主题，不断增强科学管理和可持续发展能力。建立小微支行、社区支行等便民服务网络，不断下沉业务重心。结合金融系统深化改革和互联网、移动设备、大数据等网络信息技术广泛应用的新趋势，加强产品创新、服务创新和渠道创新，提高服务标准，降低服务成本、规范服务定价。部分服务条件的股份制商业银行和中小商业银行在加强并表监管与风险隔离的前提下，立足自身发展战略与市场定位，审慎开展综合化经营。

截至 2014 年末，全国性商业银行资产总额 102.39 万亿元，比上年增长 10.65%；负债总额 95.18 亿元，比上年增长 10.03%。所有者权益 7.22 万亿元，比上年增长 19.64%；资本实力与盈利水平进一步提升，绝大部分全国性商业银行流动性水平均有所增强，但整体上资产质量压力均进一步加大，抗风险能力出现一定程度下滑。

以下从资本状况、资产质量、盈利能力和流动性水平四个方面对全国性商业银行 2014 年度财务状况予以分析。各项财务数据除另有注明外，均取自监管部门及各银行的定期财务报告、新闻稿件等公开披露的信息。

# 二、资本状况

2014 年是《商业银行资本管理办法（试行）》正式实施的第二年，全国性商业银行从完善资本约束机制与调整业务结构、创新拓展资本补充渠道两方面着手，不断提高资本管理水平。一方面建立资本规划和全面风险评估体系，并在加强信息系统等基础设施建设、提升风险计量技术的基础上，进一步强化资本约束机制，引导业务结构的调整与优化；另一方面，在利润留存补充核心一级资本的基础上，创新和拓展资本补充渠道，二级资本债券发行实现常态化、境外市场发行试点破题，商业银行优先股发行顺利启动，实现了资本结构的进一步合理与优化。

根据各全国性商业银行年报及公开信息披露，所有全国性商业银行均已推出了通过二级资本债券补充资本的计划，部分银行已经完成全部发行计划，交行完成中资银行总行首单境外二级资本债券发行。全国性商业银行在2014年共通过二级资本债券在境内、境外共募集约合逾2800亿元人民币。优先股方面，所有上市的全国性商业银行均已披露优先股发行计划，工行、农行、中行、浦发、兴业5家全国性商业银行均已在2014年完成或部分完成了优先股发行，中国银行率先在境外发行优先股。2014年，全国性商业银行通过优先股在境内外累计募集约合逾1700亿元人民币。此外，继民生于2014年11月率先推出募集金额80亿元的员工持股计划定增方案后，招商也于2015年4月推出类似的募集金额60亿元员工持股计划，力求开辟新的资本补充渠道。

表2-1　　　　2014年全国性商业银行资本补充情况一览表

| 银行 | 债券融资 | 股权融资 |
|---|---|---|
| 工行 | 2014年8月在全国银行间市场发行200亿元人民币二级资本债券。 | 2014年12月非公开发行了美元、欧元、人民币三种非累积、非参与、永续境外优先股，募集资金总额约为人民币345.5亿元。 |
| 农行 | 2014年5月全额赎回于2009年5月发行的两个品种总规模为人民币250亿元的10年期次级债券；2014年8月，在全国银行间债券市场成功发行人民币300亿元的二级资本债券。 | 2014年9月，获准在境内非公开发行不超过8亿股优先股，募集资金不超过800亿元，其中于2014年11月完成优先股首次发行，募集资金人民币400亿元；于2015年3月18日完成优先股二期发行，募集资金人民币400亿元。 |
| 中行 | 2014年8月和11月在境内、外市场成功发行300亿元人民币和30亿美元二级资本债券。 | 2014年10月和11月在境外、内市场成功发行约65亿美元和320亿元人民币优先股。同时，A股可转换债券出现较大规模转股，有效增加了核心一级资本。 |

续表

| 银行 | 债券融资 | 股权融资 |
|---|---|---|
| 建行 | 2014 年 8 月在境内公开发行了总额为人民币 200 亿元的二级资本债券，2014 年 11 月向境外机构投资者发行了总额为人民币 20 亿元的二级资本债券。 | 2014 年 12 月通过相关议案，拟于 2015 年在境内、外市场发行总额共计不超过等额人民币 800 亿元（含）优先股，其中在境内市场发行不超过人民币 600 亿元（含）、境外市场发行不超过等额人民币 200 亿元（含）。 |
| 交行 | 2014 年 1 月通过议案拟向境内、外发行不超过 400 亿元减记型合格二级资本工具，其中 2014 年 10 月成功完成 12 亿美元、5 亿欧元的发行。 | 2015 年 4 月发布公告，拟发行 6 亿股优先股，募集最多 600 亿元人民币，其中境内 450 亿元、境外 150 亿元，并于 2015 年 8 月完成 24.5 亿美元（约合 150 亿元人民币）优先股的发行。 |
| 中信 | 2014 年 8 月于全国银行间市场发行二级资本债券 370 亿元。 | 2015 年 3 月公告，拟非公开发行优先股，融资不超过 350 亿元人民币。 |
| 光大 | 2014 年 6 月于境内发行 162 亿元二级资本债券。 | 2014 年 10 月公告，拟非公开发行不超过 3 亿股优先股，募集资金总额不超过 300 亿元。 |
| 华夏 | 2014 年 7 月于境内发行 100 亿元二级资本债券。 | 2015 年 4 月公告，拟非公开发行不超过 2 亿股优先股，募资不超过 200 亿元。 |
| 广发 | 2014 年 9 月、2015 年 6 月在境内分别发行了 100 亿元、150 亿元二级资本债券。 | |
| 平安银行 | 分别于 2014 年 3 月、4 月在全国银行间市场发行 90 亿元、60 亿元二级资本债券。 | 2014 年 7 月公告，拟以非公开发行优先股和普通股方式，合计募集资金总额不超过 300 亿元，拟全部用于补充公司其他一级资本，其中，优先股计划募集资金不超过 200 亿元，普通股募集资金为不超过 100 亿元。 |

| 银行 | 债券融资 | 股权融资 |
|------|----------|----------|
| 招商 | 2014年4月在全国银行间债券市场发行二级资本债券人民币113亿元。 | 2015年4月公告，拟通过员工持股计划定向增发募集60亿元。 |
| 浦发 | 2015年4月公告，拟发行不超过300亿元二级资本债券。 | 2014年11月完成首期150亿元优先股发行，并于2015年3月完成余下第二期150亿元优先股发行。 |
| 兴业 | 2014年6月在全国银行间债券市场成功发行了总额为人民币200亿元的二级资本债券。 | 2014年6月公告，拟通过在境内发行不超过300亿元人民币的优先股，并于2014年12月、2015年6月分别完成130亿元、130亿元发行。 |
| 民生 | 2014年3月在全国银行间债券市场公开发行了总额为人民币200亿元的二级资本债券。 | 2014年11月公告，拟于境内、外分别发行200亿元、100亿元优先股，并拟通过员工持股计划定向增发募集80亿元。 |
| 渤海 | 2014年12月在境内发行31亿元二级资本工具，并于2015年7月完成90亿元二级资本工具发行。 | |
| 恒丰 | 2014年12月在境内发行80亿元二级资本工具。 | |

同时，在资本计量高级方法上，银监会已核准中国工商银行、中国农业银行、中国银行、中国建设银行、交通银行、招商银行6家全国性银行实施资本管理高级方法。6家银行已于2014年7月1日起按照银监会资本管理高级方法持续监管报表体系要求正式报送监管数据。

截至2014年末，我国银行业整体资本充足率、一级资本充足率、核心一级资本充足率分别为13.2%、10.8%、10.6%，较2013年末分别提高1.0个、0.9个和0.7个百分点。下面将着重分析17家全国性商业银行的资本充足率情况。

资本充足率方面，最高的为建行（14.87%）、最低的为广发

（10.5%），5 家大型银行的资本充足率水平最高；相较于 2013 年，16 家银行的资本充足率水平有所提高，提高幅度最大的是交行（1.96 个百分点），仅浙商的资本充足率水平有所下降（0.93 个百分点），这一情况应该与 2014 年二级资本债券大规模常态化发行有关，绝大部分全国性商业银行的资本实力均有所增强。

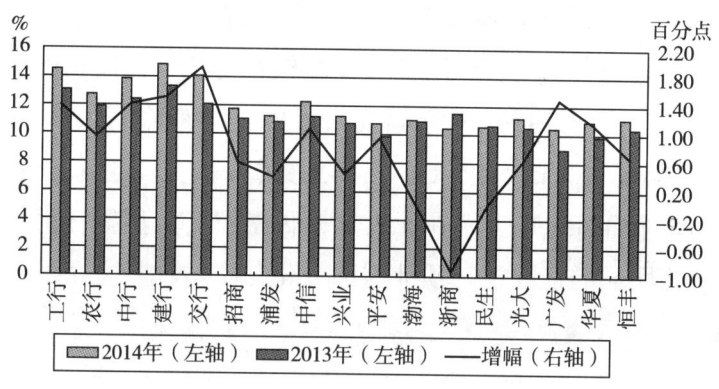

**图 2-4　全国性商业银行资本充足率情况（2013～2014 年）**

一级资本充足率方面，最高的为工行（12.19%）、最低的为广发（8.12%），整体而言大型银行一级资本充足率水平要高于股份制银行；相较于 2013 年，13 家银行的一级资本充足率水平有所提高，提高幅度最大的是中行（1.65 个百分点），4 家银行的一级资本充足率水平有所

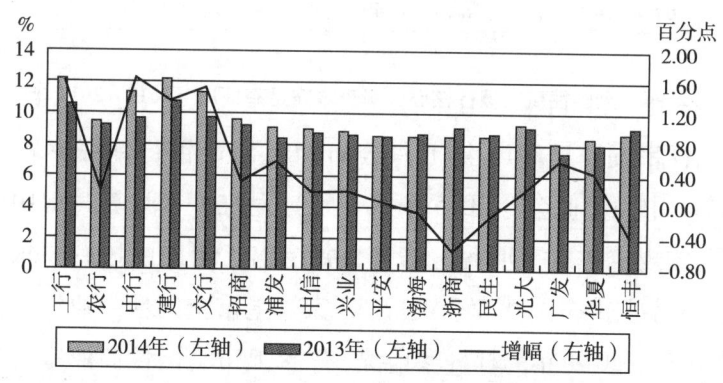

**图 2-5　全国性商业银行一级资本充足率情况（2013～2014 年）**

下降，下降幅度最大的为浙商（0.55个百分点），各银行在一级资本充足率水平上的变化与优化股发行情况有密切关系，比如2014年优化股发行金额最大的是中行（720亿元）。

核心一级资本充足率方面，最高的为建行（12.12%）、最低的为广发银行（8.12%），整体上大型银行核心一级资本充足率水平较高；相较于2013年，全国性商业银行在核心一级资本充足率水平上的变化情况更为分化，有11家银行上升、6家银行降低，提高幅度最大的是交行（1.54个百分点）、降低幅度最大的是浙商银行（0.55个百分点），提高幅度最大的5家银行分别是交行、建行、工行、招商、中行，均为1个百分点以上，在无大规模再融资、大型银行盈利水平增速放缓更为明显的情况下，预计这种分化与资本计量方法的分化有一定关系。

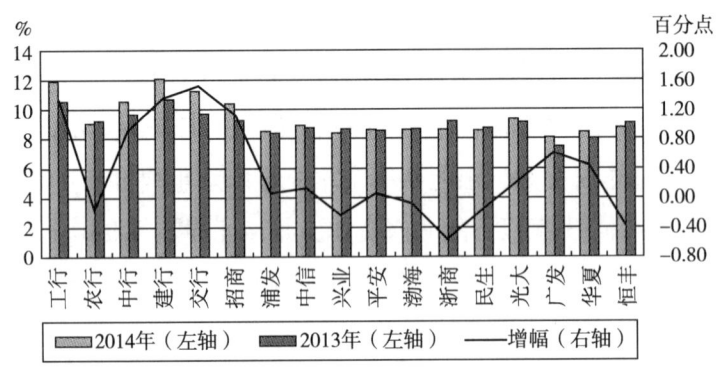

**图2-6 全国性商业银行核心一级资本充足率情况（2013～2014年）**

就杠杆率而言，2015年1月公布的《商业银行杠杆率管理办法（修订）》（中国银监会令2015年第1号）对杠杆率计算过程中的部分具体项目的规定进行了明确、修订，并提出了明确的披露要求。在披露方面，5家上市全国性商业银行、2家非上市全国性商业银行连续披露了2013年、2014年的杠杆率情况，7家上市全国性商业银行根据最近监管要求在2014年年报或2015年第一季度报告中直接或间接披露了 2014 年末的杠杆率水平，两家非上市全国性商业银行根据监管要求可不披露杠杆率水平，但一家上市银行在 2014 年年报或 2015 年第一季度报告中仍未按照最新监管要求披露杠杆率情况。对于 14 家已披露 2014 年末杠杆率水平的全国性商业银行中，杠杆率最高的是恒丰（8.71），仅渤海（3.57%）未达到银监会 4% 的监管要求；对于 7 家连续披露 2013 年、2014 年末杠杆率水平的全国性商业银行，2014 年末与 2013 年末相比，6 家银行杠杆率水平有所提高，中行、工行、农行、建行四家大型银行提高幅度较大、均在 0.5 个百分点以上，这在一定程度上得益于优先股等一级资本的补充，而恒丰的杠杆率水平则在高位略微下降（0.37 个百分点）。

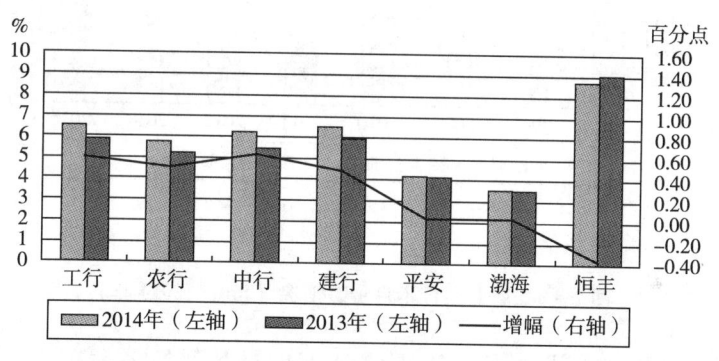

图 2-7 部分全国性商业银行杠杆率情况（2013～2014 年）

# 三、资产质量

2014 年，我国商业在资产质量方面面临的压力显著上升，不良贷款率和不良贷款绝对额均出现了明显反弹，商业银行整体的拨备覆盖率大幅降低，风险抵补能力有所减弱。截至 2014 年末，我国商业银行按贷款五级分类的不良贷款余额 8425.6 亿元，比年初增加 2504.3 亿元，增幅达到42.29%，增幅较上年扩大22.15个百分点，不良贷款余额连续第三年上升，且增加额、增幅持续扩大；不良贷款率为1.2%，在连续三年保持基本稳定后较2013年同比上升了0.2个百分点；拨备覆盖率在2013年出现了下滑后进一步大幅降低至232.1%，降幅达到50.6个百分点。整体上，大型银行、股份制银行等全国性商业银行，农村商业银行、城市商业银行等区域性银行以及外资银行出现的资产质量下滑程度依次增大。

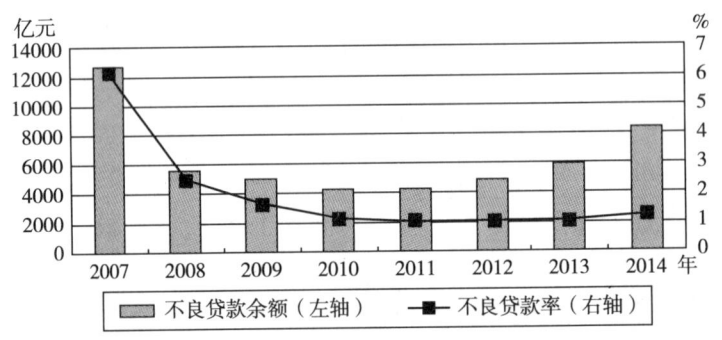

资料来源：银监会2014年年报。

图2-8 商业银行不良贷款情况（2007~2014年）

对于全国性商业银行，以下将从不良贷款、拨备覆盖率、贷款集中度三个方面分析其资产质量情况。

## （一）2014年全国性商业银行不良贷款情况

### 1. 总体情况

如图2-9所示，2003~2014年，整体上全国性商业银行不良贷款余额、不良贷款率均呈现整体下降的趋势，不良贷款余额由2003年的21044.6亿元下降至2014年的6383.5亿元，降幅达69.67%，不良贷款率由2003年的17.90%下降至2014年的1.10%，降幅16.80个百分点。但不良贷款余额、不良贷款率"双降"的趋势在2012年出现了逆转，当年分别回升 9.36% 和 0.06 个百分点，2013 年、2014 年的回升幅度则进一步扩大。

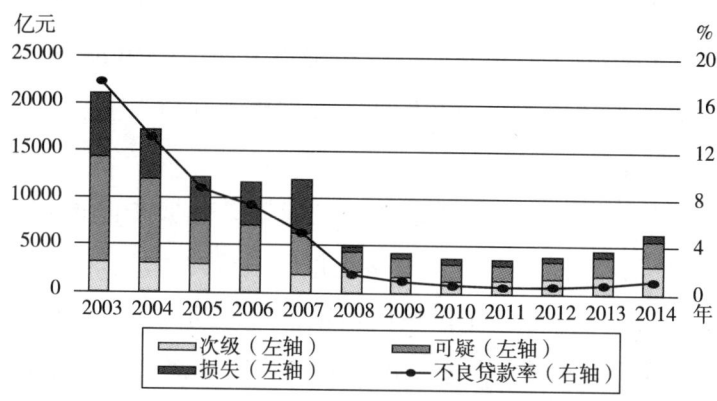

资料来源：银监会 2006～2014 年年报。

**图 2－9　全国性商业银行不良贷款情况（2003～2014 年）**

2014 年，全国性商业银行不良贷款余额为 6383.5 亿元，较上年上升 1792.2 亿元，增速大幅扩大至 39.03%。其中，次级类不良贷款余额为 3005.20 亿元，较去年增长 62.31%，增速比上年大幅攀升 46.39 个百分点；可疑类余额和损失类余额分别为 2557.20 亿元和 820.90 亿元，也出现了 26.07% 和 15.39% 的大幅回升。不良贷款率方面，2014 年末全国性商业银行不良贷款率为 1.1%，自 2012 年以来连续第三年出现反弹，且反弹幅度持续扩大至 0.3 个百分点。

尽管全国性商业银行不良贷款问题加速暴露，但考虑到 "三期叠加" 下经济增速仍低位徘徊的宏观经济背景，加之不良贷款的确认存在一定的滞后性，后续全国性商业银行面临的资产质量形势短期内依然不容乐观。对此，关注类贷款和逾期贷款情况可提供一个观察视角。具体而言，逾期贷款是指所有或部分本金或利息已逾期 1 天以上（含 1 天）的贷款，相对较为客观，而五级分类下的贷款则涉及一定的主观判断。

截至2014年末，17家全国性商业银行关注类贷款余额为1.58万亿元，较上年增加4819.16亿元，增幅为44.07%，超过不良贷款增速逾5个百分点，而2013年关注类贷款相较上年是小幅减少的；逾期贷款余额为1.12万亿元，较上年增加4562.2亿元，增幅68.52%，超过不良贷款增速逾29个百分点，增加额及增幅较2013年扩大3414.22亿元、47.69个百分点。

此外，若综合考虑逾期贷款和不良贷款，逾期减值比（逾期贷款余额/不良贷款余额）可在一定程度上反映银行的信贷资产风险分类谨慎程度。2012~2014年，全国性商业银行的逾期减值比持续上升，分别达到132.58%、137.45%、166.40%。在宏观经济形势未有明显改善的情况下，这在一定程度上也反映了全国性商业银行后续面临的资产质量上的潜在压力。

### 2. 2014年各全国性商业银行不良贷款情况

图2-10、图2-11分别列示了近三年17家全国性商业银行不良贷款余额和不良贷款率的情况。

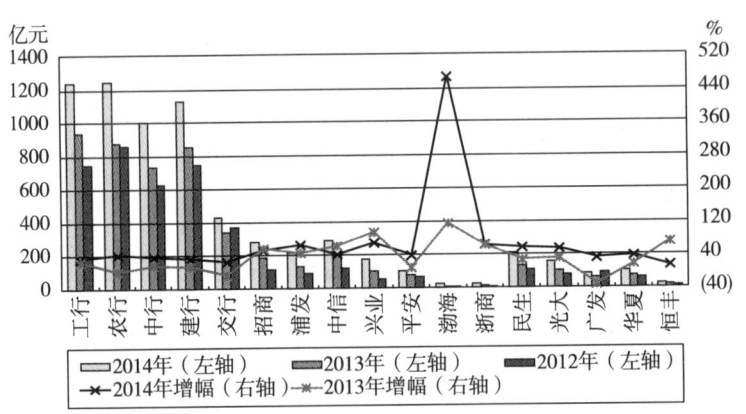

**图2-10　近三年全国性商业银行不良贷款余额变化情况**

就不良贷款余额的绝对额而言，由于资产规模上的差别，整体上大型银行要高于股份制银行。大型银行中，农行（1249.7亿元）超过

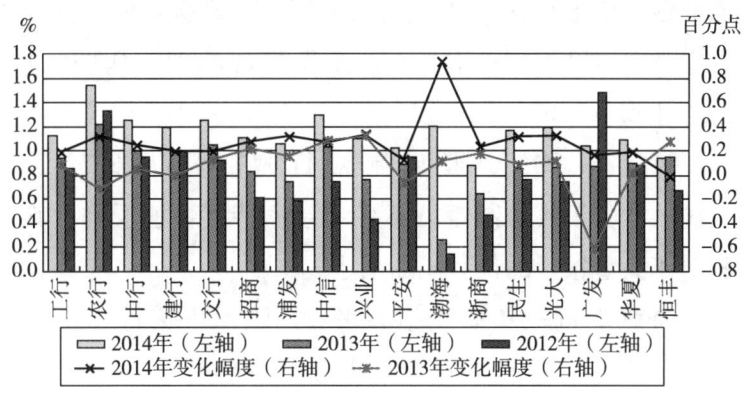

**图 2－11　近三年全国性商业银行不良贷款率情况**

工行（1244.97 亿元）成为 2014 年不良贷款余额最大的全国性商业银行，交行的不良贷款规模最小（430.17 亿元）；股份制银行中，中信（284.54 亿元）、招商（279.17 亿元）的不良贷款余额较大，渤海（24.74 亿元）、浙商（22.90 亿元）、恒丰（22.54 亿元）等非上市股份制银行不良贷款余额较小，但渤海银行不良贷款余额已连续两年增长 100% 以上，2014 年的增幅更是高达 468.91%。

从不良贷款余额近三年变化趋势来看，与 2013 年相比，大部分全国性商业银行 2014 年的不良贷款余额均呈现快速增长的态势，且整体增长速度在加快、部分银行增速由负转正。其中，增速最快的是渤海（468.91%）、兴业（69.82%）、浦发（65.26%），增速最慢的是恒丰（14.88%）、交行（25.38%）、广发（32.36%）；增速扩大幅度最大的则是渤海（352.56 个百分点）、广发（64.30 个百分点）、农行（40.11 个百分点）。大型银行不良贷款反弹速度虽有所加快，但整体上要低于股份制银行；股份制银行不良贷款增长情况在 2013 年较为分化，但除渤海银行以外的其他股份制银行在 2014 年已表现出较强的趋同性，反映出不良贷款反弹的问题在加速蔓延。

不良贷款率方面，农行由于上市较晚，不良贷款率继续维持 17 家全国性商业银行中最高，2014 年达到 1.54%，其次是中信（1.30%）、中行（1.25%）、招商（1.25%），最低的是浙商（0.88%）、恒丰（0.94%）、平安（1.02%）；大型银行在 2012～2014 年平均不良率为 1.01%、1.04%、1.24%，股份制银行则分别为 0.7%、0.8%、1.09%，显示出由于股份制银行不良贷款率持续快速反弹，其在资产质量上相对于大型银行的优势不断缩小。

从不良贷款率近三年变化趋势来看，除恒丰银行不良贷款率在 2013 年大幅上升后而略有下降外，其他 16 家银行 2014 年不良贷款率无一例外地上升、且上升幅度相较 2013 年明显加大，上升幅度最大的是渤海（0.94 个百分点），其次是兴业（0.34 个百分点）、光大（0.33 个百分点），最低的是平安（0.13 个百分点）、广发（0.17 个百分点）、华夏（0.19 个百分点）、工行（0.19 个百分点）。

同时，考虑到不良贷款涉及五级分类下的主观判断，而且存在一定的滞后性，在此选择关注类贷款及逾期贷款（逾期减值比）考察 17 家全国性商业银行面临的潜在不良贷款压力。

图 2-12 列示了近三年 17 家全国性商业银行关注类贷款余额情况。与不良贷款余额类似，关注类贷款余额也与银行资产规模密切相

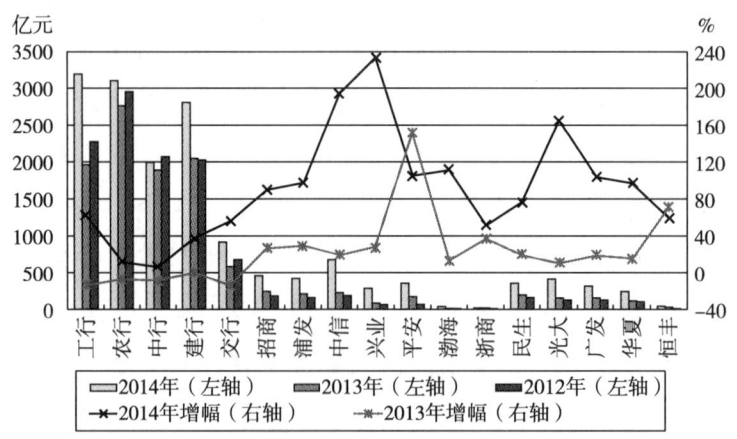

图 2-12　近三年全国性商业银行关注类贷款余额情况

关，大型银行关注类贷款余额远高于股份制银行。大型银行中，工行关注类贷款规模最大（3197.84 亿元），规模最小的是交行（919.03 亿元）；股份制银行中，关注类贷款规模最大的是中信（681.61 亿元），最小的是浙商（36.39 亿元）。就近三年关注类贷款变化趋势而言，2013 年大型银行关注类贷款均有所减少或基本持平，而股份制银行关注类贷款均已开始反弹，而 2014 年全部 17 家全国性商业银行关注类贷款均出现增长，部分大型银行增幅较大，绝大多数股份制银行增幅进一步扩大且增幅较为分化；2014 年，除农行、中行、渤海、浙商以外的其他 13 家银行的关注类贷款余额增幅均高于不良贷款增幅，兴业、中信、光大等银行的两项余额增幅偏离程度较大。

图 2-13 列示了近三年 17 家全国性商业银行逾期贷款（逾期减值比）的情况。整体上，大型银行逾期减值比要低于股份制银行，大型银行中工行逾期减值比最高（169.14%），建行最低（113.53%），股份制银行中广发银行逾期减值比最高（452.71%），渤海银行最低，由 2013 年的高位大幅降低至 94.54%，为 17 家全国性商业银行中的最低水平。若从近三年各银行逾期减值比的变化趋势来看，2013 年各银行在逾期减值比的增减变化上较为分化，但在 2014 年除渤海银行以外均出现一定幅度的上升，恒丰、广发、平安、中信等银行的上升幅度较大。

由于逾期减值比可在一定程度上反映了银行的信贷资产风险分类谨慎程度，逾期减值比的变化与不良贷款率的变化在一定程度上存在反向关系，在图 2-11、图 2-13 中表现为相应变化趋势折线的镜像关系，而这在平安、渤海、广发、恒丰上的表现更为突出。即在当前宏观经济低位徘徊的系统性风险因素下，部分全国性商业银行不良贷款率绝对水平、反弹速度较同业低的情况可能不具可持续性，而渤海银行不良贷款余额大幅增加的情况可能更客观地顺应了银行业周期性特点。

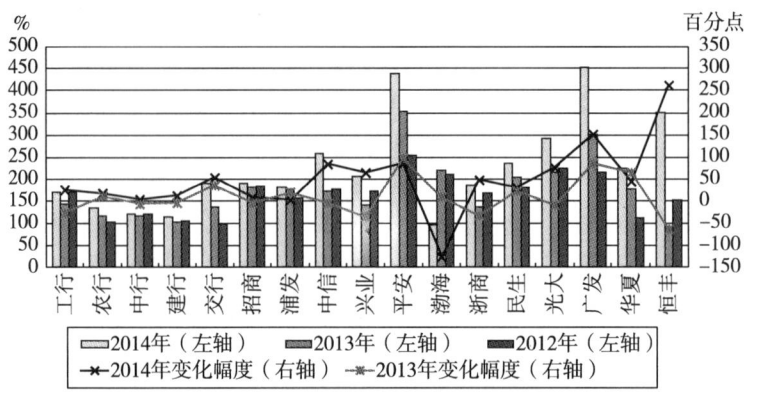

图 2 - 13　近三年全国性商业银行逾期减值比情况

## （二）2014 年全国性商业银行风险抵补能力

目前，银监会对商业银行的贷款损失准备以拨备覆盖率和贷款拨备率两项指标进行综合考核，其中前者以 150% 为基本标准，后者以2.5% 为基本标准，两者中的较高者为商业银行贷款损失准备的监管标准。

### 1. 拨备覆盖率

拨备覆盖率是贷款损失准备（现一般按贷款减值准备）对不良贷款的比率，是基于不良贷款而计提贷款损失准备再进行相应计算的一项指标，其性质是衡量信贷风险抵补的程度。拨备覆盖率多寡有度，以能适应各行风险程度并符合监管要求为宜，过低导致拨备金不足，利润虚增；过高导致拨备金多余，利润虚降。

图 2 - 14 列示了近三年全国性商业银行拨备覆盖率情况。2014 年全国性商业银行的拨备覆盖率均在 170% 以上，高于 150% 的监管及格线。大型银行中，农行拨备覆盖率最高（286.53%），交行最低（178.88%）；股份制银行中，浙商银行最高（292.89%），排名 17 家全国性商业银行第一，广发银行贷款拨备率为 170.40%，而这一水平

也是17家银行中最低的。

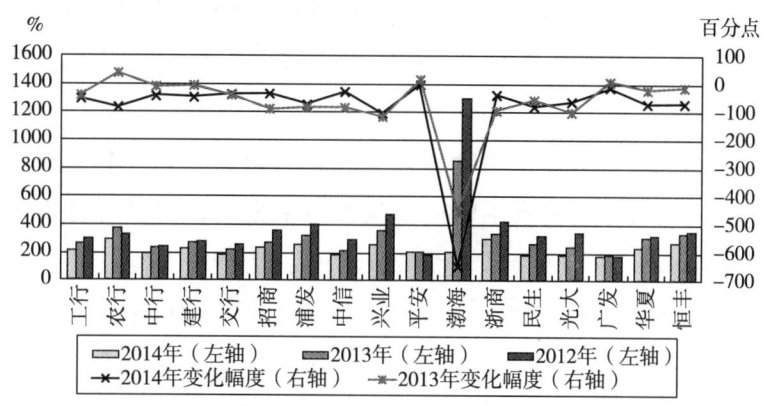

图2-14　近三年全国性商业银行拨备覆盖率情况

继2013年仅农行、平安银行、广发银行贷款拨备覆盖率有所提升后，2014年17家全国性商业银行拨备覆盖率全部下降。大型银行拨备覆盖率下降幅度较2013年大幅扩大，农行下降幅度最大（80.51个百分点），交行最小（34.77个百分点）。股份制银行拨备覆盖率变化进一步分化，渤海银行下降幅度最大，继2013年下降452.2个百分点后再次下降647.89个百分点，其在风险抵补能力上的后发优势已在迅速缩小，兴业（101.89个百分点）、民生（77.54个百分点）、浦发（70.56个百分点）的下降幅度也较大，平安银行、广发银行继作为2013年仅有的拨备覆盖率上升的两家股份制银行后，在2014年呈现了相对较小的下降幅度，分别为0.16个和9.77个百分点，而这也从侧面印证了逾期减值比反映的部分全国性商业银行风险分类谨慎程度偏低的问题。

## 2. 贷款拨备率

贷款拨备率是贷款减值准备对贷款总额的比率。自2012年1月1日开始，银行必须实施银监会提出贷款拨备率达到2.5%以上的要求。系统重要性银行应于2013年底前达标；对非系统重要性银行，监管部门将设定差异化的过渡期安排，并鼓励提前达标：盈利能力较强、贷款损失准备补提较少的银行业金融机构应在 2016 年底前达标；个别盈利能力较低、贷款损失准备补提较多的银行业金融机构应在 2018 年底前达标。

图 2－15 列示了近三年全国性商业银行贷款拨备率情况。在五家大型银行中，农行连续三年保持贷款拨备率最高，2014 年虽有所下降但仍达到 4.42% 的水平，交行（2.24%）、工行（2.34%）的贷款拨备率水平较低，在大型银行中仍未完成系统重要性银行于 2013 年底前达标的任务；股份制银行中，兴业银行贷款拨备率最高（2.76%），其次是浦发（2.65%）、招商（2.59%）、浙商（2.58%）、华夏（2.54%）、恒丰（2.51%），均达到了银监会监管要求，其他 6 家股份制银行均低于监管要求，其中包括国内系统性重要银行之一的中信银行，广发银行在股份制银行中最低（1.77%）。

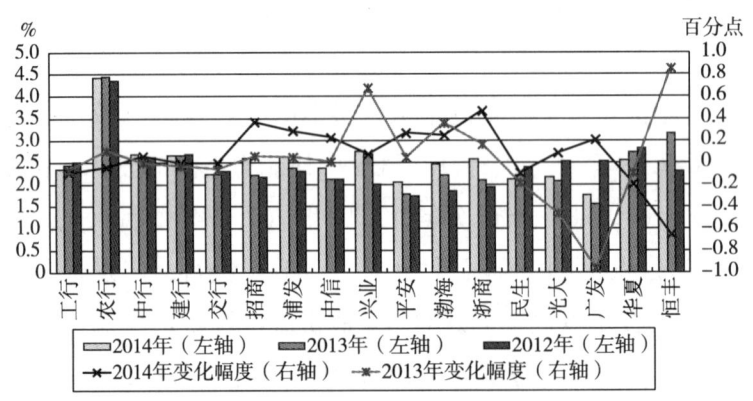

**图 2－15　近三年全国性商业银行贷款拨备率情况**

从近三年贷款拨备率变化趋势来看，部分得益于贷款增速的放缓，整体上全国性商业银行贷款拨备率有所提升，贷款拨备率下降的数量由 7 家减少至 5 家，达标家数由 7 家上升为 9 家，大型银行均有所下降或持平，其与股份制银行在贷款拨备率上的优势进一步缩小；2014 年，浙商银行、招商银行贷款拨备率提升幅度较大，分别达到 0.47 个和 0.37 个百分点，这也使两行成为 2014 年中两家新达标银行，恒丰银行贷款拨备率在 2013 年上升 0.86 个百分点后又下降 0.65 个百分点，表现出较大的波动性与反复性，华夏银行下降幅度也较大，达 0.19 个百分点，但仍满足监管要求。

## （三）全国性商业银行贷款集中度情况

贷款集中度是考察商业银行资产分散程度的重要指标，在宏观经济形势严峻、行业之间与行业内部分化严重的背景下，贷款集中度对于商业银行资产质量的潜在影响尤其值得关注。根据监管标准要求，最大单一客户贷款不得超过银行净资产的 10%，前十大客户贷款总额不得超过净资产的 50%。2014 年底全国性商业银行的这两项指标均符合监管要求，但也出现了一些新情况。

图 2 – 16 和图 2 – 17 分别列示了近三年全国性商业银行单一最大客户贷款比例及最大十家客户贷款比例的情况。

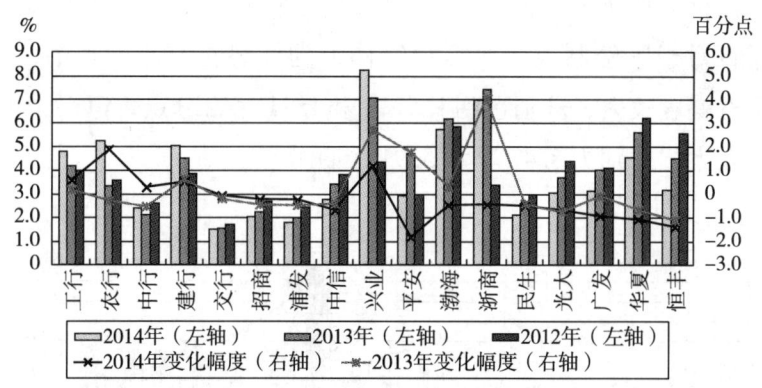

**图 2 – 16 近三年全国性商业银行单一最大客户贷款比例情况**

在单一最大客户贷款比例方面，大型银行中，农行最高（5.23%），其次为建行（5.05%），交行、中行则继续维持低位，分别为 1.50% 和 2.40%；股份制银行中，浦发继续保持最低并有所下降

（1.77%），兴业银行较上年大幅上升至8.26%，为股份制银行中最高，其次是浙商（7.01%）。与上年比较，5家全国性商业银行2014年单一最大客户贷款比例有所上升，其中包括除交行以外的4家大型银行，股份制银行中除兴业以外均有所下降，大型银行单一最大客户贷款比例整体上已高于股份制银行；其中农行、兴业上升幅度较大，分别为1.9个和1.2个百分点，平安和恒丰下降幅度较大，分别达到1.8个和1.36个百分点。

在最大十家客户贷款比例方面，大型银行中，工行继续保持大型银行中最高为14.9%，交行则大幅降低至11.46%，取代农行成为大型银行中的最低水平；股份制银行中，渤海银行的最大十家客户贷款比例虽有所降低但仍保持43.26%的高位，维持17家全国性商业银行中的最高水平，客户集中度过高的问题仍未得到明显改善，较低的是中信（12.14%）、浦发（12.22%）、招商（12.99%），已经低于除交行以外的其他4家大型银行。与上年比较，农行、中行、招商、浙商4家银行的最大十家客户贷款比例有所上升，其他3家大型银行和10家股份制银行有所下降，整体上大型银行下降幅度要小于股份制银行，大型银行对于股份制银行在客户结构上的优势在缩小；其中，浙商、农行上升幅度较大，分别达到1.57个和1.21个百分点，恒丰、华夏下降幅度较大，分别为8.47个和5.91个百分点。

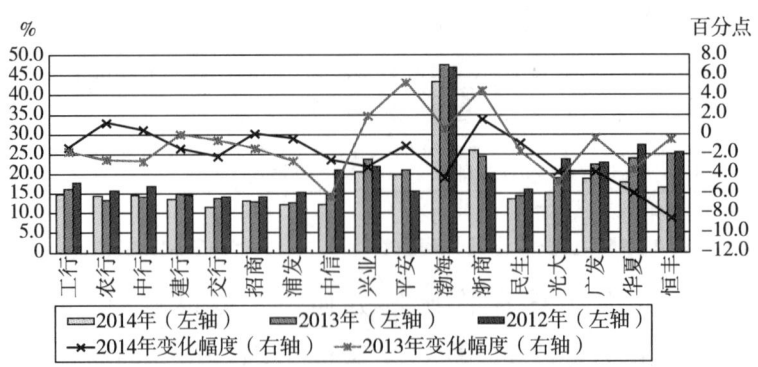

图2-17　近三年全国性商业银行最大十家客户贷款比例情况

整体而言，单一最大客户贷款比例以及最大十家客户贷款比例上的变化，一定程度上反映出在宏观经济形势严峻、行业之间与行业内部急剧分化的背景下，大型银行信贷资源进一步向部分优质客户集中，而大部分股份制银行则通过产品、客户等方面的差异化竞争，抢抓新兴优质客户、实现客户结构多元化。

# 四、盈利能力

2014 年，受宏观经济低位徘徊、利率市场化进程不断推进、金融脱媒趋势日益明显、金融主体多元化格局加快形成等诸多外部不利因素影响，银行业利润增速整体上进一步回落。17 家全国性商业银行共实现税后净利润 12749.72 亿元，较上年增长 7.47%，增速回落 5.37 个百分点。从收入支出角度来看，17 家全国性商业银行 2014 年实现营业收入 3.36 万亿元，较上年增长 14.57%、且增速有所加快，其中利息净收入占 76.05%、手续费及佣金净收入占 20.07%，由此可见资产产值损失等营业支出的大幅增长拉低了税后利润的增速。

以下先从净利润增长率、净资产收益率和总资产收益率三个角度评价 2014 年全国性商业银行盈利能力的整体水平，然后再分别从影响银行利润的三个主要部分——利息净收入、手续费及佣金净收入和支出管理水平出发，具体评述全国性商业银行的盈利能力。

## （一）总体情况

### 1. 净利润增长率

图 2－18 列示了 2013～2014 年各全国性商业银行净利润增长情况。各全国性商业银行盈利规模持续提高，但绝大部分全国性商业银行的增速有所下滑，7 家银行增速低于 7.47% 的平均水平，10 家高于

7.47%的平均水平。大型银行共实现净利润9270.91亿元，较上年增长6.52%，增速回落4.84个百分点；其中，中行增速最高（8.22%），工行增速最低（5.07%），但继续以2762.86亿元的净利润规模位居行业首位，其他三家大型银行增速均在5%~8%。股份制银行共实现净利润3478.81亿元，较上年增长10.08%，增速回落7.03个百分点，股份制银行净利润增速仍快于大型银行，但幅度进一步缩小；各股份制银行增速差异较大，其中平安增速最高（30.01%），华夏（16.19%）、浦发（14.95%）、兴业（14.38%）、恒丰（10.92%）、渤海（10.28%）等5家银行也实现两位数增长，广发最低（3.92%）；招商、浦发、兴业等净利润规模较大的股份制银行仍保持了较高的增速，其中招商银行以560.49亿元净利润继续保持盈利能力最强的股份制银行地位。

与2013年相比，15家全国性商业银行净利润增速出现了下滑，渤海银行下滑幅度最大，达到26.35个百分点，广发银行利润增速略微提高了0.68个百分点，平安银行增速逆势大幅提高17.29个百分点。大型银行增速下滑幅度相对较小且情况较为相近，农行下滑幅度最大（6.52个百分点），交行下滑幅度最小（1.02个百分点），其他三家大型银行下滑幅度均在4~5.5个百分点。股份制银行中，除平安、广发增速逆势提高以外，其他10家增速下滑情况呈两极分化态势，渤海银行下滑幅度最大（26.35个百分点），中信银行作为资产规模排名靠前

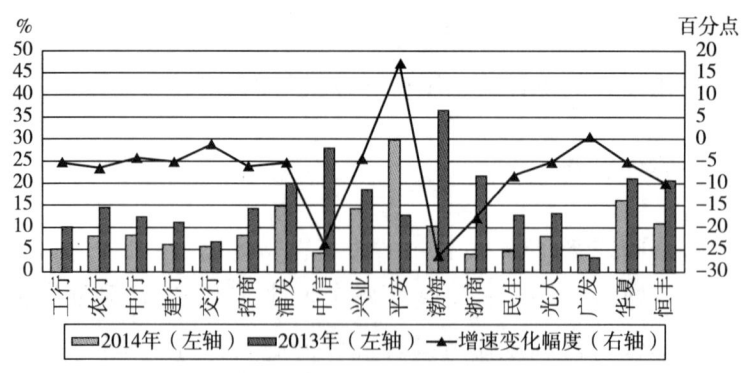

图2-18　全国性商业银行净利润增长情况（2013~2014年）

的股份制银行以及国内系统性重要银行，净利润增速也出现了23.61个百分点的下滑，浙商银行增速下滑幅度也达到两位数（17.79个百分点），其他7家下滑幅度则均在4～10个百分点。

### 2. 净资产收益率和总资产收益率

净资产收益率（ROE）和总资产收益率（ROA）将各行的盈利绝对规模与相应的净资产和总资产结合起来，较好地展现了各行单位净资产或总资产的盈利水平，更有利于客观比较各行的盈利能力。根据中国银监会《商业银行风险监管核心指标》的要求，净资产收益率不应低于11%，总资产收益率不应低于0.6%。

图2-19列示了近三年度全国性商业银行净资产收益率。2014年，17家全国性商业银行的净资产收益率均明显超过11%的达标线，大型银行净资产收益率水平除交行以外均集中于17%～20%，股份制银行情况更为分散，兴业（21.21%）、浦发（21.02%）、民生（20.41%）净资产收益率水平均在20%以上，排名17家行中前三位，交行（14.87%）、广发（14.98%）ROE水平低于15%，排名垫底。

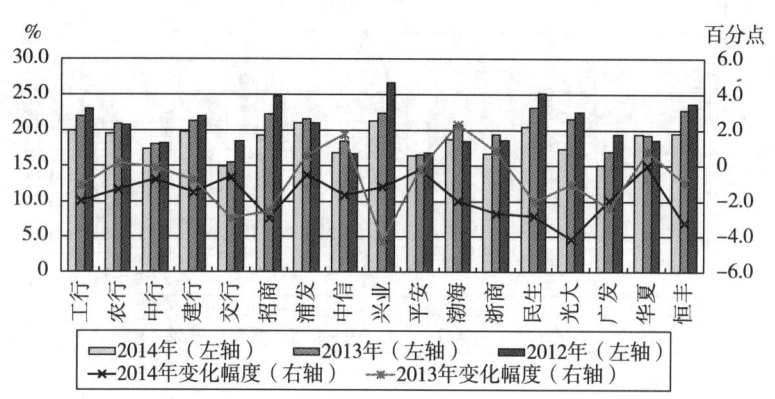

**图2-19  近三年全国性商业银行净资产收益率情况**

从近三年情况来看，整体上全国性商业银行净资产收益率水平加速下降，股份制银行下降幅度更大、加速下降的速度也快于大型银行。

与上年相比，2014 年 16 家银行净资产收益率下降，仅华夏银行净资产收益率基本持平、微增 0.01 个百分点；除华夏银行以外，下降幅度最小的是平安银行（0.22 个百分点），光大、恒丰分别下降 4.12 个和 3.20 个百分点，降幅最大；大型银行中，交行在低位继续下降 0.62 个百分点，降幅在大型银行中最小、但绝对水平也最低，工行则在高位下降 1.96 个百分点，降幅最大但绝对水平最高，二者差距在缩小。

图 2-20 列示了近三年全国性商业银行总资产收益率。17 家全国性商业银行 2014 年总资产收益率全部显著高于 0.6% 的及格线，整体而言大型银行的总资产收益率相对较高。其中，建行和工行分别为 1.42% 和 1.40%，排在全国性商业银行的前两名，交行为 1.08%，大型银行中最低；股份制银行的总资产收益率大多在 0.7%～1.3%，招商（1.28%）和民生（1.26%）最高，而广发（0.77%）、渤海（0.81%）、恒丰（0.87%）、浙商（0.88%）则是全国性商业银行中最低的。

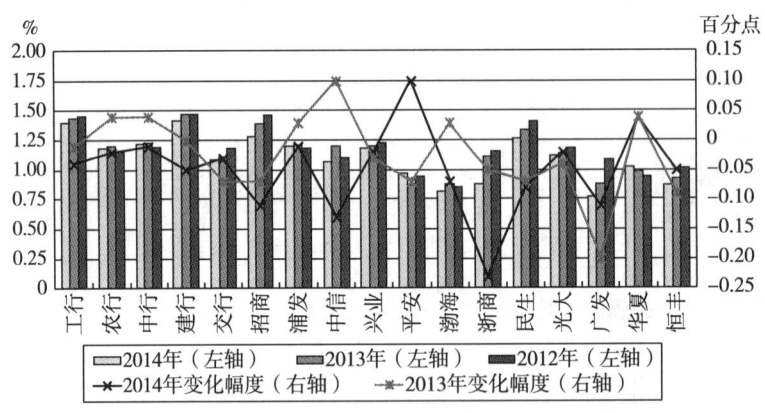

**图 2-20 近三年全国性商业银行总资产收益率情况**

同上年相比，2014 年绝大部分全国性商业银行的总资产收益率均有所下降，仅平安、华夏分别上升了 0.10 个和 0.04 个百分点，而 2013 年则仅有 11 家出现下降。股份制银行下降幅度大于大型银行，二者之间的差距有所扩大。大型银行下降幅度均在 0.05 个百分点以内，浦发（0.01 个百分点）、兴业（0.02 个百分点）、光大（0.02 个百分点）均微幅下降、下降幅度较小，浙商（0.23 个百分点）、中信（0.13 个百分点）、广发（0.11 个百分点）、招商（0.11 个百分点）下降幅度均在 0.1 个百分点以上，下降幅度在全国性商业银行中最大。

## （二）利息收入水平

目前息差收入仍是我国银行业收入结构中最主要的组成部分，占整体营业收入的 70% 以上，是商业银行最主要的盈利来源。得益于生息资产规模的持续稳定增长以及息差水平的回升，2014 年 17 家全国性商业银行的利息净收入达到 2.54 万亿元，较上年增长 12.65%，增速提高 2.58 个百分点。

就具体驱动因素而言，2014 年，全国性商业银行的生息资产规模稳定增长，同时息差水平明显企稳。一是通过资产负债管理，积极调整信贷结构，提高生息资产收益水平；二是加强流动性管理，调整负债结构，通过考核等手段引导淡化"冲时点"现象，控制负债成本；三是自取消贷款利率下限管制、存款利率 1.1 倍上限管制后，利率市场化基本完成，2014 年 11 月，存款利率浮动区间上限由 1.1 倍扩大至 1.2 倍的影响对当年收入的影响相对较小。但随着人民银行 2014 年 11 月以来将存款利率浮动区间的上限逐步扩大至基准利率的 1.5 倍，以及其他利率市场化措施的推进，预计商业银行息差水平将重归承受较大的不利影响。

本报告从利息收入比、净利息收益率（净息差）与净利差等三个角度讨论 2014 年全国性商业银行的利息收入水平。

### 1. 利息收入比

利息收入比是商业银行利息净收入占营业收入的比重。由于各行非利息收入的持续快速增长，17 家全国性商业银行的利息收入比简单平均水平已由 2012 年的 81.46% 持续下降为 2014 年的 75.18%。大型银行中，农行利息收入最高，达到 82.54%，而其他四行均为 75% ~ 80%，中行因其传统的国际业务优势，利息收入比虽有所上升但仍维持在 70.37% 的低位，为大型银行中最低；股份制银行的利息收入比情况愈加分化，渤海利息收入比持续攀升，达到 86.26%，为 17 家银行中最高，广发（65.49%）、招商（67.53%）、民生（68.01%）利息收入比则大幅下降至 70% 以下，低于大型银行中的中行，为 17 家银行中最低。

从近三年变化趋势来看，整体上大型银行利息收入比在持续小幅下降，但有升有降，幅度整体不大；绝大部分股份制银行利息收入比持续大幅下降，仅渤海银行在不断上升。与 2013 年相比，大型银行中交行利息收入大幅下降 3.49 个百分点，工行微幅下降 0.29 个百分点，农行、中行、建行分别逆势上升 1.22 个、0.78 个和 0.08 个百分点；股份制银行中，除渤海利息收入比进一步大幅上升 4.03 个百分点以外，广发大幅下降 10.05 个百分点，17 家银行中下降幅度最大，其他 10 家银行利息收入比均不同程度下降 2 ~ 7 个百分点。整体而言，各银行都在推进收入结构的非利息化，但大型银行由于利息净收入规模大、效果尚不显著，而股份制银行由于规模相对较小，战略调整更为灵活，收入结构非利息化成效显著。

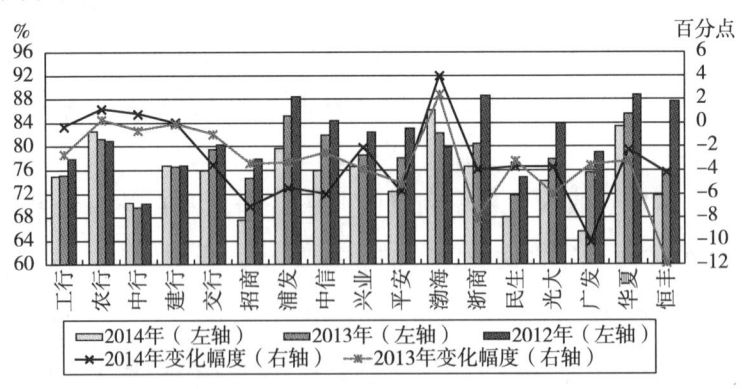

图 2 - 21　近三年全国性商业银行利息收入比情况

## 2. 净利息收益率与净利差

商业银行利息收入规模的两大驱动因素为生息资产规模与息差水平。考察息差水平的重要指标即是净利息收益率（净息差）和净利差。净利息收益率（NIM）是利息净收入与平均生息资产总额的比率，考察单位生息资产所创造的利息净收入；净利差（NIS）为日均生息资产收益率与日均计息负债付息率的差额。两者各有侧重，但整体而言，二者变化趋势和原因大体相似。

受前述原因的影响，2014 年全国性商业银行净利息收益率、净利差变化出现明显分化，整体上基本持平、略有回升，尤其是大型银行，这也在一定程度上反映出大型银行在议价能力以及收入稳定性上的优势。

图 2－22 列示了部分披露相关信息的全国性商业银行近三年的净利息收益率（浙商银行未披露相关数据）。大型银行净利息收益率水平整体较高，农行达到 2.92%，为 16 家银行中最高，中行由于受海外资产比重较大的影响而继续保持大型银行中最低（2.25%）；股份制银行中，民生（2.59%）、平安（2.57%）、招商（2.52%）、浦发（2.50%）净利息收益率水平均在 2.5% 以上，恒丰银行净利息收益率继续下降至 1.79%，为 16 家银行中最低，广发（1.85%）次之，也在

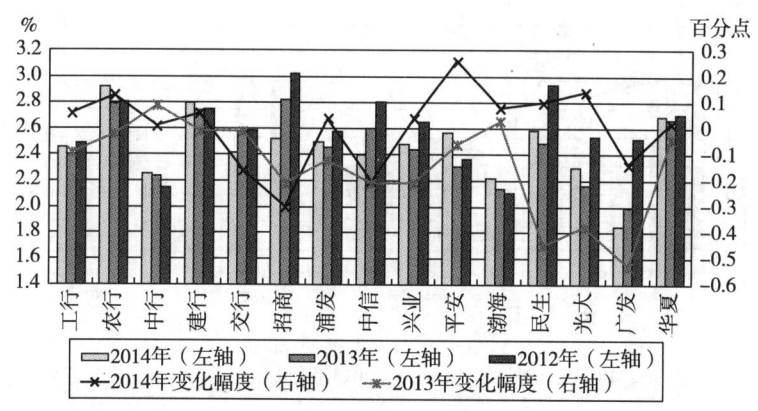

图 2－22　近三年部分全国性商业银行净利息收益率情况

2%以下。

就变化趋势而言，大型银行净利息收益率水平在2013年小幅下降后有所回升，而股份制银行则在大幅下降后基本企稳，整体上股份制银行净利息收益率已连续两年低于大型银行。与2013年相比，大型银行中除交行下降0.16个百分点以外，其他4家均有所上升，农行上升0.13个百分点；股份制银行中，招商、中信在2013年大幅下降后进一步大幅下降0.30个和0.20个百分点，在16家银行中下降幅度最大，平安银行则大幅上升0.26个百分点，16家银行中上升幅度最大，光大、民生也分别上升0.14个和0.10个百分点。

净利差与净利息收益率情况类似。图2－23列示了近三年全国性商业银行净利差情况。大型银行净利息收益率水平整体较高，农行达到2.76%，为17家银行中最高，交行大幅下降至2.23%，取代中行成为净利差最低的大型银行；股份制银行中，民生（2.41%）、平安（2.40%）净利差水平均在2.4%以上，恒丰银行净利差继续下降至1.55%，为17家银行中最低，广发（1.66%）次之，也在2%以下。

就变化趋势而言，大型银行净利差在2013年小幅下降后小幅回升，而股份制银行则在大幅下降后基本企稳，下降幅度大幅收窄。整体上，大型银行近三年净利差基本持平，而股份制银行则连续下降，

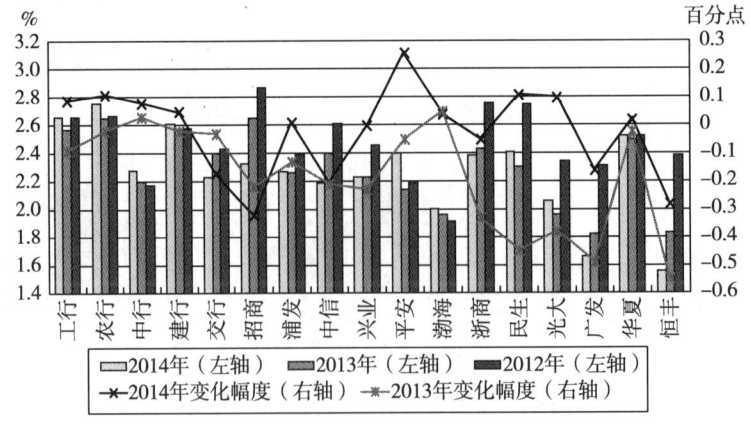

图2－23　近三年全国性商业银行净利差情况

2014 年股份制银行净利差平均水平已较大型银行低 0.34 个百分点。与
2013 年相比，大型银行中除交行下降 0.17 个百分点以外，其他 4 家均
有所上升，农行上升 0.11 个百分点；股份制银行中，招商、恒丰、中
信在 2013 年大幅下降后进一步大幅下降 0.32 个、0.28 个和 0.21 个百
分点，在 17 家银行中下降幅度最大，平安银行则大幅上升 0.26 个百
分点，17 家银行中上升幅度最大，民生、光大也分别上升 0.11 个和
0.10 个百分点。

### （三）中间业务收入水平

本报告中，中间业务是指商业银行作为中间人参与的金融服务，
其收入反映为利润表上的"手续费及佣金收入"。判别中间业务的重要
标准是商业银行利用自己的人才、网点和系统等资源提供收费服务，
其自身并不作为交易主体参与业务并承担风险。

近年来，一方面受利率市场化持续推进、同质化竞争下信贷资产
议价能力下降的影响，商业银行主动推进收入非利息化；另一方面，
随着金融脱媒化、融资渠道多元、存款理财化等趋势的深入发展，为
商业银行非利息收入的快速发展提供了有利的市场机遇。在以上两方
面共同作用下，商业银行中间业务收入持续快速增长。但是，值得注
意的是，我国商业银行的综合经营程度相对较低，即中间业务收入与
信贷资源的关系仍然较为紧密，近年监管机构持续推动降低实体经济
融资成本的各项措施，已经对商业银行中间业务收入持续增长构成不
利影响，而这可能已在 2014 年全国性商业银行手续费及佣金收入增长
率大幅下降上有所体现。

下面本报告将选用中间业务净收入和中间业务净收入占营业收入
的比例两个指标考察各全国性商业银行的中间业务情况。

#### 1. 中间业务净收入及其增幅

中间业务净收入，即财务报表中的"手续费及佣金净收入"，是手

续费及佣金收入减去支出后的净额，反映商业银行中间业务的绝对水平。

2014年，17家全国性商业银行共实现中间业务净收入为6748.26亿元，较上年增长15.11%，增幅较上年放缓9.98个百分点。图2-24列示了近三年各全国性商业银行中间业务净收入情况。大型银行共实现中间业务净收入4452.91亿元，占17家银行整体的65.99%，其中工行和建行分别以1324.97亿元和1085.17亿元继续排名前两位，交行中间业务净收入规模在大型银行中最小，为329.14亿元，已连续三年低于招商、民生等股份制银行；股份制银行中，招商、民生继续以485.43亿元、382.39亿元的水平领跑，兴业、中信、浦发的中间业务净收入规模也在200亿元以上，而浙商、渤海、恒丰、华夏则均在100亿元以下，分别为26.21亿元、26.98亿元、51.71亿元、73.89亿元。

就近三年变化趋势而言，大型银行、股份制银行在2014年中间业务净收入分别增长5.70%、39.13%，增速分别较上年放缓10.23个和17.57个百分点；但由于大型银行中间业务净收入的规模要远大于股份制银行，导致大型银行在17家银行中的比重持续下降。与2013年相比，在大型银行中，交行中间业务净收入增长11.93%，而农行则出现

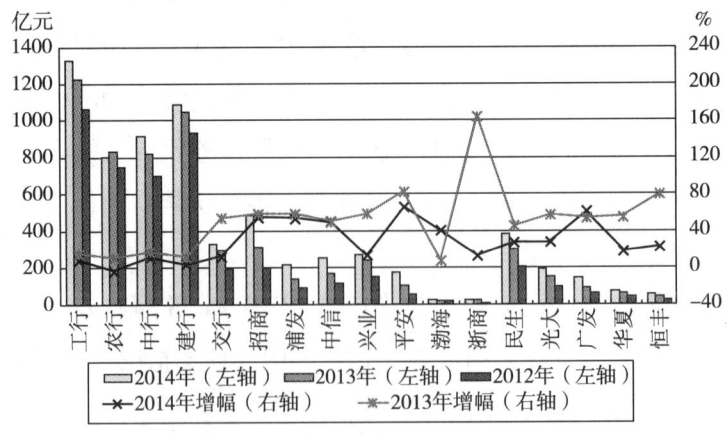

图2-24 近三年全国性商业银行中间业务净收入情况

了3.66%的负增长，是17家全国性商业银行中唯一出现负增长的；股份制银行中，平安银行以66.20%的增速领跑17家银行，招商（54.77%）、浦发（53.52%）、中信（50.57%）的增速也均在50%以上，而浙商银行增速较上年大幅下滑151.18个百分点至13.04%，为股份制银行中最低，仅高于部分大型银行，兴业（13.80%）、华夏（17.88%）也以低于20%的增速排名靠后。

### 2. 中间业务占比

中间业务净收入占营业收入之比（以下简称"中间业务占比"）是衡量中间业务发展水平及商业银行收入结构的重要指标。由于利息净收入与中间业务净收入合计占我国商业银行营业收入的95%以上，因此中间业务占比与利息收入比的变化趋势整体上是相反的。2014年，17家全国性商业银行中间业务占比为20.07%，较上年微幅上升0.09个百分点，上升幅度较2013年明显放慢。

图2－25列示了近三年各全国性商业银行中间业务占比情况。整体上，由于股份制银行中间业务占比的持续稳步上升，其中间业务占比已稳步高于大型银行。在大型银行中，工行、中行分别达到20.11%、20.00%，占据大型银行前两位，农行中间业务占比最小（15.38），建行、交行则在19%左右；在股份制银行中，广发以32.79

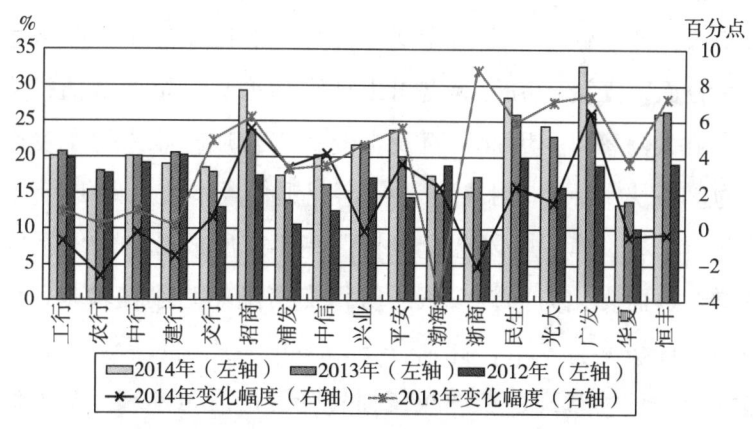

**图2－25 近三年全国性商业银行中间业务占比情况**

的水平占据 17 家银行中最高，招商（29.27%）、民生（28.23%）紧随其后，华夏银行中间业务占比仅为 13.46%，为 17 家银行中最低，浙商银行（15.21%）也处于较低的水平。

从近三年变化情况来看，整体上大型银行中间业务占比变化情况已从 2013 年小幅上升转变为小幅下降，而股份制银行中间业务占比仍在稳定上升，尽管上升幅度在变小。与 2013 年相比，大型银行中仅交行中间业务占比上升了 0.67 个百分点，其他 4 家大型银行均下降，农行（2.60 个百分点）、建行（1.48 个百分点）下降幅度较大；股份制银行中，4 家银行中间业务占比有所下降，下降幅度最大的是浙商（2.05 个百分点），另外 8 家银行的中间业务占比均出现了 1 个百分点以上的上升，其中广发、招商分别在高位较上年净升 6.48 个和 5.61 个百分点，上升幅度在 17 家银行中最高。

### （四）成本控制水平

除收入之外，影响商业银行净利润水平的因素还有相应的成本。成本收入比是反映取得单位收入而所耗费的成本，在数值上等于营业费用与营业收入之比。成本收入比是银监会风险监管核心指标中的风险抵补类指标之一，按照监管要求，该指标不应高于 45%。

近年来，商业银行一方面受诸多外部不利因素影响，收入增长放缓；另一方面，工资、房租等支出出现刚性增长，资产减值损失受资产质量影响大幅攀升。因此，直观上商业银行成本收入比承受较大的反弹动力。但从实际情况来看，近年商业银行成本收入比仍持续下降。从具体分析来看，营业收入增速虽较前些年有所放缓，但仍保持 10% 以上的增幅；而支出方面，工资、房租支出虽然是刚性增长，但在宏观经济整体放缓的背景下，此部分支出多年高速增长后处于高位、并不具备大幅增长的基础；资产减值损失受资产质量不利变化的影响出现了大幅增长，但其在整体营业支出中的比重仅在 20% 左右。但是，随着营业收入的进一步放缓，资产减值损失的持续大幅攀升，后期商业银行将面临较大的成本管控压力。

图 2 - 26 对比列示了近三年各全国性商业银行成本收入比情况。2014 年，17 家全国性商业银行成本收入比均继续保持在 45% 以内，整体上大型银行成本收入比低于股份制银行。大型银行中，工行最低（26.75%），农行以 34.56% 的水平为大型银行中最高，交行成本收入比也在 30% 以上，中行、建行则均在 28% ~ 29%；股份制银行中，华夏（37.57%）、广发（36.36%）、平安（36.33%）的成本收入比在 17 家银行中最高，浦发、兴业最低，分别为 23.12%、23.78%，其他 7 家银行均在 30% 以上或接近 30%。

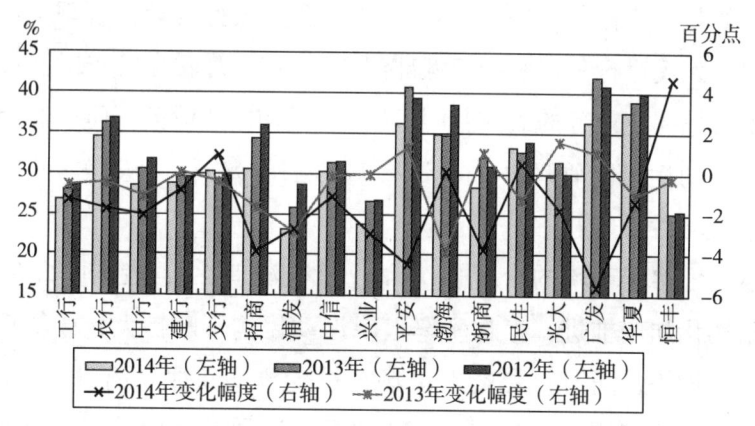

**图 2 - 26  近三年全国性商业银行成本收入比情况**

从近三年变化来看，随着营业收入增速的企稳，甚至略有反弹，而营业支出增速相对较小，全国性商业银行成本收入比整体上在加速下降；股份制银行加速下降速度更快，其在成本收入比上相对于大型银行的劣势在缩小。与 2013 年相比，在大型银行中，除交行成本收入比上升 0.94 个百分点以外，其他 4 家银行均有所下降，中行下降幅度最大（2.04 个百分点）；在股份制银行中，恒丰银行成本收入比在低位大幅反弹 4.65 个百分点，民生、渤海也有所上升，但幅度均在 1 个百分点以内，而广发、平安、招商、浙商则分别下降 5.56 个、4.44 个、3.82 个和 3.77 个百分点，下降幅度在 17 家银行中最大。

### （五）流动性分析

本质上而言，商业银行要根据流动性、安全性、收益性相统一的原则对资产负债进行配置，而发生于 2015 年 6 月的"钱荒"就是过于追求通过资产负债错配实现收益最大化，而忽视了对流动性的关注。2014 年以来，一方面人民银行通过诸多定向调控措施进行预调微调，并于 11 月启动了两年多以来的首次降息，同时受美联储降息的一再推迟及国内资本市场的大幅上涨，外汇流入持续增加，保持了银行体系流动性的整体充裕。另外，针对 2013 年商业银行流动性管理上出现的新情况，人民银行、银监会等五部门 2014 年 5 月联合发布了《关于规范金融机构同业业务的通知》，规范金融机构同业业务，而银监会《商业银行流动性风险管理办法（试行）》也开始施行，从具体监管措施上强化流动性管理。

然而，市场环境的变化也为商业银行流动性管理提出了新挑战。利率市场化加快推进，存款利率上限浮动比例不断扩大，存款理财化趋势不断加快；同时，受资本市场持续上涨、新股发行加速的影响，存款、理财"搬家"现象突出，商业银行流动性管理受资本市场影响的程度在加深；此外，美联储降息虽一再推迟，而人民币汇率顶住压力保持基本稳定，跨境套利资本不断增加，一旦风吹草动，资本流动方向的逆转可能对商业银行流动性管理形成冲击。整体而言，2014 年商业银行流动性状况保持总体平稳，但面临的潜在风险因素也在日益增加。

对于商业银行而言，自 2014 年 3 月开始施行的《商业银行流动性风险管理办法（试行）》，是流动性管理上的一大重要变化。《办法》对于商业银行流动性监管设定了四大监管指标，包括原有的存贷比、流动性比例，以及新增的流动性覆盖率和净稳定融资比例。新增的两项监管指标相对其他流动性风险指标更具风险敏感性和前瞻性，也更适合于监测与国际比较；但是由于这两项指标的准确计量取决于比较完善的数据基础，现阶段我国大部分银行可能无法达到相关要求，而且大部分银行也并未完整披露相关数据。为此，本报告先选择存贷比和流动性比例分析全国性商业银行的流动性管理水平。

此外，针对取消商业银行存贷比的立法进程在加速推进、商业大额存单在试点基础上正式推出、同业负债比重持续攀升、金融债券等市场化融资手段不断推出等新情况，本报告还将选择商业银行负债结构这一指标来从侧面考察其流动性管理情况。

### 1. 存贷比分析

存贷比是银行贷款余额与存款余额的比值，目前监管部门为商业银行设置的监管要求是不超过75%。但2015年6月，国务院常务会议已通过《中华人民共和国商业银行法修正案（草案）》，删除了贷款余额与存款余额比例不得超过75%的规定，将存贷比由法定监管指标转为流动性监测指标。

图2－27列示了近三年全国性商业银行存贷比情况。2014年，17家全国性商业银行期末时点存贷比全部达标。整体上，大型银行存贷

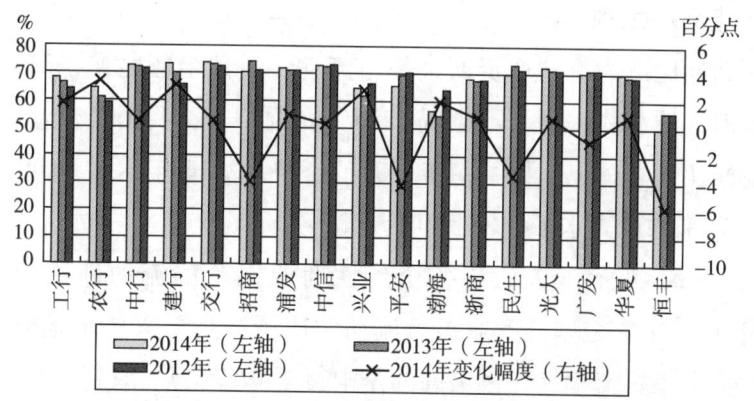

图 2 – 27　近三年全国性商业银行存贷比情况

比在持续上升，而股份制银行则在持续下降，大型银行在存贷比上相对于股份制银行的优势正在逐步缩小并可能已于 2014 年出现了逆转（算术平均概念上），这与利率市场化背景下大型银行存款持续流失的趋势是吻合的。

大型银行中，农行存贷比虽大幅上升，但仍处于 64.61% 的地位，为大型银行中最低，工行以 68.40% 的水平次之，而其他三家大型银行存贷比均在 73% 以上或接近 73%，交行为 17 家银行中最高，达到 74.07%；股份制银行中，中信（73.08%）、光大（72.78%）、浦发（72.26%）、广发（70.74%）、招商（70.49%）存贷比均在 70% 以上，其他 7 家银行存贷比处于 70% 以下的水平，其中恒丰（50.14%）、渤海（56.57%）均低于 60%，为 17 家银行中最低。与 2013 年相比，大型银行存贷比均有所上升，农行在低位大幅上升 3.44 个百分点，上升幅度在 17 家银行中最高，中行微幅上升 0.45 个百分点；股份制银行情况则较为分化，7 家银行存贷比出现上升，上升幅度最高的是兴业（2.81 个百分点），其次是渤海（1.93 个百分点），其他 5 家上升幅度均在 1 个百分点以下，5 家股份制银行存贷比不同程度下降，恒丰、平安、招商、民生下降幅度在 3 ~ 6 个百分点，恒丰下降幅度最大、达到 5.85 个百分点，广发则小幅下降 0.99 个百分点。

**2. 流动性比例**

流动性比例为流动性资产余额与流动性负债余额之比，衡量商业银行流动性的总体水平，不应低于 25%。近年来，我国银行业金融机构流动性比例总体上保持了稳步上升的态势。2014 年达到 48.4%，为 2009 年以来的最高水平，较上年上升 2.4 个百分点。

图 2 - 28 列示了近三年各全国性商业银行的流动性比例情况。2014 年末，17 家全国性商业银行流动性比例均高于 25% 的监管要求。其中，大型银行流动性比例最高的是中行（49.9%），农行、建行、交行也均在 44% 以上，而工行以 33.2% 的流动性比例继续保持 17 家银行

中最低；股份制银行中，招商以 59.38% 的水平保持 17 家银行中最高，广发、恒丰、中信、平安流动性比例也在 50% 以上，而浦发最低（34.87%），民生、渤海的流动性比例也低于 40%。与 2013 年相比，2014 年整体上全国性商业银行流动性比例止跌回升，股份制银行回升幅度要大于大型银行；大型银行中，交行出现了 0.45 个百分点的下降，其他四家大型银行均有所回升，回升幅度最大的是工行（3.0 个百分点）；股份制银行中，招商是唯一出现流动性比例下降的（0.26 个百分点），其他 11 家均不同程度上升，上升幅度最大的是华夏（16.13 个百分点），其次是光大（12.78 个百分点）。

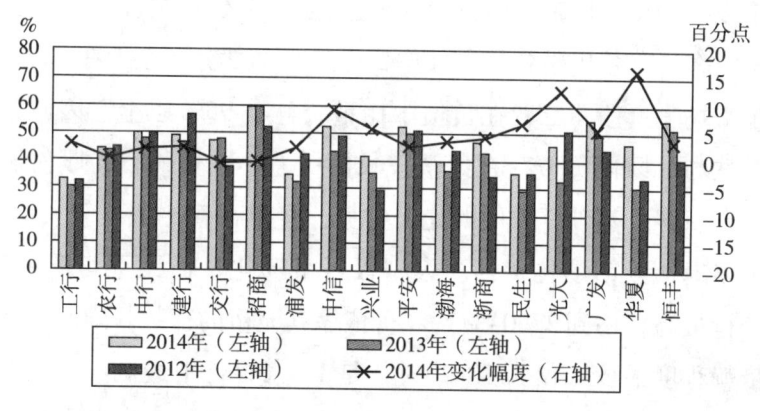

图 2 - 28　近三年全国性商业银行流动性比例情况

### 3. 负债结构

随着金融市场的发展，商业银行除存贷款外的其他资金来源和运用规模逐步扩大，存贷比与流动性的相关性已越来越低。同时，由于负债代表现实或潜在的支付义务，其往往是流动性风险的触发因素之一。下面将着重考察各全国性商业银行的负债结构，分析其负债稳定性，以及由此所展示的流动性状况。

根据资产负债表中不同项目的稳定性以及受市场因素的程度，在此将总负债中不同项目分别归为客户存款（客户存款、存款证等）、市场化负债（向中央银行借款、同业及其他金融机构存放款项、拆入资金、以公允价值计量且其变动计入当期损益的金融负债，如表内理财、衍生金融负债、卖出回购款项、已发行债券证券等）、内源性负债（应付职工薪酬、应交税费、递延所得税负债、其他负债等）等。其中，内源性负债受自身控制程度较高、稳定性也较高，但整体比重较小；客户存款稳定性其次，是现阶段我国商业银行负债中占比最大的部分；市场化负债受市场波动影响最大，是商业银行流动性风险最主要的触发因素。

图 2 – 29、图 2 – 30 分别列示了 2014 年各全国性商业银行三类负债比重以及 2013 年与 2014 年市场化负债比重变化情况。对于负债结构而言，客户存款仍是各行负债中比重最大的部分，至少在 50% 以上，其次是市场化负债，二者在负债中比重合计在 95% 以上，因此整体上客户存款与市场化负债存在此消彼长的关系。总体而言，股份制银行由于网点、客户基础等方面的先天劣势，客户存款比重低于大型银行，从而更多地依赖市场化负债。大型银行市场化负债比重均低于 30%，其中交行最高，达到 27.04%，农行依靠其充裕的存款基础而对市场化负债依赖程度最低、仅为 13.20%，是 17 家银行中最低的，工行、建行市场化负债比重也仅略微高于 14%；股份制银行中，浙商银行市场

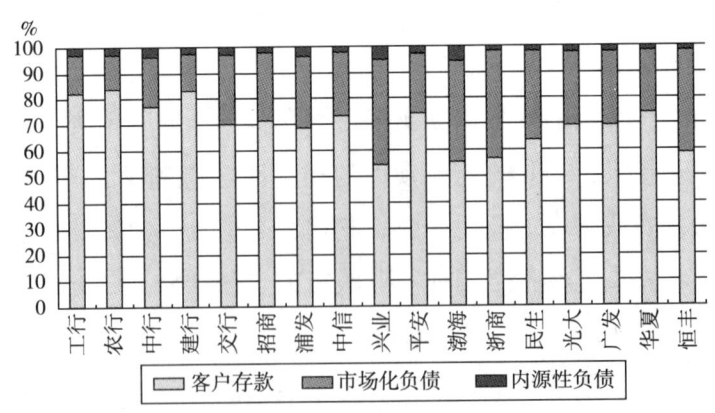

图 2 – 29　2014 年全国性商业银行负债结构情况

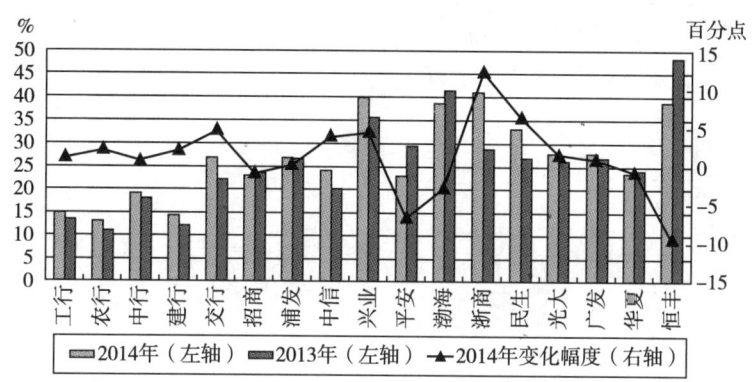

**图2-30　全国性商业银行市场化负债比重变化情况（2013~2014年）**

化负债比重最高（41.32%），以同业业务见长的兴业银行次之（40.29%），恒丰银行市场化负债比重也接近40%，平安（23.01%）、华夏（23.53%）、中信（24.31%）的市场化负债比重则处于较低水平，在23%~25%。

与2013年相比，12家全国性商业银行中的市场化负债比重有不同程度的上升，包括5家大型银行。大型银行中，上升幅度最大的是交行（4.70个百分点），最小的是中行（0.81个百分点）；股份制银行市场化负债比重变化情况差别较大，上升幅度最大的是浙商（12.35个百分点），其次是民生（6.42个百分点），下降幅度较大的是恒丰（9.44个百分点）、平安（6.57个百分点）。

# 第三部分

# 2014 年全国性商业银行
# 核心竞争力评价报告[*]

＊ 本部分由欧明刚主持并修改，方方、计旭、李佳妮执笔。

# 一、发展战略

2014 年，中国经济运行总体平稳，但也面临不少困难和挑战：经济下行的压力较大，结构调整阵痛显现。利率、汇率市场化加快，给商业银行加快产品创新带来新机遇，直接融资市场快速发展也将给非牌照类投行业务、交易业务、金融衍生品业务及综合化经营带来巨大的机会；互联网金融方兴未艾，民营银行筹备踊跃，金融脱媒不断加剧，都使传统银行面临更严峻的挑战，同业竞争也更加激烈；金融领域的资产证券化快速发展，人民币国际化战略稳步推进。这一系列的机遇与挑战使各家商业银行也纷纷加快了战略转型的步伐。

面对复杂的宏观经济形势和日趋激烈的行业竞争态势，尤其是利率市场化步伐的加快，国内商业银行战略定位同质化的现状将被打破。大型商业银行纷纷强调综合化、国际化经营，而中小银行则进行差异化经营，选择几项优势业务进行深化。

国有大型商业银行中，中国工商银行提出"信息化、国际化、综合化"的发展战略；中国建设银行坚持"综合性、多功能、集约化"的发展战略；中国农业银行的战略则为"推进国际一流大型商业银行建设"；交通银行的战略定位则为"走国际化、综合化道路，建设以财富管理为特色的一流公众持股银行集团"（见表 3 – 1）。

表 3 – 1 　　　　　　　　2014 年部分全国性商业银行发展战略

| 中国工商银行 | 信息化、国际化、综合化 |
| --- | --- |
| 中国银行 | 担当社会责任，做最好的银行——将中国银行建设成具有崇高价值追求的、最好的银行，成为在民族复兴中担当重任的银行，在全球化进程中优势领先的银行，在科技变革中引领生活方式的银行，在市场竞争中赢得客户追随的银行，在持续发展中让股东、员工和社会满意的银行 |

续表

| | |
|---|---|
| 中国建设银行 | 坚持"综合性、多功能、集约化"的发展战略 |
| 中国农业银行 | 推进国际一流大型商业银行建设 |
| 交通银行 | 走国际化、综合化道路，建设以财富管理为特色的一流公众持股银行集团 |
| 招商银行 | 轻型银行、一体两翼——盈利能力领先、业务结构合理、服务品质一流、经营管理稳健、品牌形象卓越的有特色的创新型银行 |
| 中信银行 | 抢抓发展机遇，夯实业务基础，加快经营转型，优化结构调整，深化体制改革，守住风险底线，提升可持续发展能力，努力建设成为最佳综合融资服务银行 |
| 民生银行 | 坚持民营企业的银行、小微企业的银行和高端客户的银行三个基本定位，以小微金融为突破口，实现战略定位的进一步聚焦；坚持特色银行和效益银行的战略目标，通过加快分行转型和深化事业部改革，打造具有核心竞争力和自身经营特色的中国最佳商业银行 |
| 浦发银行 | 以建设具有核心竞争优势的现代金融服务企业愿景为引领，以科学发展为主题，以转变发展模式为主线，创新驱动，转型发展 |
| 兴业银行 | 坚持稳中有为、科学发展，以建设"基础坚实、结构协调、专业突出、特色鲜明、实力雄厚、富有责任的主流银行集团"为目标，大力推进深化改革和转型升级，在保持各项业务平稳健康发展的同时，持续提升管理和运营支持保障能力，稳步推进集团化、综合化和国际化经营 |
| 光大银行 | 突出"调结构、稳增长、防风险、增效益"主题，落实"存款立行"的经营策略，发展核心负债业务，加大结构调整力度，积极补充资本，推动对公、零售和金融市场业务板块的协调增长。 |
| 华夏银行 | 坚定实施"中小企业金融服务商"战略，加快经营转型，深化结构调整，努力降本增效，实现服务专业化、业务品牌化、经营特色化、管理精细化，努力打造"华夏服务"品牌，建设具有鲜明品牌特色的现代化商业银行 |
| 平安银行 | 成为国际领先的个人金融生活服务提供商——充分利用集团在客户、产品、渠道、平台等方面的综合资源优势，加快发展，逐步实现"最佳银行"战略目标 |
| 广发银行 | "建设中国最高效中小企业银行，打造中国最佳零售银行，跻身股份制商业银行第一梯队"的战略愿景 |
| 浙商银行 | "成为最具竞争力全国性股份制商业银行和浙江省最重要金融平台"的总目标和"全资产经营"的业务战略 |
| 恒丰银行 | 国际化、信息化、精细化、科技化、人才化——"以客户为中心、创新驱动、高效协调，实现弯道超车，进入股份制商业银行第二梯队"的五年战略总目标 |

资料来源：根据各银行年报整理。

　　中小银行则出于差异化经营的考量而定位于几项业务领域。比如对于小微企业金融业务领域，民生银行的战略定位之一便为"小微企业银行"，华夏银行也致力于"中小企业金融服务商"的战略，小企业银行业务也是浙商银行的"一体两翼"（以公司业务为主体，小企业银行和投资银行业务为两翼）的市场和业务定位中重要组成部分，广发银行也致力于"最高效中小企业银行"战略目标，持续深化小企业金融业务改革。另外，各家银行也有自己的特色战略：民生银行坚持民营企业的银行和高端客户的银行的基本定位；中信银行提出要努力建设成为最佳综合融资服务银行；兴业银行提出稳步推进集团化、综合化和国际化经营；平安银行定位于成为国际领先的个人金融生活服务提供商；广发银行希望打造为中国最佳零售银行；浙商银行提出要成为浙江省最重要的金融平台（见表 3 - 1）。

　　2014 年，中国建设银行制定了《中国建设银行转型发展规划》，提出加快向综合性银行集团、多功能服务、集约化发展、创新银行和智慧银行转型，明确了推进大资产大负债经营管理、巩固和发展批发业务、加快零售业务发展、提高电子银行水平、加强客户全面资产管理业务、增强子公司竞争力和加快拓展国际业务和海外业务七方面转型重点。

　　民生银行提出要有明确的业务定位和战略目标，加速转型、深化改革；牢牢根植于民营企业，聚焦小微金融，服务实体经济和国计民生行业；选择差异化经营道路，打造自身品牌，成为一家具有鲜明特色的金融机构，全面提升公司价值。

　　就未来银行业而言，资本轻、效率高的银行将拥有更多机会，因此银行争先恐后地提出"轻型银行"战略，这既顺应了中国经济结构调整和产业转型升级的客观要求，也符合当下和未来金融业态轻型化发展的趋势。其实"轻型银行"的本质就是以更少的资本消耗、更集约的经营方式、更灵巧的应变能力，实现更快的发展和更好的回报。

以招商银行为例，从业务发展的角度看，重点在于"资产轻"：在业务布局上，资源重点向零售银行业务集中，通过进一步发展零售业务来巩固优势、打造特色；在角色定位上，实现从贷款提供者向资金组织者、撮合交易者和财富管理者转变。因此，招商银行提出以服务为主线，打造轻型银行，以创新产品和升级服务为突破口，以财富管理、资产管理等新兴金融业务为重点，在合理发展传统业务的同时，推动非利息收入业务的快速增长，深入推进业务结构调整和经营转型，提高资本使用效率和降低资本消耗。而且在利率市场化和金融脱媒的大背景下，银行负债成本上升的趋势是不可逆转的，通过中间业务收入的有效提升，银行可以对冲利率市场化背景下利息支出的上升，而轻型银行战略就是实现这一目标的重要抓手。轻型银行战略目标的设立，就是对招行已有零售业务优势的继承和全面发扬光大，也是对资产定价相对短板的有效规避，其目前的两大战略重点为大力提升轻资本消耗的中间业务占比和通过资产证券化盘活存量。而招行的巨大优势在于零售业务天生具备轻型属性，对中间业务的贡献也强于对公和同业业务，手续费收入结构明显更加扎实，而且更多面向弱周期性的消费需求和内需领域；另外，招行2014年资产支持证券发行规模也在上市银行位居第一。

随着中国的宏观经济和银行业发展进入新常态，银行业转型与发展也任重而道远。因此商业银行在不断提高产品创新能力和服务意识的同时，更注重寻求差异化、专业化服务的战略应对措施：商业银行纷纷加大中间业务的发展力度，积极应对金融脱媒的挑战；通过推动综合化经营，拓展多元化的收入来源；面对利率市场化的挑战，商业银行纷纷从资产端和负债端的业务调整应对；在居民收入持续提升的背景下，零售银行业务日益成为商业银行的重要业务增长点；面对互联网金融的挑战，传统商业银行也纷纷寻求互联网的思维与手段来提高金融服务能力；为顺应经济全球化的趋势，服务中国企业不断增长的跨境金融服务需求，商业银行国际化经营进程也在加速，并着重提升跨境金融服务能力。

## （一）大力推动中间业务收入的增长

2014 年，面对利率市场化带来的存贷款利差收窄和利差收入增速放缓的严峻挑战，各家银行纷纷继续推进收入结构的调整，大力发展中间业务：在合理发展存、贷款等传统业务的同时，通过发展银行卡、私人银行、投行、理财、托管及咨询等业务努力推动非利息收入业务的快速增长，以深入推进业务结构调整和经营转型。虽然由于银监会清理整顿不合理金融服务项目，多家银行的手续费及佣金净收入占比有所下降，但招商银行、中信银行、民生银行、浦发银行、平安银行、广发银行以及渤海银行均实现了手续费及佣金净收入占比的大幅提升，而招商银行、民生银行、广发银行以及恒丰银行的占比均已超过 25%。

招商银行在 2014 年通过大力拓展财富管理、信用卡等业务，带动了非利息净收入的较快增长，累计实现非利息净收入 495.53 亿元，同比增幅 60.12%，手续费及佣金收入同比增长 53.48%。

民生银行以做大金融资产为指导思想，加大对资本节约型中间业务产品的政策支持力度，推进"两链"金融战略，带动大、中、小微型客户的一揽子深度开发，通过产品创新与批量开发商业模式推广，实现了交易银行业务收入快速增长；另外，通过推进"金融管家"综合金融服务模式，充分发挥投行业务对智力型中间业务收入的主导贡献作用，加速推进投行业务模式开发和创新，全面提升中间业务服务的专业化水平和价值创造能力。

平安银行积极调整业务结构，大力发展中间业务，投行、托管、票据和黄金租赁等业务成为增长的主要驱动，2014 年手续费及佣金净收入增速高达 66.20%。

广发银行由于近年来大力发展理财、咨询顾问、代理及托管等高附加值非信贷业务，同时加大分期付款业务拓展力度，2014 年非利息收入较上年增长 82.92%，手续费及佣金净收入占比高达 32.79%，增速达 61.64%。

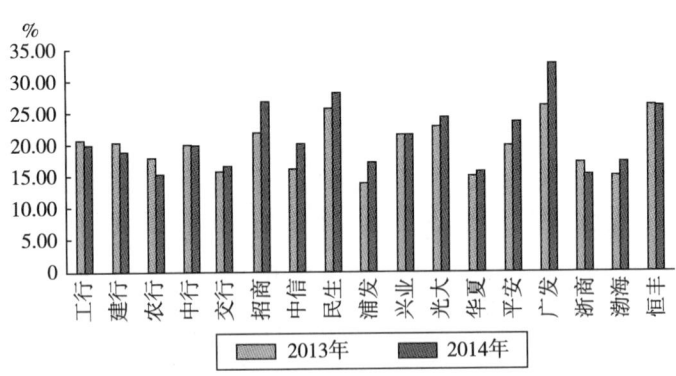

资料来源：根据各商业银行年报整理而得。

图 3－1　2014 年各全国性商业银行手续费及佣金净收入占比

## （二）积极从资产端和负债端进行调整以应对利率市场化的挑战

近年来，监管部门鼓励商业银行加大力度发展标准化直接融资业务，特别是并购融资、资产证券化、发债等业务发展；同时，持续推进监管执法组织架构改革，监管检查的专业性、针对性和频率不断强化，对非标投资、理财业务、同业业务以及银行收费、不规范揽存等行为的监管更加严格、相关处罚措施更加严厉。再加上利率市场化的推进也导致息差逐渐收窄，商业银行需要认真思考资产配置策略，不断调整优化资产负债结构。

围绕着国务院"优化金融资源配置，盘活存量、用好增量"的金融政策指导方针，多家商业银行纷纷推进信贷资产证券化业务。2014年是中国信贷资产证券化快速发展的一年，全年银行间市场共发行 65 单总规模达 2770 亿元的资产证券化产品，而 2013 年、2012 年分别仅发行了 6 单共 157 亿元、5 单共 192.62 亿元。人民银行、银监会等监管部门都非常重视资产证券化业务的发展，银监会于 2014 年 11 月发布《关于信贷资产证券化备案登记工作流程的通知》，将资产证券化由审批制改为备案制，以促进业务更常规化发展，以及发起机构、基础资产和投资者类型的多元化。这种结构性融资活动有助于商业银行释放经济资本、提升资本充足率、丰富主动风险管理工具，实现公司业务投行化转型，对银行调整结构、节约资本、管理风险和金融创新都有积极的推动作用。

在所有商业银行中，招商银行的累计发行规模居于全国首位，仅次于国家开发银行的发行规模。2014 年其共发行三期资产支持证券，合计 245.45 亿元，并率先推出国内首单信用卡资产证券化产品。而招商银行大力推行资产证券化，也是为了使该业务成为其践行"轻型银行"的重要途径和突破口。另外，兴业银行（三期共 150.49 亿元）、浦发银行（三期共 144.50 亿元）和中国银行（两期共 127.13 亿元）的发行规模相对领先（见图 3 - 2）。

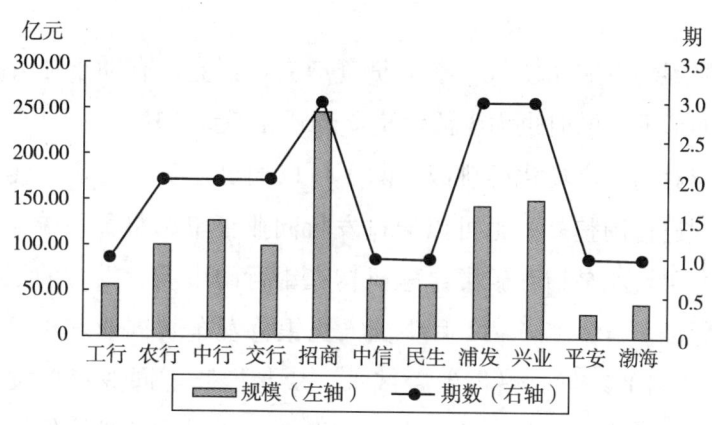

资料来源：根据各商业银行年报整理而得。

图 3 - 2　2014 年部分全国性商业银行资产证券化项目发行情况

中国银行积极推进信贷资产证券化业务，进一步调整存量资产结构，丰富资产和资本管理手段，推动经营模式转型：2014年，在银行间市场成功发行了两单总计127.13亿元的信贷资产证券化信托资产支持证券，在国有大型商业银行中位居第一。

交通银行盘活信贷资产存量，作为丰富信用风险管理和资产负债管理的手段，稳步推进信贷资产证券化业务开展，2014年成功发行合计99.91亿元信贷资产证券化项目。

中国农业银行主动适应市场趋势，战略上高度重视，不断推进信贷资产证券化，并将其作为适应市场趋势和推进业务经营转型的战略性业务，围绕结构调整、风险管理和金融创新开展业务，2014年成功发行两期信贷资产证券化产品，总计101.25亿元，位居国有大型商业银行第二位，释放的信贷规模全部用于投放国家鼓励支持发展行业。

民生银行开展的信贷资产证券化业务立足于促进国家产业结构调整升级，支持中小企业金融及新兴产业发展，将证券化发行所获价款优先用于支持中小微金融发展和新兴产业；同时，通过开展证券化业务，进一步提升信贷资产风险调节能力、强化资产负债管理和优化融资结构。

渤海银行也成功发行一期信贷资产支持证券，有助于提升其在公开市场的形象，同时也为盘活信贷资产开辟了新途径。

为应对利率市场化的挑战，除了可以通过信贷资产证券化从银行的资产端进行调整外，也可以通过发行同业存单调整负债端业务。所谓同业存单，就是指存款类金融机构在银行间市场上发行的记账式定期存款凭证。自2013年12月中国人民银行发布《同业存单管理暂行办法》后，10家商业银行先后试水，从此拉开了同业存单发行的序幕。同业存单成为替代同业融资的主要金融工具，并扮演银行流动性管理的角色。同业存单的成功发行，是银行主动适应利率市场化改革需要，积极推动金融市场业务发展的结果，有助于进一步提高主动负债定价能力，优化负债结构，提升流动性管理的主动性。尽管2014年以来，央行对于商业银行的同业业务监管逐渐收紧，但资产证券化和同业存单业务受到鼓励，再加上央行去年底发布的 387 号文"将非银同业存款纳入存贷比考核，但免缴存款准备金"的同业业务新政，也促使多家商业银行扩大了同业存单的发行规模。在利率市场化背景下，发行同业存单可谓是银行（特别是中小银行）提升存款吸收能力和融资能力，降低融资成本的重要途径。

据统计，2014 年共有逾 90 家银行公布了同业存单发行计划，计划额度超过 1.43 万亿元；而根据 Wind 资讯的统计数据显示，2014 年同业存单实际发行额累计为 8975.6 亿元，存量为 5934.2 亿元。而在2013 年 12 月试点期间，十家银行合计仅发行了 340 亿元同业存单。

各家银行发行的同业存单的期限多为 3 个月，每期发行规模也存在 5 亿元、10 亿元、20 亿元等不同规模，实际认购金额可能小于计划发行规模。在五大行中，农行的同业存单发行规模最大，共发行 16期；建行发行 14 期；其次为工行，发行 8 期；中行发行 5 期；交行共发行 4 期。但大行自身在存款来源上相较小行更充足，不需要通过这种高成本的负债来补充，已经发行的更多也是为了履行试点银行的义务，更多的是试水和开拓维护同业业务关系为主，因此发行规模相对较小，而小银行和股份制银行的负债来源则相对匮乏。部分股份制银行态度更积极一些。兴业银行发行期数和额度均最多，发行 149 期；浦发银行发行 101 期；中信银行发行 43 期；招行发行 29 期；民生银行发行 40 期；平安银行发行 62 期；光大银行 25 期，浙商银行发行 59 期（共 465 亿元），均远远超过国有大型商业银行的发行规模。

## （三）推动零售业务转型

随着利率市场化的逐步推进、息差逐渐缩窄，零售业务正成为商业银行下一步转型发展的重点。银行逐渐意识到要将资源向效益贡献好、成本低、资本占用少的业务倾斜，纷纷提出要调整业务结构，把零售业务作为自己的战略方向，推动零售业务转型。

2014年，多家商业银行的公司业务收入占比均出现不同幅度的下降，而相应的个人金融业务和资金业务的占比相对提高。其中，广发银行的个人金融业务收入占比最高，高达46.28%，其次招商银行和建设银行的个人金融业务收入占比同比提高超过5个百分点，同时招商银行占比接近40%，而工商银行、交通银行、中信银行、光大银行的个人金融业务收入占比也都有不同程度的提高（见图3-3）。

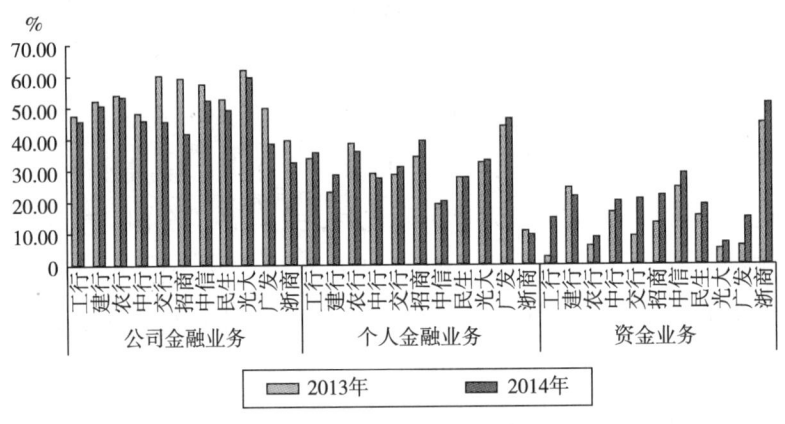

注：招商银行的经营分部占比依据税前利润计算而得。

资料来源：根据各商业银行年报整理而得。

**图3-3 部分银行的收入结构**

交通银行提出要打造以财富管理为主体，普惠金融、消费金融、互联网金融为特色的"大零售"业务发展格局，全面推进个人金融业务转型发展。

农业银行继续深化零售业务战略转型，加快推进建设国内一流零售银行的目标：通过加强网点布局优化调整，加大自助设备投放力度，构建多元化的渠道服务体系；做实做细民生金融工程，开展网点服务质量提升活动，持续提升客户体验；加快产品创新，加强理财师和内训师等零售队伍建设，强化公私部门联动营销和零售业务综合营销，提升交叉销售和批量营销能力。

招商银行发展策略中的一个重点就是零售金融，2014 年其零售金融业务盈利占比继续提升：税前利润达 291.05 亿元，比上年增长 23.88%，占全部税前利润的 39.64%，同比提升 5.30 个百分点。同时，零售金融业务成本收入比（不含营业税及附加）为 39.69%，较 2013 年下降 4.80 个百分点。

中信银行全面启动零售战略二次转型：包括推进网点转型，制定统一的网点建设标准，并组建了一支近 1500 人的零售内训师队伍，加快全行标准服务和营销规范导入；加强对零售产品的创新和推广力度；打造"中信红"系列零售综合营销活动等。

广发银行以打造"最佳零售银行"为目标，持续深化零售金融业务改革，巩固和提升信用卡业务领先优势。对于零售金融业务，通过加强专业营销团队建设，大力推广"空中理财"服务与财富管理，持续升级私人银行业务，积极探索零售互联网金融创新，推进全方位渠道建设；而信用卡业务则以专营化改革为契机，加强渠道创新，推进市场细分，优化资产结构，实现经营效益与品牌效应持续提升。2014 年末，期归属零售金融条线营业收入贡献率达 46.28%，税前利润占比高达 57.02%。

## （四）积极运用互联网思维和技术来创新金融服务和经营管理

当前移动互联正向智能互联转变，这些为商业银行发展成本低、效率高、体验好的互联网金融带来巨大的空间。2014 年，各家银行纷纷对手机银行、移动支付、网上银行、电子商务、微信银行、直销银行等服务平台加大投入和创新力度，电子银行业务以两位数增速大步迈进。据中国银行业协会的数据显示，2014 年中国银行业金融机构离柜交易达 1167.95 亿笔，比上年增加 204.56 亿笔，交易金额达

1339.73 万亿元。银行业平均离柜率达到了 67.88%，同比增加 4.65 个百分点。其中，招商银行替代率保持行业第一，电子银行替代率为 93.32%。作为银行网点最多的农业银行，其 2014 年电子渠道的交易占比也已接近 90%。对于手机银行客户数，工行、建行继续领跑，分别以 1.5 亿户及 1.47 亿户位列前两名。不少股份制银行增速更快：浦发银行手机银行客户数达到 664 万户，交易笔数、交易金额分别是上一年的 4 倍和 5.5 倍。

在息差收窄导致利润增速下行的大背景下，工行、农行、中行、建行、交行等大型银行都把互联网金融提高到战略地位。通过开设网上直销银行，搭建自有电商平台，引入 B2C、B2B 模式，筹建社交平台系统等举措，深度布局互联网金融和移动金融，作为应对利率市场化、金融脱媒加剧、市场竞争白热化的应对措施。交通银行提出利用互联网金融平台优势，创新金融直销模式，开展"一键式"全方位财富管理服务，实现资产收益与利润贡献"双提升"，打造互联网金融银行。农业银行也紧抓互联网金融的战略机遇，充分依托线下资源优势，紧密围绕小微市场、"三农"市场和长尾零售市场，大力实施互联网金融创新试点工程，并且建立配套产品研发体系、运营支持体系和线上风险防控体系，探索互联网经济新常态下经营转型的新模式；互联网金融综合服务平台正式上线，初步形成具有农行特色的"平台＋数据＋金融"的互联网金融综合服务体系。

中小商业银行也纷纷在网络金融战略的指导下推动平台、模式以及产品领域的创新。招行提出要"提高应对金融深化进程的能力，做好传统银行业务与互联网金融的融合，在大变革形势下重塑银行经营的新逻辑，巩固和扩大招行在同业中的领先地位"，构建互联网金融"平台、流量、大数据"的整体结构布局，推动业务经营模式向网络化转型。在互联网金融的战略框架下，招商银行在零售金融领域、公司金融领域以及同业金融领域也已经取得了良好成效，电子银行渠道替代率不断提高。

中信银行将"坚持网络金融理念创新、产品创新和营销创新,力争在互联网经济浪潮中打造新的核心竞争力"作为全行战略重点之一。

民生银行强势推进网络金融战略,重点围绕手机银行、直销银行、微信银行、线上支付开展产品和服务创新,持续提升客户体验,市场份额快速攀升,稳居同业第一梯队行列。

浦发银行也把"加快发展移动金融和电子银行业务,应对技术脱媒和互联网金融等带来的挑战"作为未来重点突破的五大业务领域之一,并且加快移动金融与电子银行业务创新,建成了"全能"微信银行,完成直销银行体系建设,巩固了"移动金融领先银行"的市场地位,并且丰富了移动金融业务体系。

兴业银行大胆推进互联网金融创新,互联网理财、互联网支付、直销银行等快速发展,并且在业内首创推出银行间合作服务"银银平台",为广大合作银行提供金融服务解决方案;同时还建设了具有自主知识产权的云计算平台系统,以帮助广大中小金融机构突破自身规模限制,通过金融云服务获得可定制、可扩展的金融服务,也有利于提高金融行业数据中心资源利用率,减少建设成本和运维管理负担。

平安银行提出要"以平安集团综合金融为支撑,发展互联网时代的新金融,锻铸核心竞争力"。

华夏银行加强科技对业务的支持,加强"第二银行"建设,初步形成了智慧网银、智慧移动银行、智慧微信银行、智慧客服、智慧网站、智慧直销银行等"智慧电子银行"服务体系。

广发银行紧抓互联网金融机遇,将网络金融列入全行战略重点:紧抓网络渠道销售服务转型、网络金融创新业务布局两大主题,致力于成为"中国互联网金融服务首选提供商"。2014 年末,其电子银行柜台渠道替代率已高达 94.54%。

## （五）积极拓展海外业务

随着我国经济进一步融入全球，"一带一路"、亚太自贸区建设、人民币国际化的不断推进，将带动企业产能向国外转移，各类跨境贸易、投资活动将更加活跃，资本输出力度加大，离岸人民币市场规模不断增大。这都将有助于商业银行更好地利用好国际国内两个市场，提供多币种、跨境金融服务，提高国际化经营水平，因此各家银行纷纷利用此战略契机积极拓展海外布局或者为推进国际化经营而努力。

目前在商业银行中走在国际化前列的是国有五大行和招商银行，其中，中国银行的国际化程度最高，但近年来工商银行激进的海外扩张步伐也使其海外贡献度快速提升。2014年，各家银行海外业务的贡献度都实现了不同程度的提高，其中交行、中行与工行的海外业务实现了较大幅度的增长，尤其是交行的税前利润占比由2013年的4.81%提高到了7.30%，其海外资产占比也突破了10%，仅次于中行（见图3-4）。

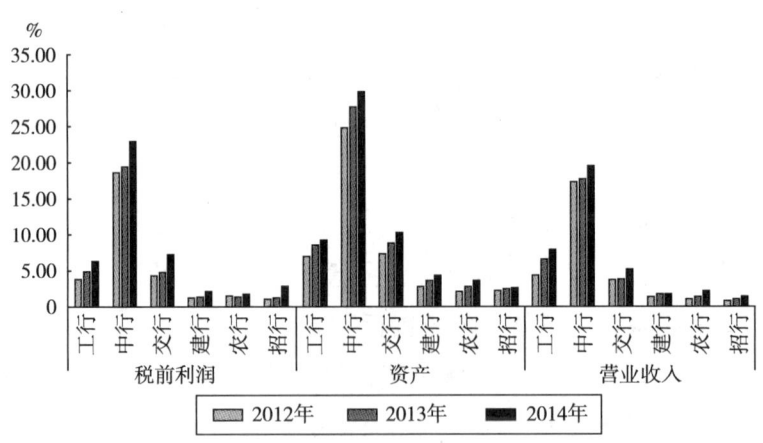

资料来源：根据各商业银行年报整理而得。

**图3-4 部分银行的海外机构贡献率**

中国银行提出充分利用国际化网络和多元化平台，在全球范围内向客户提供综合金融服务。特别是要紧跟国家战略，大力提高国际化经营水平，努力成为"一带一路"的金融大动脉和自贸区业务首选银行，进一步巩固人民币国际化业务主渠道地位，持续提升"走出去"金融服务水平。2014 年，中国银行新开设新西兰子行等 9 家机构，国际化业务加速发展，对集团的贡献度大幅提升。全年海外机构实现利润总额 86.56 亿美元，比上年增长 29.91%；与其他银行相比，对集团利润总额的贡献度最高，为 22.98%，并且较上年提升 3.60 个百分点。

工商银行继续推进国际化、综合化经营发展，进一步完善全球服务网络布局，提高核心市场渗透率和本土化经营程度。海外扩张也取得了较大进展：工银新西兰、科威特分行、伦敦分行开业；仰光分行、墨西哥子行或监管批准，标准银行公众有限公司股权并购项目或监管批准；签署并收购土耳其 Tekstil Bank75.5% 股权协议。境外机构总资产与利润均大幅增加，尤其税前利润较 2013 年增长 35.4%。

建设银行海外布局也取得新突破，国际业务快速发展：其澳门分行、新西兰子银行、多伦多分行和布里斯班分行 4 家机构正式开业，伦敦、巴黎、阿姆斯特丹、巴塞罗那和开普敦等机构完成境内外监管审批，收购巴西 BIC 银行总股本 72% 的股权交易完成交割；另外，建设银行还成功获得伦敦人民币业务清算行资格，先后在香港、法兰克福、悉尼、瑞士、台湾等离岸市场成功发行人民币债券。

交通银行的国际化优势进一步得到巩固。2014 年，其境外银行机构总资产首次突破千亿美元，并获得首尔人民币业务清算行资格，多伦多代表处开业，卢森堡子行、布里斯班二级分行申设获批。

农业银行稳步实施国际化发展战略，加速推进境外机构布局，境外机构的业务范围、经营层次、跨境金融服务能力和盈利水平都得到了提升。2014 年，农业银行悉尼分行顺利开业；卢森堡子行和莫斯科子行也已获得当地监管机构批准。

招商银行作为目前国内中小股份制银行中国际化程度最高的银行，稳步拓展海外市场，重点拓展港澳地区、新兴市场国家和国际金融中心城市。另外，浦发银行于 2014 年在香港完成了南亚投资管理有限公司 100% 股权的收购，并于 2014 年 11 月设立浦银国际控股有限公司，标志着其国际化战略迈出新步伐。兴业银行国际化经营迈开步伐，第一家境外机构香港分行顺利开业。

# 二、公司治理

稳健的公司治理机制是中国银行业长期可持续发展的基础。在过去的几年里，我国银行业通过股份制改造，陆续建立起了现代商业银行的治理架构，并取得了相当不错的成绩。但由于银行业具有许多不同于一般企业的特性，商业银行的公司治理也有一定的特殊性，其高水平的公司治理需要严格按照《中国公司法》、《商业银行法》、《商业银行公司治理指引》等法律法规以及上市地上市交易所规则的规定，并结合银行自身特点，在实践中不断优化公司治理制度和完善公司治理结构。我们考察银行的公司治理情况，可以从四个维度着手：一是公司治理构架是否完善，如独董比例是否满足 1/3 的要求；二是董事会监事会成员履职情况；三是信息披露是否满足真实、准确、完整等要求；四是社会责任履行状况。

截至 2014 年底，17 家全国性商业银行中有 8 家成功在香港和上海两个交易所上市，分别为工商银行、建设银行、农业银行、中国银行、交通银行、招商银行、中信银行和民生银行，5 家仅在上海或深圳上市，为浦发银行、兴业银行、光大银行、华夏银行和平安银行。广发银行、浙商银行、渤海银行和恒丰银行暂未上市。依据这 17 家银行的年报以及相关公开文件来看，已上市银行信息披露相对全面，年报质量较未上市银行高出很多，公司章程也随着监管部门的要求提高而不断完善和修改，并积极履行社会责任，在扶贫救灾、支持科教文化事业以及保护环境方面作出积极贡献。值得一提的是，交通银行在 2014 年 7 月欲试行的混合所有制改革对银行内部激励体系的变革，包括推出管理层股权激励或是员工持股计划，在公司治理层面上有非常积极的影响，可以优化银行治理结构，更加适应市场化。

## （一）公司治理构架情况

目前 17 家商业银行均遵守"三会分设、三权分开、有效制约、协调发展"的原则，按照"三会一层"的现代公司治理架构进行建设，股东大会、董事会、监事会和高级管理层相互制衡，确保决策的制定、执行和监督相互独立，有效运作。董事会成员恪尽职守，勤勉尽责，对银行发展的各项重大议题进行深入研究和科学决策，实现银行的持续健康发展。监事会严格按照国家法律法规和公司章程的规定，认真履行监督职责，客观公正评价履职情况，着力加强履职与财务、风险和内控监督，不断提升监督的针对性和有效性。高级管理层作为执行机构，在公司章程和董事会授权范围内实施经营管理，扎实推进业务发展、风险管理、员工队伍建设等工作。

根据《商业银行公司治理指引》的要求，董事会应当根据商业银行情况单独或合并设立其专门委员会，如战略委员会、审计委员会、风险管理委员会、关联交易控制委员会、提名委员会、薪酬委员会等。17 家银行中除渤海银行未披露具体公司治理构架外，其他银行均符合要求。中国银行、农业银行、中信银行和民生银行对公司章程进行了修订，使之更加规范和完善，恒丰银行解决了之前存在的行长缺位问题，并对其核心团队进行了较大幅度的人员补充。

上市公司董事会成员中至少应包括 1/3 独立董事，13 家上市银行和广发银行公司治理结构符合要求，独立董事比例达标，建行独董比例最高，非上市银行中浙商银行和恒丰银行独董比例为 1/4，渤海银行仅为 1/5，这对大股东利益制衡有一定影响。监事会方面，监事会由职工代表出任的监事、股东大会选举的外部监事和股东监事组成，外部监事的人数不得少于 2 人。农业银行、中国银行、中信银行外部监事仅有 1 人，恒丰银行没有外部监事。具体董事会监事会结构见表 3-2。

表 3-2　　　　　　全国性商业银行董事会与监事会结构　　　　单位：人、%

| 银行名称 | 董事会人数 | 独立董事人数 | 独董比例 | 监事会人数 | 外部监事人数 | 职工监事人数 |
|---|---|---|---|---|---|---|
| 工商银行 | 14 | 6 | 42.86 | 6 | 2 | 2 |
| 建设银行 | 12 | 6 | 50.00 | 8 | 2 | 3 |
| 农业银行 | 13 | 5 | 38.46 | 7 | 1 | 4 |
| 中国银行 | 14 | 5 | 35.71 | 7 | 1 | 3 |
| 交通银行 | 18 | 6 | 33.33 | 13 | 2 | 4 |
| 招商银行 | 18 | 6 | 33.33 | 9 | 3 | 3 |
| 中信银行 | 11 | 4 | 36.36 | 6 | 1 | 3 |
| 民生银行 | 18 | 6 | 33.33 | 7 | 2 | 2 |
| 浦发银行 | 17 | 6 | 35.29 | 7 | 3 | 2 |
| 兴业银行 | 15 | 5 | 33.33 | 8 | 3 | 2 |
| 光大银行 | 14 | 5 | 35.71 | 9 | 2 | 4 |
| 华夏银行 | 18 | 7 | 38.89 | 11 | 2 | 3 |
| 平安银行 | 20 | 7 | 35.00 | 7 | 2 | 3 |
| 广发银行 | 15 | 6 | 40.00 | 9 | 3 | 2 |
| 浙商银行 | 16 | 4 | 25.00 | 11 | 3 | 4 |
| 渤海银行 | 15 | 3 | 20.00 | 5 | 2 | 1 |
| 恒丰银行 | 12 | 3 | 25.00 | 4 | 0 | 1 |

资料来源：根据各商业银行 2014 年年报整理。

## （二）董事会成员履职情况

董事会例会每季度至少应召开一次，董事应投入足够的时间履行职责，每年至少亲自出席 2/3 以上的董事会会议，因故不能出席的，可以书面委托同类别其他董事代为出席。董事在董事会会议上应独立、专业、客观地发表意见。除渤海银行未披露其董事会会议情况外，其他 16 家银行均满足会议次数要求，工商银行、农业银行、建设银行、交通银行、中信银行和民生银行未说明现场会议次数，董事亲自出席率中也直接包含了视频、电话等实时通信方式，提高了亲自出席率，民生银行的董事亲自出席率甚至达到了 100%。浦发银行则对亲自出席、以通讯方式参加和代为出席的情况进行了详细的记录和说明。详细出席情况见表 3 - 3（"—"为未披露）。独董出席率中，中国银行最高为 100%，对董事会下属专业委员会会议也是全部亲自出席，体现了高度责任感。广发、渤海和恒丰银行未披露独董情况。

虽然各银行董事出席率很高，但是并不能说明他们在会议上充分参与，积极讨论并表达自己的观点。除中国银行和民生银行在年报中注明了独立董事对一些议案的意见和建议外，其他银行的会议讨论议案均全票通过，没有收到任何异议，不能体现公司民主以及公司治理的全面性。应加强对董事会成员的专项培训和实地考察调研以更好地掌握公司情况，提出专业性意见。

表 3 - 3　　　　　　　　董事亲自出席会议率　　　　　　单位：次、%

| 银行名称 | 董事会次数 | 现场会议次数 | 董事亲自出席率 | 独董亲自出席率 |
|---|---|---|---|---|
| 工商银行 | 10 | — | 94.00 | 90 |
| 建设银行 | 7 | — | 94.50 | 92.86 |
| 农业银行 | 14 | — | 96.75 | 92.86 |
| 中国银行 | 21 | 9 | 97.90 | 100 |
| 交通银行 | 7 | — | 92.06 | 97.62 |
| 招商银行 | 16 | 4 | 91.00 | 99.12 |
| 中信银行 | 13 | — | 86.50 | 92.31 |
| 民生银行 | 10 | — | 100.00 | 95 |
| 浦发银行 | 15 | 5 | 93.33 | 95.56 |
| 兴业银行 | 7 | 4 | 89.36 | 70.48 |

| 银行名称 | 董事会次数 | 现场会议次数 | 董事亲自出席率 | 独董亲自出席率 |
|---|---|---|---|---|
| 光大银行 | 13 | 6 | 94.50 | 84.61 |
| 华夏银行 | 8 | 5 | 85.64 | 83.6 |
| 平安银行 | 5 | 5 | 87.50 | 94.29 |
| 广发银行 | 8 | 3 | — | — |
| 浙商银行 | 12 | 4 | — | 97.92 |
| 渤海银行 | — | — | — | — |
| 恒丰银行 | 12 | 4 | — | — |

资料来源：根据各商业银行 2014 年年报整理。

## （三）信息披露情况

信息披露是公司向投资者和社会公众全面沟通信息的桥梁，也是银行监督的重要举措。真实、全面、及时、充分地进行信息披露至关重要，只有这样，才能对投资者、债权人和其他利益相关者真正有帮助，有效保护投资者和存款人利益。年报是银行公司信息最集中的反映，上市银行年报披露既要遵循《公开发行证券的公司信息披露内容与格式准则第 2 号——年度报告的内容与格式》，也要遵循《公开发行证券的公司信息披露内容与格式准则 18 号——商业银行信息披露特别规定》。而非上市银行只要遵循中国银监会的股份制商业银行信息披露指引。

从 2014 年各银行发布的年报来看，已上市银行的年报相较去年可读性增强，格式更加规范，披露内容更加全面，尤其是在内地与香港同时上市的 8 家银行，因信息披露需要符合两地监管要求，所以年报内容更加详尽。而未上市银行，例如渤海和恒丰银行，年报相对简略、模糊，很多重要数据并未提及。具体来看，银行年报有以下亮点：

一是董事长、行长和监事长致辞突出银行优势。银行的年报其实也是宣传自身品牌的一个重要方式，通过设计精美的年报可以看出企业做事的态度和用心程度，"致辞"无疑是快速吸引目光的最佳方式。中国银行、农业银行、工商银行、交通银行、光大银行、广发银行、中信银行、浦发银行、兴业银行、招商银行、平安银行、浙商银行均在年报中以董事长和行长致辞开篇，立足国际金融形势，结合国内具体经济情况和自家银行特点，内容生动，文笔精练，增添了许多"人情味"。虽然这并不是披露准则的硬性要求，但是在年报中加入这一部分，可以让投资者迅速掌握关键信息，并突出银行这一年来取得的优秀成果，一目了然，印象深刻。

董事长致辞体现了银行在战略层面上的脉络走向，比如中国银行以"担当社会责任，做最好的银行"为目标，积极将自身发展融入国家发展整体格局中，进一步推广海外业务，全力推动人民币国际化进程，加强信息科技建设和网络金融发展等；交通银行的董事长致辞则是文采飞扬，对仗工整，点明了要主动适应新常态，借金融体制深化改革之力全面提高公司治理水平；广发银行的致辞以"天地不言，万物生焉；四时不知，大道行焉"为题，表明了朝着"做一流的商业银行"的坚定信念，在全球经济不乐观的大背景下依然要坚持稳健经营、严控风险这一基本思路。

二是管理层讨论与分析披露更加详细。管理层讨论与分析是董事会报告的重要组成部分，要求管理层进一步解释和分析公司当期财务报表及附注中的重要历史信息，并从公司管理层的角度对下一年度的经营计划以及公司未来发展所面临的机遇、挑战和各种风险进行说明。在香港和内地同时上市的银行均将管理层讨论与分析单独列出一章，从综合回顾、财务、业务、风险管理、人力资源、展望等多角度进行详细披露，尤其是平安银行更是从保险业务、银行业务、投资业务、互联网金融和综合金融这五大模块进行细致分析，结构清晰。而未上市银行没有这一项的披露，恒丰银行甚至没有董事会和监事会报告。

## （四）社会责任履行情况

商业银行的社会责任主要指商业银行对其利益相关者所承担的经济、法律、道德和慈善方面的责任。履行社会责任是现代商业银行成熟的标志，也是完善商业银行公司治理的重要举措。浦发银行在业内最早启动全面、系统的企业社会责任工作，率先发布中国银行业第一份企业社会责任报告，交通银行则是国内首家在董事会专设"社会责任委员会"的上市公司。民生银行在2014年末正式加入"联合国全球契约"，成为首家加入该组织的全国性股份制商业银行，进一步拓展了社会责任沟通平台，提升了银行社会责任工作的国际认同度和影响力。越来越多的银行开始重视社会责任，不仅在传统的支持国家建设、服务实体经济和小微企业、提升客户满意度、提高员工福利、绿色信贷、环境保护等基本层面方面积极作出自己的贡献，还不断进行创新更好地服务社会，便利大众。

### 1. 配合国家战略，支持基础建设

随着"一带一路"、京津冀协同发展、加大中西部地区基础设施建设等国家战略的实施，中国银行业主动适应新常态，紧跟其上，作出了很大的贡献。华夏银行积极响应国家"京津冀一体化"发展战略，推出"京津冀协同卡"，为京、津、冀三地客户提供网点服务、费用优惠、财富管理、贷款融资、集团用卡、支付便利七方面一体化服务。协同卡客户异地同享、即贷即放，解决了异地抵质押及放款问题，截至2014年底，北京地区发卡量4万余张。兴业银行作为唯一一家总部位于海西经济区的全国性上市银行，积极配合国家西部大开发战略，将海西列为信贷支持的重点区域，为福建发展和海西丝绸之路经济带建设贡献应有之力。已在重庆、成都、西安、昆明、乌鲁木齐、南宁和呼和浩特等主要西部经济中心城市设立了23家分行，327家分支机构，为西部地区政府、企业及居民提供多元化的金融服务。中信银行

进一步加大对服务贸易和企业"走出去"的支持力度，在中国银行业率先推出跨国企业集团跨境人民币资金集中运营业务，实现跨境人民币收付汇量 3781 亿元，并加强与中国出口信用保险公司合作，研发特险项下出口融资业务，协助企业拓展国际市场。在战略性新兴产业上，各银行纷纷加大信贷支持力度，在授信额度、利率定价、抵押担保方式等方面予以倾斜。截至 2014 年底，包括 17 家全国性商业银行在内的主要大型银行业金融机构战略性新兴产业贷款余额 22125.8 亿元，较年初增加 667.6 亿元。节能环保、新能源、新一代信息技术和新材料领域贷款较为集中，余额分别为 8890.6 亿元、6647.3 亿元、2371.3 亿元和 1941.6 亿元，占全部战略性新兴产业贷款比重分别为 40.2%、30.0%、10.7% 和 8.8%，如图 3-5 所示。

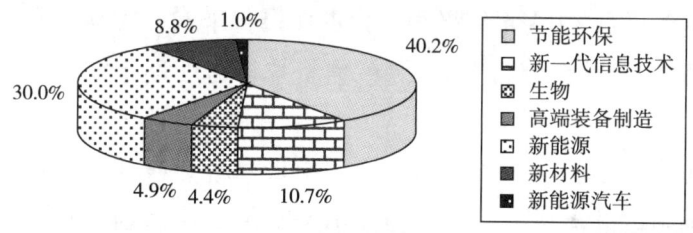

资料来源：银监会 2014 年年度报告。

**图 3-5 大型商业银行战略性新兴产业贷款比例（2014）**

### 2. 注重客户体验，打造贴心服务

作为服务行业，商业银行在推出自己的"有形产品"外，还要注重客户服务这一"无形产品"，只有提升客户满意度，才能培育客户忠诚度，提升银行声誉，有更高的综合竞争力，同时这也是履行社会责任、促进和谐社会的本质要求。各银行纷纷推陈出新，从各个方面打造舒适的金融服务环境。

中国工商银行柜面签单业务平均服务时间缩短 56%，客户开户所需手续减少 3/4；中国建设银行发放小微企业贷款时间由 19 天缩短为 7 天内；广发银行推出新一代"24 小时智能银行"，实现全流程无纸化

处理，并引入手持式听筒、人体接近探测仪、指纹识别仪等全新科技元素，在重要交易环节增加自动语音提示，使客户业务办理更高效便捷，用户体验大幅提升。截至 2014 年底，已在全国 18 个城市设立"24 小时智能银行"，累计受理客户超 23 万人次、发放借记卡超 2 万张；平安银行引入客户净推荐值（NPS），作为检视客户体验提升的核心指标，在集团层面成立"品牌与用户体验管理委员会"，推动各专业公司成立提升 NPS 的相应组织架构，连续三年客户满意度行业第一。

### 3. 力推绿色信贷，严审"两高一剩"

为促进银行业金融机构发展绿色信贷，银监会于 2012 年印发《绿色信贷指引》。该指引要求银行积极调整信贷结构，有效防范环境与社会风险，更好地服务实体经济，以促进经济发展方式转变和经济结构调整。从各银行 2014 年年报和社会责任报告来看，主动加强了对授信项目的环境和社会风险评估，绿色信贷执行力度逐年加大，环保效果明显。

兴业银行作为国内首家和唯一的赤道银行，独家创设碳配额资产风险管理和价值评估模型，实现国内首笔碳配额质押产品落地；全国首个基于银行系统的碳交易代理开户系统上线；与 6 家国家级碳交易试点地区签署碳金融合作协议；完成首单绿色金融信贷资产支持证券项目。华夏银行严格实行以"环保一票否决制"为核心的绿色信贷原则，加大对节能减排、环保和循环经济等行业的信贷支持力度，积极推动绿色服务渠道建设，提高自身运营的电子化和节能降耗水平，努力打造"绿色银行"。浙商银行积极参与浙江省"五水共治"战略，丰富"五水共治"的融资渠道。从严控制"两高"行业授信，调整"两高"行业在信用等级、资产规模、技术、环保、能耗指标等方面准入条件，严格控制"两高一剩"行业的授信风险。

### 4. 热心公益事业，积极扶贫救弱

在公益事业的投入上，各银行不仅积极捐助，还会主动创立慈善

项目、慈善基金等更好地回报社会。中国工商银行向鲁甸灾区捐款500万元，开通金融绿色通道，支持灾后重建工作。扶贫资金1100余万元，建造宿舍楼，表彰优秀山村教师，资助贫困大学生。中国建设银行向云南鲁甸地震灾区捐资500万元，支持其抗震救灾及灾后重建工作；向海南省、海口市台风灾区救灾捐赠300万元；向发生气爆事件的台湾高雄地区捐赠300万元新台币。向"母亲健康快车"项目累计捐赠2200万元，购置146辆"母亲健康快车"，用于孕产妇和急救病人的免费接送和转诊、卫生健康知识宣传普及、孕产妇访视、义诊等工作，被当地老百姓称为"救命车"。广发银行将9月8日行庆纪念日定为"广发志愿者日"，并与中国青少年发展基金会共同设立"广发希望慈善基金"，积极整合行内外资源，帮助贫困孩子健康成长。恒丰设立了"恒丰·芝罘空巢老人关爱基金"和"恒丰·芝罘教育扶持基金"，支持教育事业，关爱老人生活。光大银行的"母亲水窖"项目历时十年，解决西北部地区缺水问题，并发行国内首张慈善类信用卡——"母亲水窖·爱心信用卡"，开展按照爱心信用卡交易额千分之一捐款公益活动，累计捐款247万元。

表3-4为部分银行的直接捐款情况，民生银行以4.69亿元人民币位列第一，中国银行和平安银行以6629万元和5500万元分别位列第二、第三。在占其当年净利润比上，民生银行表现尤为突出，达到1.054%，其后是平安银行和兴业银行以0.115%并列第二。

表3-4　　　　　　　部分上市银行2014年直接捐赠总额　　　单位：万元、%

| 银行名称 | 捐款总额 | 占当年净利润比 |
|---|---|---|
| 民生银行 | 46900 | 1.054 |
| 中国银行 | 6629 | 0.037 |
| 平安银行 | 5500 | 0.115 |
| 兴业银行 | 5400 | 0.115 |
| 工商银行 | 5086 | 0.018 |

| 银行名称 | 捐款总额 | 占当年净利润比 |
|---|---|---|
| 农业银行 | 4180 | 0.023 |
| 招商银行 | 4175 | 0.074 |
| 建设银行 | 3593 | 0.016 |
| 交通银行 | 3170 | 0.048 |
| 中信银行 | 1462 | 0.036 |
| 光大银行 | 934 | 0.032 |
| 浙商银行 | 845 | 0.166 |
| 广发银行 | 536 | 0.045 |
| 恒丰银行 | 229 | 0.032 |

资料来源：根据各商业银行 2014 年年报整理。

# 三、风险管理

经济新常态的到来也带来了风险管控的新挑战，2014 年正是银行业风险管理面临严峻挑战的一年。受经济下行影响，多家银行的不良贷款余额增加，不良贷款率升高，逾期贷款增加，风险管理难度增大：信用风险方面，受经济增长放缓、信贷规模控制和房地产调控政策延续等因素影响，部分区域及行业所蕴藏的风险逐步显现，贷后管理难度加大；流动性风险方面，货币政策稳健，同业竞争加剧，资金备付压力和流动性风险管理难度加大；市场风险方面，银行间市场利率波动加大，利率风险进一步凸显。另外，《商业银行资本管理办法（试行）》自 2013 年实施以来，新办法的资本充足率要求更高，资本定义更为严格，风险资产覆盖面更加广泛。

## （一）落实巴塞尔协议

2014 年，多家银行纷纷积极推进资本管理高级方法的实施与应用。

高级方法为商业银行提供了更为精确的风险和监管资本计量管理工具，将推动商业银行积极研发内部模型来量化风险，确保主要风险得到及时识别、审慎评估和有效监控，使商业银行风险管理更加系统化、一致化和精细化。

2014 年 4 月，银监会根据《商业银行资本管理办法（试行）》，核准工商银行、农业银行、中国银行、建设银行、交通银行、招商银行实施资本管理高级方法，核准范围包括非零售内部评级初级法、零售内部评级法和操作风险标准法。而实施高级方法后，银行需要在集团层面进行资本计量和分配，这将促进银行并表管理和加强资本规划，将对整个行业公司治理、风险控制、资本管理和发展方式转型产生十分深远的影响。

农业银行持续优化资本管理高级计量体系，加快内部资本充足评估程序（ICAAP）建设，及时开展资本充足率信息披露，推动全行风险管理水平提升。

一些没有被列入实施资本管理高级方法的银行，也在积极朝这一标准靠拢。光大银行积极推进新资本协议合规工作，启动零售验证暨合规自评估咨询项目，完善合规文档库和风险资产计量系统，完成旧标准法、新标准法、高级方法的定量测算（QIS）工作，研究制订了《资本管理高级方法合规推进方案》，全面开展内部资本充足评估程序（ICAAP），强化资本充足率日常监控预警，更新公司未来 3~5 年的资本补充计划。

兴业银行以风险计量工具的持续开发并投入应用为抓手，稳步推进新资本协议实施，全面启动新资本协议合规达标自评估工作。新资本协议达标方面，公司启动资本计量高级方法自评估工作，对新资本协议实施情况进行梳理，为第一支柱合规达标工作打下坚实基础。新资本协议实施成果应用方面，试运行基于内评法下风险加权资产（RWA）的风险资本配置管理工作，为在全行实行风险资本配置工作奠定基础；明确风险偏好值的确定方法和流程，运用宏观情景下资本充足率压力测试结果，量化风险偏好值；推广风险调整后资本收益率（RAROC）工具应用；继续将非零售内评结果运用于行业限额、客户限额、授权授信等领域；持续优化提升存量信贷资产风险排查模型，提高风险识别能力和排查效果。

民生银行涵盖公司法人业务、金融机构法人业务和零售业务的信用风险内部评级体系得到全面验证与优化，风险计量结果的应用进一步深入，其中，非零售内部评级结果已在风险政策制定、限额管理、风险差异化授权、授信评审、贷款定价、贷后监控、经济资本管理、RAROC考核等全流程风险管理落地应用；涵盖小微业务、信用卡业务、传统零售业务的零售评分模型与分池工具已开始在零售业务信贷准入、额度确定、贷后预警中应用。

广发银行按照新资本协议实施规划，继续稳步推进各项目：风险加权资产（RWA）系统、抵押品系统均已上线，为银行准确计量风险加权资产提供了有力保证；继续推进第二支柱相关工作，年初启动资本充足评估程序（ICAAP）项目，完成了全面风险管理框架的制定，推进2014年主要风险识别与评估工作。

## （二）各种风险的管理

### 1. 信用风险

信用风险指借款人或相关当事人未按约定条款履行其相关义务形成的风险，也是大多数银行面临的主要风险。

在实体经济去产能、去库存、去杠杆的调整过程中，部分企业生产经营困难、市场进入和推出频率加快，经济转型和产业结构调整中不可避免会使银行形成一部分不良贷款，各家银行也都采取了不同的措施来控制和化解不良资产。多家银行纷纷强化风险导向的信贷基础管理，突出加强对地方融资平台、房地产开发、产能过剩、商品融资等重点领域的风险防控，加大低质客户退出力度，深入推进信贷结构调整；建立法人客户及零售客户的内部评级系统。

工商银行致力于通过管理方式的创新来增强风险管控的预见性和资产质量在经济新常态下的稳定性，因此在总部组建了信用风险监控中心，将银行风险管理经验与大数据相结合，以加强对风险的动态监测和预警，对信贷资产进行风险排查以及整改措施；并且在总行、分行成立专业化团队，创新运用投行等手段来提高不良贷款的处置效率和效益。

建设银行开展了"信贷风险防控年"活动，改进信贷全流程基础管理，建设集中放款中心，加强贷前调查和贷后的规范管理。

为契合业务转型强化风险管理的要求，交通银行将类信贷及理财业务的逾期资产比率、非标资产比率、高流动性资产比率等指标均纳入风险限额体系，以加强对类信贷业务总体风险的把控。

农业银行全面修订评级管理办法和实施细则，持续开展模型验证，优化风险参数，提高内部评级模型的预测能力和风险区分能力。加强评级审慎性和准确性管理，建立评级动态调整机制。持续调整优化贷款准入标准，强化申请评分的刚性约束，依据行为评分动态调整信用卡透支额度，继续扩展评级应用的深度和广度。

华夏银行突出信贷运行管控，夯实授信业务基础管理，深化区域信贷政策质量管理和重点行业政策研究，提升信贷政策指导业务发展的实效性。强化授信授权动态管理和集团客户授信集中度管理，持续强化授信运行过程管理。加强问题贷款清收处置，强化责任、周密组织、多措并举，持续提高清收处置工作成效。

## 2. 市场风险

市场风险是指因汇率、利率、商品价格和股票价格等可观察市场因子的变动，引起本公司金融工具的公允价值或未来现金流量变动，从而可能蒙受损失的风险。市场风险主要包括利率风险和汇率风险。

2014 年，各家银行从政策制度、计量方法、系统及数据支持等几个方面加强市场风险管理，强调主动管理利率风险和汇率风险。中国银行、农业银行、民生银行、光大银行等完善市场风险计量方法，扩大内部模型法在市场风险管理中的应用覆盖面。建设银行、交通银行等综合运用利率敏感性缺口、净利息收入敏感性分析、压力测试等多种方法计量利率风险，并定期通过定价管理和资产调配等手段进行管控，以确保利率风险水平控制在设定的边界范围内。中国银行、工商银行、光大银行、广发银行以及恒丰银行等都对限额管理进行了完善，建立了相对完善的市场风险限额体系，对仓位限额、单笔交易限额、止损限额、PVBP 限额及流动性限额等额度通过系统权限予以控制，将新产品的风险进行准入审核并纳入限额管理，强化市场风险控制能力。

在大型银行中，工商银行通过深化集团市场风险并表管理建设以全面提升集团市场风险管理与计量水平；加快推进全球市场风险管理系统（GMRM）境外延伸推广；提高市场风险控制手段自动化水平，强化数据质量管理。建设银行积极应对利率市场化的挑战，提升市场化、自主化、差异化定价能力，深入推进贷款基础利率（LPR）报价应用该行完成资产负债管理系统（ALM）汇率风险模块的优化工作，完善汇率风险敞口统计功能，提高汇率风险计量的准确性。交通银行对交易账户组合进行风险价值（VaR）分析，以计量和监控由于利率、汇率及其他市场价格变动而引起的潜在持仓亏损；采用历史模拟法计算本外币交易账户组合的风险价值和每日监控境内外银行机构限额执行情况。

在股份制银行中，兴业银行引进资金交易和分析系统，通过该系统对利率风险敞口指标及止损限额的实时监控，确保交易账户利率风险可控对外汇风险进行分币别、分时段管理，使外汇风险始终处在合理的范围内。光大银行公司则强化对市场的分析与研究，根据宏观经济环境与市场形势变化，主动管理利率风险和汇率风险。广发银行结合市场风险内部模型法项目的实施，市场风险及资金中台管理系统正式上线，加强了对市场风险的管控程度。

### 3. 流动性风险

流动性风险是指商业银行虽然有清偿能力，但无法满足客户提取到期负债及新增贷款、合理融资等需求，或者无法以正常的成本来满足这些需求的风险。

工商银行、交通银行在 2014 年成功接入人民银行二代支付系统，流动性管理效率得到了提高。针对同业业务和理财业务规模不断扩大的发展态势，招商银行、光大银行、广发银行等纷纷对这两项业务板块加强了流动性风险管理，如光大银行按日频度监控流动性风险限额，定期进行流动性压力测试，做好预防性安排；广发银行运用期限错配限额工具进行管理。另外，多家银行通过灵活运用内部资金转移定价（FTP）调节机制、头寸调度、资产负债摆布、加强主动负债业务管理等工具和手段，保障全行流动性安全；制订了流动性应急计划、定期开展流动性应急演练，以备流动性危机的发生。

交通银行积极提升流动性风险管理工具的精细化水平：包括完善流动性风险指标体系，梳理并形成由董事会流动性风险偏好，管理层流动性风险指标表，日常监测、预警、限额指标构成的三个层次的流动性风险指标体系等措施。同时交通银行研究投建了首尔人民币业务清算行流动性风险管理制度体系，完成了对清算行资金管理系统的改造。

招商银行从短期备付和结构及应急两个层面，计量、监测并识别流动性风险，按照固定频度密切监测各项限额指标，定期开展压力测试评判本公司是否能应对极端情况下的流动性需求。

光大银行公司也采取了多项措施加强流动性风险管理：发布流动性风险管理政策指引，从多个角度细化流动性风险管理；审慎设置流动性限额，关注央行货币政策调整、创新流动性调节工具使用、准备金调整、存贷比调整以及存款保险制度实施对市场流动性影响，前瞻性地做好流动性安排。

广发银行的流动性管理采取资产流动性与负债流动性并行管理的策略，高度重视现金流量管理和流动性限额管理技术方法，配合外部监管指标、内部流动性指标及压力测试技术，有效控制流动性风险，并且在流动性风险管理方面取得了一些成果：新资本协议项目下的子项目流动性风险上线并投入使用，有效完善了流动性风险指标统计、限额管理和风险预警等流动性风险管理手段；在流动性风险及银行账户利率风险管理系统的支持下，实现按月统计流动性覆盖率（LCR）指标等。

### 4. 操作风险

操作风险可以分为由人员、系统、流程和外部事件所引发的四类风险，并表现为七种形式：内部欺诈，外部欺诈，聘用员工做法和工作场所安全性，客户、产品及业务做法，实物资产损坏，业务中断和失灵，交割及流程管理。

多家银行强调加强在重点风险领域操作风险的管理，推动操作风险与控制自我评估、关键风险指针及损失数据收集三大管理工具的应用方面进行了加强。

工商银行强化了重点领域和关键环节的操作风险性细化管理，并且推进了操作风险管理系统境外延伸与优化，进一步提高集团操作风险管理水平：分别从加强操作风险管理制度建设、增强各类型操作风险分类控制部门的风险管理职能和系统建设、加强操作风险限额管理工具应用、升级操作风险计量系统等实现了操作风险管理体系的平稳运行以及操作风险的整体可控。

农业银行推进完善损失数据管理制度和标准，持续完善操作风险高级计量法引擎，优化计量打分卡，提高计量的前瞻性与敏感性。浦发银行公司优化和应用操作风险管理工具持续提高运用效果，包括：收集内外部操作风险损失事件，定期进行事件成因等分析，开展风险提示；提高监测报告的分析深度，针对监测中发现的问题制订实施改进措施。报告期内，公司有序开展了集团化操作风险评估、监测、计量、控制和报告工作。

兴业银行制定《兴业银行操作风险管理办法》，以贯彻落实巴塞尔新资本协议和监管要求，建立完整的包含治理结构、组织架构及管理职责、政策、制度、程序、工具方法和系统在内的操作风险管理体系，通过逐步提高公司资本管理能力和内部控制、风险管理水平，将抵御风险的关口由资本管理体系前移至风险管理体系和内控管理体系，促进公司各项业务可持续稳健发展。

华夏银行操作风险管理持续优化识别与应对机制，着力强化外包业务和业务连续性风险管控，操作风险防控意识和能力得到全面提升。

### 5. 声誉风险

声誉风险主要指由与商业银行经营、管理及其他行为或突发事件导致媒体关注或形成报道，可能对银行形象、声誉、品牌价值造成负面影响或损害的风险。各银行依照《商业银行声誉风险管理指引》要求，持续加强声誉风险管理，全面提升声誉风险管理意识和执行力度。

2014 年 10 月，恒丰银行原董事长姜喜运因为涉嫌严重违纪违法接受组织调查；同月，上市酒企泸州老窖在中国农业银行长沙迎新支行的 1.5 亿元存款失踪；2014 年以来，存款"失踪"案件在河南、安徽、湖南等地也屡次发生，在损害储户利益的同时，也令整个银行业声誉受损；11 月 23 日有网友在微博中称中国民生银行武汉分行已经内部宣告破产倒闭，而在银行存款 50 万元以上的客户统一赔付上限为 50 万元，该消息随即通过网络得到大量传播，并且受网上消息影响，次日早盘民生银行领跌银行股，盘中一度下跌 3.51%，虽然破产的传言是一则从法律意义上来看并不成立的虚假消息，起因可能与银行与客户之间资金争议有关，但却反映出在人人都有"麦克风"的传播新格局下，银行机构声誉风险管理将面临更大的挑战。这些种种有损于银行声誉事件的发生都是对银行声誉风险管理的考验。

近年来，商业银行的声誉风险点通过新媒体发酵，并最终形成声誉事件的案例呈现日渐增多的趋势，声誉风险管理在新媒体时代面临着全新的挑战。工商银行注意到新媒体发展对声誉风险管理的影响并制定了相关策略，强化声誉风险并表管理，对新业务和新产品进行声誉风险评估，组织开展声誉风险应急演练，加强对声誉风险因素的事前控制和缓释。

民生银行和华夏银行也出台或完善了自身的声誉风险管理办法或实施细则，从制度层面加强对声誉风险的管理与防范。

另外多家银行注意到要通过加强行内员工的业务素质培训以及道德风险的约束，调整声誉风险管理职责；通过多种品牌和公关活动以及加强与媒体以及利益相关方沟通，增进社会各界对本公司的认知和支持；通过危机模拟演练，提高声誉风险防范意识和危机应对能力；定期或不定期对各类声誉风险点进行排查、整改，及时报告重大声誉风险事件，最大限度地防范化解声誉风险隐患等措施最终得以维护品牌形象，减少声誉风险的发生。

光大银行将声誉风险维护与公司战略发展和企业品牌建设有机结合，进一步优化完善声誉风险预警机制及应对策略。在业务、产品设计及营销宣传环节，充分考虑声誉风险的因素，避免对声誉形象可能造成的损害。

## （三）风险管理的效果

2014 年，在"三期叠加"环境下，企业生产经营困难增多，资金回笼周期延长，银行压缩贷款规模，融资难度加大，造成借款人资金链紧张甚至断裂，从而使银行的逾期贷款增多。银行业不良贷款也普遍反弹，很多在高增速下长期被掩盖的风险开始暴露蔓延，多重风险交织重叠并且复杂多变，风险的关联性更强，银行业资产质量面临严峻考验，各家银行的逾期贷款占比与不良贷款率均有所上升（见表3－5）。

五大行的不良贷款"全面双升"且升幅较大，不良贷款总额从2013 年末的 3743.15 亿元增加至 2014 年末的 5003.75 亿元，增幅达33.68%；不良贷款率均大幅上升，年末平均不良贷款率为 1.26%，比2013 年末上升 0.23 个百分点，也高于多数中小股份制银行，其中农行的不良率高达 1.54%。

股份制银行也无一例外地出现"全面双升"且升势不缓，其中，浦发银行、民生银行、光大银行和招商银行的不良贷款余额增幅均超过 50%；光大银行、民生银行和浦发银行的不良贷款率增幅超过30%。值得注意的是，恒丰银行的不良贷款率依然保持在 0.94%，尽管与去年相比变化幅度不大，但不良率不升反降。另外，浙商银行的不良率依然保持最低，仅为 0.88%；平安、广发与浦发三家中小银行的不良贷款率也保持在较低水平，而广发银行和恒丰银行的逾期贷款率上升幅度较大，其中，广发银行 2014 年逾期贷款率高达 4.70%。

多家银行拨备覆盖率也较上年也出现了大幅升高，主要是因为各银行为了应对经济下行、三期叠加带来的资产质量压力，加大了拨备的计提力度。

表 3－5　　　　　　　部分银行资产质量情况　　　　　　单位：%

| 银行 | 2013 年 | | | | 2014 年 | | | |
|---|---|---|---|---|---|---|---|---|
| | 逾期贷款率 | 不良贷款率 | 拨备覆盖率 | 拨贷比 | 逾期贷款率 | 不良贷款率 | 拨备覆盖率 | 拨贷比 |
| 工行 | 1.35 | 0.94 | 257.19 | 2.43 | 1.91 | 1.13 | 206.90 | 2.34 |
| 建行 | 1.01 | 0.99 | 268.22 | 2.66 | 1.41 | 1.19 | 222.33 | 2.66 |

续表

| 银行 | 2013 年 | | | | 2014 年 | | | |
|------|---------|---|---|---|---------|---|---|---|
| | 逾期贷款率 | 不良贷款率 | 拨备覆盖率 | 拨贷比 | 逾期贷款率 | 不良贷款率 | 拨备覆盖率 | 拨贷比 |
| 农行 | 1.39 | 1.22 | 367.04 | 4.46 | 2.06 | 1.54 | 286.53 | 4.42 |
| 中行 | 1.16 | 0.96 | 229.35 | 2.20 | 1.48 | 1.18 | 187.60 | 2.68 |
| 交行 | 1.41 | 1.05 | 213.65 | 2.24 | 2.42 | 1.25 | 178.88 | 2.24 |
| 招商 | 1.50 | 0.83 | 266.00 | 2.22 | 2.10 | 1.11 | 233.42 | 2.59 |
| 中信 | 1.83 | 1.03 | 206.62 | 2.13 | 3.47 | 1.30 | 181.26 | 2.36 |
| 民生 | 1.74 | 0.85 | 258.74 | 2.21 | 2.74 | 1.17 | 180.20 | 2.12 |
| 浦发 | 1.30 | 0.74 | 319.65 | 2.36 | 1.91 | 1.06 | 249.09 | 2.65 |
| 兴业 | 1.09 | 0.76 | 352.10 | 2.68 | 2.31 | 1.10 | 250.21 | 2.76 |
| 光大 | 1.85 | 0.86 | 241.02 | 2.07 | 3.47 | 1.19 | 180.52 | 2.16 |
| 华夏 | 1.60 | 0.90 | 301.53 | 2.73 | 2.43 | 1.09 | 233.13 | 2.54 |
| 平安 | 3.07 | 0.89 | 201.06 | 1.79 | 4.29 | 1.02 | 200.90 | 2.06 |
| 广发 | 2.61 | 0.87 | 180.17 | 1.56 | 4.70 | 1.04 | 170.40 | 1.77 |
| 浙商 | 0.86 | 0.64 | 329.21 | 2.11 | 1.63 | 0.88 | 292.89 | 2.58 |
| 渤海 | 0.57 | 0.26 | 852.28 | 2.21 | 1.14 | 1.20 | 204.39 | 2.46 |
| 恒丰 | 0.86 | 0.95 | 334.06 | 3.16 | 3.39 | 0.94 | 266.61 | 2.51 |

资料来源：根据各商业银行年报整理而得。

同时，大部分银行的贷款迁徙率较 2013 年都有了大幅提升，其中中小银行的贷款迁徙率整体水平较高。工商银行、招商银行、浦发银行、兴业银行、光大银行、华夏银行以及渤海银行的关注类贷款迁徙率较 2013 年的增长幅度较大，其中浦发银行和兴业银行的关注类贷款迁徙率已经超过 40%，而渤海银行的这一比例更是高达 77.57%，这也解释了 2014 年渤海银行不良率的大幅升高（见表 3 - 6）。

表 3 - 6　　　　　　　　　　　部分银行的贷款迁徙率　　　　　　　单位: %

| 银行 | 2014 年 | | | | 2013 年 | | | | 2012 年 | | | |
|---|---|---|---|---|---|---|---|---|---|---|---|---|
| | 正常 | 关注 | 次级 | 可疑 | 正常 | 关注 | 次级 | 可疑 | 正常 | 关注 | 次级 | 可疑 |
| 工行 | 2.70 | 17.20 | 37.40 | 5.20 | 1.70 | 9.70 | 43.90 | 9.50 | 1.90 | 4.10 | 28.10 | 4.40 |
| 建行 | 2.70 | 10.19 | 78.28 | 15.73 | 1.61 | 10.22 | 76.29 | 15.11 | 1.98 | 4.00 | 42.18 | 13.14 |
| 农行 | 3.60 | 4.99 | 42.53 | 10.10 | 2.53 | 4.36 | 37.24 | 8.62 | 2.49 | 4.65 | 21.79 | 4.96 |
| 中行 | 1.92 | 9.89 | 42.38 | 46.94 | 1.68 | 10.52 | 31.09 | 8.86 | 2.61 | 15.31 | 44.55 | 8.48 |
| 交行 | 2.59 | 24.43 | 52.64 | 18.90 | 1.58 | 23.18 | 37.02 | 17.96 | 2.00 | 7.99 | 36.61 | 22.63 |
| 招商 | 4.14 | 25.47 | 64.60 | 36.62 | 2.35 | 16.62 | 78.89 | 37.88 | 1.60 | 7.49 | 53.09 | 19.93 |
| 中信 | 3.21 | 30.16 | 58.23 | 38.19 | 1.51 | 27.20 | 45.98 | 17.94 | 1.16 | 6.35 | 24.06 | 5.70 |
| 民生 | 3.05 | 16.67 | 12.30 | 14.57 | 2.40 | 23.71 | 19.60 | 11.79 | 1.98 | 11.99 | 8.78 | 19.29 |
| 浦发 | 3.35 | 46.29 | 71.86 | 12.89 | 1.95 | 34.59 | 53.42 | 9.00 | 1.40 | 26.24 | 67.90 | 6.86 |
| 兴业 | 2.33 | 42.16 | 93.77 | 20.53 | 1.20 | 30.48 | 97.63 | 30.41 | 0.77 | 8.28 | 72.34 | 20.02 |
| 光大 | 4.08 | 26.68 | 64.04 | 28.77 | 1.77 | 17.47 | 86.45 | 21.48 | 1.32 | 6.01 | 46.68 | 7.86 |
| 华夏 | 2.82 | 35.75 | 96.74 | 26.75 | 2.88 | 23.17 | 91.73 | 27.65 | 1.83 | 13.70 | 78.28 | 23.40 |
| 渤海 | 4.98 | 77.57 | 77.10 | 93.27 | 1.32 | 17.41 | 94.89 | 95.40 | 1.27 | 0.24 | — | — |

资料来源: 根据各商业银行年报整理而得。

　　由于银行不良率的高涨, 各家银行纷纷充分利用国家有关批量处置不良贷款的政策, 通过增加新增贷款缩减不良率、信贷资产证券化以及核销等方法积极主动加快处置不良贷款, 更动用了此前计提的损失准备, 以丰补歉。

　　国有大行在经营方面相对稳健, 且资产质量相较其他商业银行要好, 在宏观经济下行的情况下, 国有大行更加注重风险的管控。2014年, 工商银行通过重组转化预计现金核销的方式共处理不良贷款约1060 亿元; 中国银行采取多种措施化解不良资产, 全年境内机构化解不良资产达 716 亿元; 交通银行全年减退风险贷款人民币 749 亿元, 加固风险贷款人民币 523 亿元, 重组不良贷款人民币 62.5 亿元。

　　光大银行通过清收现金、抵债资产处置、债务重组、核销呆账、债权转让等方式共处置各类存量不良资产 139.08 亿元，超额完成全年处置计划；平安银行也已通过一系列措施，加大不良资产清收处置力度以及拨备与核销的力度，以提高风险抵抗能力，全年清收不良资产总额 33.25 亿元；广发银行共清收处置不良贷款本金 113.82 亿元。

# 四、信息技术

## （一）IT 系统建设情况

信息技术部门是银行系统安全运行和银行业务顺利展开的有力保障，也是银行维持竞争力的核心部门之一。近几年，随着银行业务不断拓宽，各家银行对于信息技术的投入不断增多，这有助于银行提高市场占有率和开拓新的业务领域。目前，在互联网金融的冲击和银行转型的双重冲击下，通过对信息技术应用与研发的大量投入，银行在业务创新、渠道开拓与维护、安全保障以及风险控制等方面都取得了明显的进步。

### 1. 银行的科技水平

银行的信息技术能力建设需要雄厚的资金支持与优秀的人才储备才能顺利展开，因此各家银行的科技水平也不尽相同。中国人民银行2014 年银行科技发展奖获奖结果在一定程度上反映了各家银行 IT 建设的新发展。各银行的获奖情况与其资源拥有量以及投入成正比。大型商业银行所拥有的市场更加庞大，资产规模和人才储备情况均优于中小银行，因此获奖比例更高。大型商业银行中，工商银行、建设银行、交通银行均为一等奖（各一项），工商银行和农业银行共获奖八项并列最多。股份制银行中，相比 2013 年，招商银行获得一等奖一项，取得突破，浦发银行、华夏银行在获奖数量上取得了进步。

表 3 - 7　　　　　　　　　　　　　2014 年银行科技发展奖统计

| | 一等奖 | 二等奖 | 三等奖 | 合计 |
|---|---|---|---|---|
| 工商银行 | 1 | 4 | 3 | 8 |
| 建设银行 | 1 | 1 | 1 | 3 |
| 农业银行 | 0 | 4 | 4 | 8 |
| 中国银行 | 0 | 3 | 4 | 7 |
| 交通银行 | 1 | 1 | 4 | 6 |
| 招商银行 | 1 | 2 | 1 | 4 |
| 中信银行 | 0 | 4 | 1 | 5 |
| 兴业银行 | 0 | 2 | 2 | 4 |
| 光大银行 | 0 | 2 | 5 | 7 |
| 华夏银行 | 0 | 3 | 3 | 6 |
| 平安银行 | 0 | 3 | 1 | 4 |
| 广发银行 | 0 | 0 | 2 | 2 |
| 浦发银行 | 0 | 2 | 4 | 6 |

资料来源：中国人民银行网，http：//www. pbc. gov. cn/publish/main/527/2015/20150619151157 111595782/20150619151157111595782_. html。

## 2. 大型银行的 IT 系统建设

得益于规模和资源优势，大型银行的信息技术实力在全国商业银行中更胜一筹，其信息技术的研发和应用能力处于行业领先水平，IT 系统建设更加完善。

2014 年，工商银行持续完善信息化银行发展的"大数据"基础，将金融市场、电商平台、综合化子公司等数据充实至数据仓库，将个人网银日志等非结构化数据纳入集团信息库。加强在电子商务、风险管理、精准营销、产品分类等方面数据分析挖掘运用。整合业务处理流程，持续完善客户信息统一视图，优化以客户为中心的营销评价体系。持续完善金融资产服务业务系统，实现资产投资运作全流程管理。推进国际化和综合化相关系统建设，境外机构业务综合处理系统（FO-VA）覆盖 38 家境外机构；完成工银安盛、工银瑞投等子公司综合化业务系统建设。信息系统保持平稳运行。在国内金融同业中率先完成同城双园区主机系统分钟级的切换运行，从传统灾备模式转型为双中心并行模式，全面保障全球业务 7×24 小时连续运行。持续建设全集团信息安全日常管理机制，开展信息分级授权保护。运用通过国家安全审查的密码算法，改造金融 IC 卡、移动支付等应用系统，提升信息安全防护的自主可控能力，强化对客服系统的安全防护措施。2014 年，工商银行共获得国家知识产权局专利授权 50 项，拥有专利数量达到 357 项。

建设银行按照上海清算所要求对系统进行功能优化，支持政策性债券产品发行；在部分网点推广智慧银行，为客户带来"自助、智能、智慧"的全新感受和体验；推出一键购、他人代购、跨境购、扫码购等多项金融商务平台新服务。在支付清算系统方面，持续加强全球一体化的支付清算体系建设，实现端到端的跨境和跨行全流程直通式处理；海外核心业务系统及周边系统推广至中国澳门、俄罗斯、新西兰、多伦多等 20 家海外和地区的一级机构。持续推进网点"三综合"建设，建成综合性网点 1.37 万个，综合营销团队 1.75 万个，网点功能逐步向客户营销、体验以及产品展示转变。电子渠道应用水平进一步提升，电子银行和自助渠道账务性交易量占比达 88.03%，较上年提高 2.63 个百分点；网银客户 1.82 亿户，增长 19.10%；手机银行客户 1.47 亿户，增长 25.98%；微信银行客户数达 1400 万户，其中关注并绑定账户的客户数达 873 万户。

农业银行围绕"安全生产运行、科技服务支撑、科技创新驱动"总体要求，有序推进科技产品各项重点工作和银行信息系统建设工作，为业务经营提供有力的技术支撑。2014 年，农行 10 项科技成果获得中国人民银行"银行科技发展奖"，获得国家知识产权局专利授权 6 项。加快"惠农通"工程的系统建设，推进惠农金融产品创新和管理系统升级，改善农村金融支付环境。实现第二代支付系统投产上线及全行推广，全面完成人民银行第二代支付系统建设要求。持续推进重点工程建设，完成新核心业务系统（Bo Eing）四期一阶段的投产工作。实施互联网金融服务平台建设，推出数据网贷产品。积极布局移动金融，分别推出面向县域商户及面向互联网全网用户的移动应用。其中，掌上银行体系基本实现了对主要柜面金融交易、持卡用户群体、操作系统平台和终端类型四个维度的全覆盖。此外，农行推进大数据平台建设，加快上海同城实时备份中心和北京数据中心机房建设，初步构建生产、应急、灾备一体化 IT 运维管理体系，满足数据大集中后多层级、全覆盖的 IT 运行和维护管理需求。交易量平稳增长，生产运行安全高效，核心生产系统日均交易量达 2.28 亿笔，同比增长 21.27%；日交易量峰值达 2.97 亿笔。信息系统连续运行服务能力连续 5 年保持 99.9%，生产系统整体处理能力较强。积极推广 ISO20000IT 服务管理体系，提升全行生产系统运行和维护标准化水平，应急管理成效明显，为业务经营的稳健发展提供强有力的运行支撑。

中国银行持续优化提升信息系统，从功能完整性、操作便利性、体验一致性、信息准确性、处理时效性、风险管理有效性等方面改善客户体验。积极应对移动金融、互联网金融带来的影响和冲击，运用移动互联、云计算等新技术、新理念，大力推动网络银行建设。不断优化"两地三中心"信息科技基础架构，加强信息科技风险管理体系和全球一体化 IT 运营管理体系建设，提升信息系统安全运行水平和全球集中运营能力。着力建设全球一体化信息科技服务能力，稳步推进海外信息系统整合转型项目实施。2013 年，亚太地区投产后运行稳定，业务支撑能力显著提升，2014 年圆满完成欧非地区投产，实现了超过 2/3 的海外机构系统转型、版本统一、数据集中和运营管理一体化，为客户提供更加完善、高效、多元的优质服务，为巩固和扩大银行人民币国际化的领先优势，增强多维度、多层面撮合交易能力提供广阔的国际化平台，有力地支撑了战略目标的实现。

### 3. 其他全国性商业银行信息技术建设

光大银行通过强化自主可控，推进系统整合。陆续投产对公 ECIF 项目、私人银行系统等重点项目，提高客户服务能力；完成证券交易所债券交易系统、期货保证金存管系统、金融 IC 卡系统的升级改造，推动产品创新和优化；进一步完善客户风险预警系统和同业资产负债经营管理系统，提升风险预警防范能力；加快建设运营业务全国集中系统，完成二代支付系统建设，优化客户定价管理系统，提升运营效率。

中信银行完成了核心系统主体开发、外围配套系统改造以及行内二代支付系统改造等工作，运营管理系统进一步夯实。加快电子渠道建设，推出新版的手机银行和微信银行，优化个人网银和自助机具，提高了产品电子渠道的上线率。依托银行与中信集团金融和实业并举的独特的竞争优势，加快综合平台建设，为客户提供一篮子综合金融服务方案。坚持网络金融创新理念，推出开放平台式的异度支付手机客户端，满足移动互联时代的客户体验。推出"全在线不落地"的跨境电子商务外汇支付业务，同时在优化"POS 商户网络贷款"基础上，推出了基于供应链金融的汇通达在线经营贷款，基于代发工资数据的个人信用消费贷款以及基于公积金缴存记录的个人信用消费贷款，网络金融持续创新能力得到体现。

广发银行以建设强大 IT 支持系统为中心，统筹资源深入开展信息技术建设。完成 IT 基础设施"两地三中心"项目，满足更严格的系统可用性和业务连续性需求，大幅提升数据中心虚拟化率，节省大量设备投入，实现更灵活迅捷的业务部署；完成数据挖掘平台及零售大数据智能决策平台建设，提升交叉营销与精准营销水平；坚持业务与科技良性融合与互动，优化系统研发模式，助力产品创新。积极开展线上渠道创新，丰富网络渠道体系，加速推进网络渠道向销售服务平台转型。累计完成 34 项独创性线上金融产品和服务，建立了更为综合完善的服务渠道体系。依托智能银行技术，加强线下渠道创新，构建线上线下交互工作站，进一步升级推出轻型智能银行，持续为客户提供"24 小时不打烊"的金融服务。

## （二）信息科技在银行各领域的应用

### 1. 风险控制

建设银行重点推进新一代核心系统建设，信息系统运行稳定，重要系统可用率均超过 99.99%，其中网上银行等关键系统的可用率均为 100%。全行未发生三级及以上生产事件，事件等级和数量得到有效控制，安全运行水平继续保持业界领先。业务高峰时刻核心系统创下 10364 笔/秒、日交易量 4.12 亿笔的业界最高纪录，系统处理能力、交易成功率、平均响应时间等技术指标同业第一。强化信息科技服务水平全生命周期管理，自主研发并持续优化、推广云管理平台，不断提升自动发现、自动定位和自动恢复业务服务水平。

浙商银行持续对云计算应用、大数据、数据库高可用性、网络虚拟化、数据防泄密等前沿技术和新产品的研究与运用。完成支持国密算法及二代 UKEY 网银、手机银行的应用改造，参加银监会《商业银行互联网应用安全实践研究》获优秀课题成果奖。坚持制度为纲，规范为准，技防和人防相结合，开展科技管理与信息安全保障工作，取得 CMMI2 级认证和 ISO27001 信息安全管理体系认证，信息科技水平获得提升。全年未发生实质性因信息系统缺陷而引发的安全事件，系统综合可用率 99.998%，信息科技监管评级考核保持前列。

民生银行持续完善生产系统运营管理，生产系统运行效率高效、稳定，无重大生产事件和安全事件发生。推进"两地三中心"容灾体系建设。在成都建立起核心系统数据级异地灾备；北京新的同城灾备中心也已投产，并在年内成功完成 4 次同城灾备演练具备核心业务同城灾难恢复能力。同时，分行同城灾备机房也陆续投产使用。积极推动 IT 服务和信息安全管理标准体系建设，IT 服务管理（ISO20000）和信息安全管理（ISO27001）体系以"零不符合项"的优异成绩获得体系国际认证，IT 服务和信息安全的标准化管理得到显著提升。

### 2. 平台建设

工商银行进一步推进平台建设，完善已经构建的融 e 购电子商务平台。推出财智商贸通产品，为 B2B 电子交易市场提供账户、支付、融资一体的金融服务方案。正式上线融 e 联移动金融信息服务平台，搭建客户与客户经理、在线客服、行内外单位之间的社交圈。为客户提供语音、文字、图片、视频等方式的智能快捷服务，形成统一的金融服务及社交沟通平台。完善逸贷产品，客户在消费时或消费后通过网上银行、手机银行、短信银行等渠道自助申请贷款，系统自动审批，资金瞬时到账；个人网银自助质押贷款平台新增理财产品、账户贵金属、记账式国债的部分质押功能，并新增质押贷款手机银行办理渠道。此外，工行还注重平台的创新，上线社保综合管理服务平台，优化地方财政国库集中电子化支付产品。

招商银行推动业务经营模式向网络化转型，同时，以平台化、开放式的竞争合作结构，融入互联网经济形态，形成多元化的异业联盟，打造互联网金融生态体系。打造互联网金融生态体系。平台建设重点推动移动金融平台、小企业 E 家平台、智慧供应链平台、银 E 通平台的建设，以平台型业务模式，实现资源聚合、产品创新和流程协同，为客户提供超越预期的全方位金融服务。流量经营体系建设致力于持续推动搜索引擎优化，构建金融流量规模化导入、分发、转化、变现的全流程经营体系。大数据建设以大数据应用和运营体系建设为核心，将大数据应用前置到业务场景中，在规模化客户获取、互联网实时风险授信和预警、在线 MOT 营销和客户服务等领域寻求突破。在全行互联网金融战略框架下，零售金融、公司金融、同业金融积极探索、协同发展，在互联网金融领域取得了良好成效。

平安银行连续推出橙 e 网、行 E 通 2.0、黄金银行、口袋银行等创新产品和服务平台，打造互联网金融特色。在平台创新方面，打造中小企业线上综合金融服务平台"橙 e 网"，生意管家、橙 e 融资、橙 e 财富、移动收款等系统陆续上线，有效开拓了业务与收入增长的新渠道；通过"行 E 通"互联网平台销售产品 1260 亿元，提升了同业往来结算量和同业负债活期占比；推出业内首个集黄金投融资、黄金实物、黄金储蓄、黄金理财为一体的专业化黄金资产管理平台。打造集借记卡、信用卡、理财、移动缴费及掌上生活于一身的移动金融服务平台"口袋银行"，取得了较好的市场反应。启动产业基金商业模式，打造保理云线上平台；成立"金橙保理商俱乐部"，已吸纳会员 190 余家，占全国商业保理公司数量一半以上。

中信银行新一代核心业务系统建设项目有序推进，完成主体开发和外围系统配套改造，进入第六轮整体测试，按计划制订完成系统切换方案；完成数据仓库和统一报表平台第一阶段上线，搭建了全行统一的数据分析基础环境；快速响应市场竞争要求，成功交付"薪金煲"、网络公积金贷、海尔供应链、英国及爱尔兰使馆代收签证费多项业内首创产品完成人民银行二代支付系统推广和审计署金融审计信息平台建设；自主研发业内领先的跨平台移动 APP 框架，成功应用于微信银行、新版移动银行系统；积极响应国家安全可控战略，开展"中信云"平台研发，已基于大数据平台试运行历史数据查询等功能。

## （三）应对互联网金融

### 1. 互联网金融发展现状

2014 年 3 月，十二届全国人大二次会议审议的政府报告中提到，"促进互联网金融健康发展，完善金融监管协调机制"。这是互联网金融首次出现在政府报告中，这也反映了互联网金融在中国的发展速度与受重视程度。2014 年，是互联网金融快速发展与全面渗透金融业的一年，无论是移动支付还是金融产品创新，互联网金融正影响着整个金融行业的发展趋势。

虽然互联网金融在2014年依然蓬勃发展，但是众筹、P2P等已经渐渐回归理性，余额宝等宝宝类产品的收益率也明显下降。众筹市场已经开始逐步细分，演变成股权众筹、回报众筹以及公益众筹等并存的局面。P2P行业开始大规模洗牌，诸如人人贷、微贷网等获得融资，平台交易规模和参与人数快速增长，但是问题平台事件频发，法律法规依然不健全。对于2014年初火热的余额宝等宝宝产品而言，虽然涵盖领域开始扩大，但是收益率开始回落，2014年5月11日，余额宝对接的天弘基金增利宝货币7天年化收益率跌破5%。

互联网金融的快速发展也引起了央行的注意，2014年初，央行发布了《关于清理规范非融资性担保公司的通知》、《中国人民银行关于手机支付业务发展的指导意见》、《支付机构网络支付业务管理办法》、《中国人民银行支付结算司关于暂停支付宝公司线下条码（二维码）支付等业务意见的函》等指令，后来又提出了"互联网监管五大原则"，"互联网金融差别化监管"等。这都表明央行对互联网金融监管的重视。互联网金融的健康发展也离不开规范的监管制度。

随着我国民营银行获准成立，互联网企业获得进入金融行业的良机。2014年12月28日，腾讯旗下的前海微众银行成立，成为我国首家民营银行；阿里巴巴整合旗下小微金融业务，成立蚂蚁金融服务集团，并且参与筹备另外一家民营银行——浙江网商银行；京东集团投入精力打造京东金融体系，包含京东众筹、财富管理、消费金融、供应链金融等众多部分。此外，阿里和腾讯则在第三方支付方面竞争激烈，微信支付和支付宝在春节红包、补贴打车等方面互相竞争，极大地刺激了第三方支付的市场。

面临互联网金融的冲击与互联网企业的竞争，传统金融企业不甘落后，逐渐发力，争夺市场。广发银行将电子银行部升级为"互联网金融部"，民生直销银行客户数量超过100万元，金融资产保有量破百亿元。传统金融企业虽然在互联网金融方面起步较晚，但是金融基础优势明显，金融从业经验更加丰富，因此竞争力不容小觑。

### 2. 商业银行与互联网金融发展

工商银行在融e购等已有平台的基础上，积极推进互联网金融模式的创新，发起"人脉挖宝"活动，实现病毒式营销，在短短一个月的时间里，新开通e支付客户达到15万户，吸引了超过200万人参与。此次活动受到多方称赞，被称为第一个真正意义上的互联网社会化营销。建立对公代客交易网上银行，实现对公代客业务集中化处理、标准化流程、规范化管理，为客户提供更为便捷的服务渠道。工商银行已打造了一套同业领先、产品齐全、功能完备、操作便捷和管理规范的对公代客交易网上银行交易体系，进一步提升了工商银行客户服务水平，获得了广大客户的好评，带动了工商银行对公代客交易业务的快速发展。2014年，共处理563笔对公商品远期业务，客户端交易金额达到47.34亿美元。2014年，工商银行对公商品远期业务交易金额继续保持同业第一。

建设银行个人网银优化境外外汇汇款功能，网上银行实现跨行转账智能路由控制功能，推出快捷转账、信用卡额度申请调整与账单邮寄地址变更等功能。企业网银完成对存量客户向新一代企业网上银行的迁移工作；完成海外企业网银在迪拜、悉尼、东京、约翰内斯堡、伦敦等9家海外机构的推广，进一步拓宽了海外业务的服务渠道。2014年末，个人网上银行客户数为17869万户，较上年增长19.12%；交易额为39.60万亿元，较上年增长21.76%；交易量为62.49亿笔，增长19.80%。企业网上银行客户为330万户，增长18.15%；交易额为128.80万亿元，增长23.53%；交易量为23.00亿笔，增长18.34%。

中国银行以互联网模式推进业务创新与转型，以大开放与大合作为基础构建网络服务平台，以跨界融合方式重构商业模式与业务流程，努力为客户提供普惠、高效、便捷、安全的线上金融服务。强化网络支付创新，行业首发，一体化电子保函通关业务，大幅提高企业通关效率；全新推出 B2B，一点接入跨行支付服务，企业接入成本及体验明显优化；推出 NFC 移动终端近场支付产品，持续提升客户体验；中银易商报关即时通业务连续 8 年同业第一，市场份额为 35.49%。创新网络融资模式，推广网络通宝服务，并运用大数据分析技术，为小微客户提供快捷、高效的线上循环信用贷款，降低小微企业融资成本，2014 年，网络通宝发放贷款 1772.93 亿元。跨境服务体系进一步完善，为跨境电商客户提供本外币支付结算服务，并面向跨境个人客户推出一站式的在线出国金融服务。优化网络理财业务，构建开放式的在线金融超市，试点开展养老宝网络余额理财服务。试点在线产业链金融综合服务，行业内首创面向航运物流企业的航运在线通，为客户提供线上处理、一次申请、一年有效、循环使用、支付便捷、币种多样的金融服务；推出面向汽车企业的，车商在线通，构建包含汽车生产商、经销商、监管方的金融服务商的产业链服务新生态。拓展智能 E 社区 O2O 服务，创立开放式网络服务平台，完善在线社区金融服务生态环境，加强金融及非金融服务组合，实现线上线下双向互通，围绕数字物管、联盟商家、社区生活服务，为客户提供全方位的综合服务。

农业银行强力推动银行业金融服务的网络化进程，在各家商业银行积极应对"互联网金融"带来的挑战和机遇之际，农行对个贷服务的网络化进行了全面、深入地研究，并成功研发了个人网上贷款平台系统。该系统为构架在互联网金融基础上，为个人、合作商客户及客户经理提供 7×24 小时的贷款申请、审批、查询等贷款相关服务的系统。目前该系统提供个人贷款网上申请、预审批、进度查询、咨询交流等 40 多项服务，优势和特点非常明显，实现了系统、渠道、流程、信息、管理等多方面整合。

民生银行大力布局互联网金融，于 2014 年 2 月 28 日正式推出直销银行，秉承"简单的银行"服务理念，围绕互联网用户需求和习惯，开展平台建设和产品服务创新，打造专属网站、手机 APP、微信银行，为客户提供纯线上互联网金融服务；大力拓展服务渠道，在个人版和小微版手机银行、个人网上银行、微信银行植入直销银行，实现直销银行与传统电子渠道和微信银行新平台的互联互通，方便用户一站式了解和使用本公司直销银行产品与服务。报告期内，本公司创新推出随心存、如意宝、定活宝及其质押贷款、民生金等产品，构建了集"存贷汇"于一体的互联网金融服务体系。

中信银行坚持网络金融理念创新、产品创新和营销创新，力争在互联网经济浪潮中打造新的核心竞争力。推出定位为开放式公众平台的异度支付手机客户端，推出微信银行和新版手机银行 3.0，满足了移动互联时代的客户体验需求。于同业中率先推出了"全在线不落地"的跨境电子商务外汇支付业务，同时在优化"POS 商户网络贷款"基础上，推出了基于供应链金融的汇通达在线经营贷款、基于代发工资数据的个人信用消费贷款，以及基于公积金缴存记录的个人信用消费贷款，网络金融持续创新能力得到体现。

招商银行重构现有网银体系，发布网银专业版 7.0，推出朝朝盈、闪电贷、尾零返现等具有互联网思维的产品；在移动金融方面，重点打造手机银行和掌上生活两大移动平台，推出新一代手机银行掌上生活手机客户端，发布全功能移动金融产品"一闪通"。截至 2014 年末，零售电子银行客户数达 3613 万户，零售电子银行总登录次数达 13.29 亿次，手机银行登录次数达 7.49 亿次，掌上生活客户端绑定用户数达 1150 万户，较上年末增长 277.05%，掌上生活总登录次数达 8.38 亿次。同时，积极开展多元化异业联盟，同中国联通共同筹建招联消费金融有限公司，融合双方核心能力和优势资源，大力拓展互联网金融应用领域。持续加大对小企业 E 家的推进力度，围绕客户基于金融的资产增值、支付和流动性需求，依托小企业 E 家通过技术创新和第三方协作，帮助客户实现在统一用户体系下的高效资产管理，进而实现本公司依托互联网开展跨银行机构客户的直接服务。

浦发银行打造全程在线的小微金融服务模式，通过全程线上融资服务和线下营销，搭建服务小微客户的开放式的网络信贷平台，运用大数据分析，通过评分卡和 SDS 工具识别、判断小微客户，在线自动审批贷款，全渠道提供贷款支用和还款，为小微客户提供"多、快、好、省"的小额信用贷款服务。同时在该平台上，利用数据全天候不间断地进行贷后预警和管理，有效提高了风险防范能力。运用科技手段，打造多样化专属产品体系。"网贷通"模式中包含了"电商通"、"POS 贷"等专属产品，上述产品均运用了循环贷款技术，实现了在线不落地的随借随还功能，客户可以根据自身需要，全天 24 时小时多渠道（包括网银、微信银行、手机银行等）进行贷款支用或还款的操作，极大地提高了客户贷款操作的便利性，同时大大降低了客户融资成本。

兴业银行通过"钱大掌柜"品牌将"银银平台"的理财门户业务剥离出来，使其从一个功能性概念升级为具有专业品牌和单独域名运作的综合性互联网财富管理平台，真正体现"银银平台"创立之初就提出的"共建、共有、共享、共赢"理念，依托钱大掌柜将"银银平台"这一本身就蕴含着互联网金融基因的商业运营模式加以强化，同时也代表了兴业银行在财富管理和互联网金融发展方面的战略性调整。

# 五、人力资源

2014 年，各家银行在施行人力资源策略时，普遍侧重于员工技能的提高与员工结构的优化，根据未来发展战略，通过一系列培训计划和激励措施培养和激励优质人才进而丰富人才储备。通过分析可以发现，各家银行更加注重员工质量的提高，员工结构高知化进一步加强，业务技能和研发能力均有所提高。

## （一）人力资源概况

### 1. 员工数量与结构

银行员工数量主要取决于银行规模与银行业务发展情况，尤其是网点分布情况。国有银行资产规模大，网点分布广泛，因此员工数量处于领先地位。股份制商业银行员工数量与之相比仍有较大差距，但是近几年一直保持高速增长的态势。2014 年，农业银行以 493583 名员工高居榜首，工行、建行紧随其后；浙商、渤海、恒丰等小银行的员工规模较小。

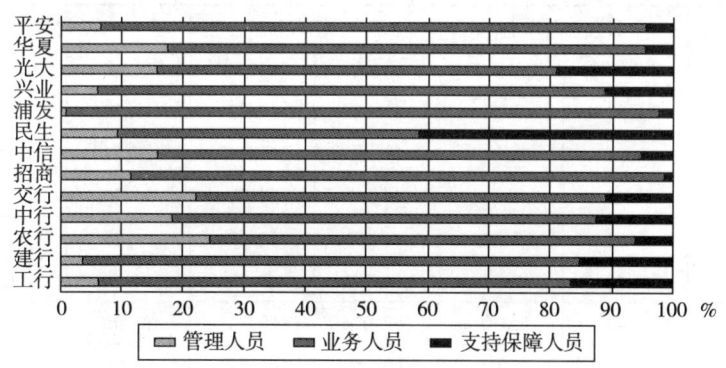

资料来源：根据各商业银行 2014 年年报整理。

**图 3 - 6　2014 年银行员工构成**

在银行的员工结构中，管理人员比例反映了管理者管理的员工数量以及控制能力。随着员工主动性、员工技能以及经营管理效率的提高，管理者管理人员的数量有所提高在取得有效数据的银行中，浦发银行的管理效率最高，工行、建行等国有银行以及兴业、平安等股份制银行管理效率较好，农行的管理效率最低。

在银行员工的基本情况中，员工素质主要通过员工学历结构及其高低水平来反映。一般而言，员工学历水平的提高，反映了员工整体素质的提高。近几年，银行的学历结构高知化不断加强，高学历员工比例不断提升。得益于稳定的工作环境，相对丰厚的待遇，银行业对于高校毕业生有着较强的吸引力，从而使银行就业门槛相对提高。本科及以上学历已成为入职银行的敲门砖，研究生及以上学历成为未来的招聘趋势。

2014 年，各家银行员工结构中研究生及以上学历比例进一步提升，高学历员工数量不断增加。股份制银行的学历水平整体较高，本科及以上学历员工比例明显高于国有银行。其中，中信银行研究生及以上学历员工比例最高，达到 17.34%。

表 3 - 8　　　　　　　2014 年银行人员构成（按学历）　　　　　单位：%

| | 研究生及以上 | | 本科 | | 专科及以下 | |
| --- | --- | --- | --- | --- | --- | --- |
| | 2014 年 | 2013 年 | 2014 年 | 2013 年 | 2014 年 | 2013 年 |
| 工行 | 4.80 | 4.30 | 47.00 | 45.80 | 48.20 | 49.90 |
| 建行 | 6.94 | 5.93 | 53.49 | 51.14 | 39.57 | 42.93 |
| 农行 | 4.40 | 4.10 | 40.90 | 38.20 | 54.70 | 57.70 |
| 中行 | 6.57 | 7.40 | 61.55 | 59.63 | 31.88 | 32.97 |
| 交行 | 9.45 | 7.94 | 66.27 | 63.39 | 24.28 | 28.67 |
| 招商 | 15.42 | 12.70 | 69.02 | 68.20 | 15.56 | 19.10 |
| 中信 | 17.34 | 16.07 | 69.35 | 66.81 | 13.31 | 17.12 |
| 浦发 | 11.37 | 10.76 | 68.69 | 68.83 | 19.94 | 20.41 |
| 兴业 | 14.15 | 12.63 | 72.44 | 71.59 | 13.41 | 15.79 |
| 光大 | 12.19 | 11.10 | 66.73 | 66.14 | 21.08 | 11.66 |
| 广发 | 9.50 | 10.70 | 65.50 | 66.30 | 25.00 | 23.00 |
| 浙商 | 13.61 | 13.00 | 69.09 | 68.05 | 17.30 | 18.95 |
| 恒丰 | 13.01 | 11.68 | 63.14 | 61.47 | 23.85 | 38.25 |

资料来源：根据各商业银行 2014 年年报整理而得。

## 2. 员工费用

人均员工费用反映了银行的员工成本，是银行成本控制的主要指标之一。2014 年，在人均员工费用上，渤海银行以 46 万元排名第一，此外人均员工费用超过 40 万元的还有中信银行、浦发银行以及平安银行。招商银行、兴业银行、华夏银行、民生银行等股份制银行的人均员工费用也均超过 35 万元。总体看来，股份制银行的人均费用高于大型国有商业银行，人均员工费用普遍为 30 万～45 万元，而大型国有银行的人均员工费用则普遍为 20 万～30 万元，其中，中国银行以 27 万元排名第一。股份制商业银行近几年高速发展，对人员的投入较大，且逐年上升。

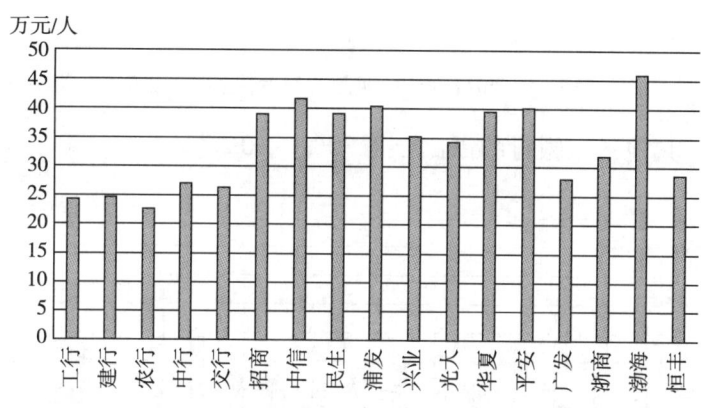

资料来源：根据各商业银行 2014 年年报整理。

**图 3－7　2014 年商业银行人均员工费用**

员工费用占营业收入比例是反映银行薪酬福利水平的重要指标。大部分银行的这一指标介于 15%～20%，其中农业银行与华夏银行的这一比例均超过了 20%，这表明员工福利水平过高，存在一定的不合理性。与之相反，浙商银行与恒丰银行的员工费用所占比例较低，未来存在增加员工薪酬福利的空间。

员工费用占营业支出比例反映了营业支出中人力成本的比重，也反映了人力资源使用效率的高低。2014 年，仅平安银行的员工费用占比超过了 40%，而民生、浦发、恒丰、兴业等银行的员工费用占比低

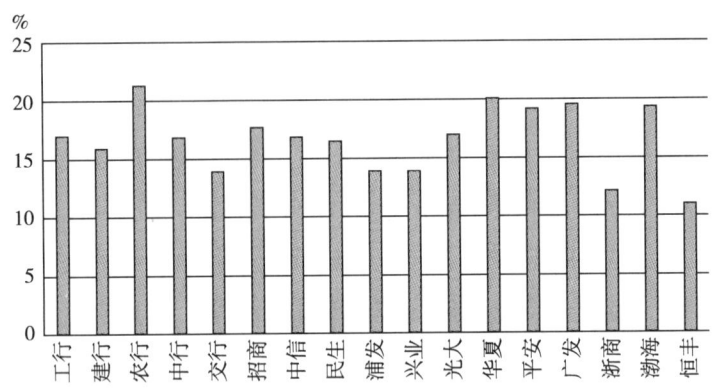

资料来源：根据各商业银行2014年年报整理。

**图3-8　2014年银行员工费用占营业收入比例**

于30%，其他各家银行的占比介于30%～40%。

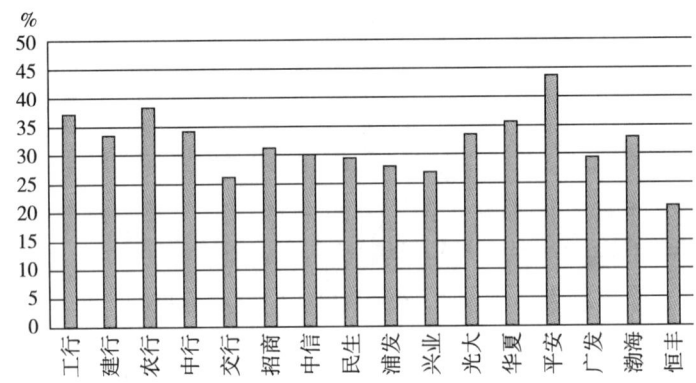

资料来源：根据各商业银行2014年年报整理。

**图3-9　2014年员工费用占营业支出比例**

### 3. 员工效率

人均营业收入反映的是员工生产率的基本指标。从2014年的数据来看，股份制银行人均营业收入较高，国有大型商业银行营业收入较低。所有银行的人均营业收入均超过了100万元，其中浦发银行以289

万元排名第一，而中国农业银行人均营业收入最低，为 104 万元。与国际银行均值（300 万元以上）相比，我国商业银行仍存在较大的提高空间。

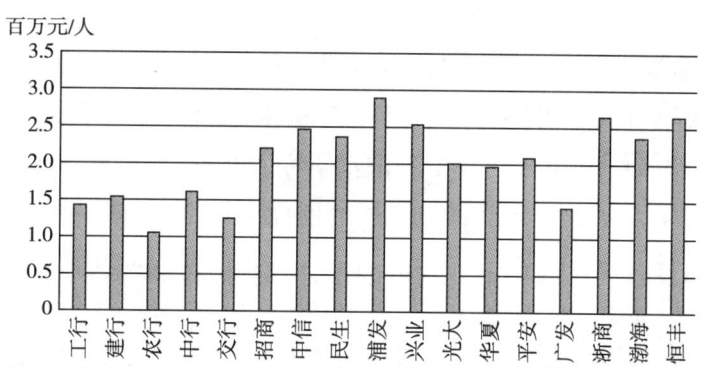

资料来源：根据各商业银行 2014 年年报整理。

**图 3 – 10　2014 年银行人均营业收入**

## （二）员工培训

优秀的人才无疑会提高银行的竞争力，加大人才培养力度是银行取得竞争优势的关键。近年来，我国银行业普遍都重视人才的培养和员工的培训，这也促进了我国银行业近几年的发展和进步。面临新的经济形势，各家银行充分重视培训工作在其人才培养中的重要作用，不断加强员工培训的投入力度。2014 年，各家银行的培训次数、力度以及投入费用均有提高，培训范围逐渐扩大，培训内容更加合理，形成了完整的培训思路和体系。

### 1. 大型商业银行的培训

国有大型商业银行实力雄厚，规模庞大，在培训体制上也更加完善，培训的复杂程度相对较高。2014 年，它们开展了形式多样，内容充实的培训工作，其中工商银行也设立了"工银大学"网站，提供多元化的学习培训渠道，农行则继续深化"农银大学"建设，进一步提高培训能力。

2014 年，工商银行加强培训创新，推行"学习＋实践"二院培训模式，施行"逢训必考"的培训评估反馈机制，建设知识共享平台，并实时将讯息传递给一线员工。设立"工银大学"网站，探索开展ICBC 移动学习建设、组织"全员阅读"系列读书活动，为员工提供多元化、多渠道的学习路径。全年共完成各类培训 5.2 万期，培训 456万人次，人均受训 9.5 天，全行网络大学总访问量 2500 万人次，日均访问量 9.5 万人次。工行通过对员工培训的持续投入，加强了人力资源制度体系建设，深化干部制度改革，优化岗位职级体系，拓展员工职业发展的平台。

农业银行继续深化"农银大学"建设，加强师资培养，组建总分行内训师团队，开展优秀内训师评选；强化课程开发，研发核心课程1600 余门。依托"农银大学"，开展分层分类培训。总行直接举办管理人员培训 41 期，培训 3419 人次；总分行共举办专业岗位职业轮训500 余班次，培训 20000 余人次；举办网点负责人、县域青年英才、县域中年员工、青年员工、新员工等培训近 2000 期，培训 13 万余人次；以考试促进学习，组织全行 18 个岗位 16.2 万人次参加岗位资格考试；深化"农银大学"网络学院应用，全年学习总量达 1254 万小时。继续开展援藏援疆培训、"农行大讲堂"等特色培训项目。

中国银行持续改进和加强人才培养开发工作，加强培训体系建设，完善培训师资、机构费用管理，推进培训项目和课程研发，大力推广在线培训和案例教学。重点实施人民币国际化、利率市场化、网络金融、自贸区业务发展等培训项目。2014 年，银行内地商业银行机构共举办各类培训班 76099 期，培训员工 2553405 人次。

**2. 其他全国性商业银行的培训情况**

中小型股份银行对员工培训同样重视，它们将培训课程与培训计划和银行特点相结合，按照各自银行的发展战略制订培训方案，塑造核心竞争力，取得的成绩有目共睹。

2014 年，中信银行在深入开展高管人员、二级分行领导干部、支行长、中层经理、后备干部、青年业务骨干等八大系列干部培训的基础上，重点开展了高管正职境内培训、后备干部境内外深化培训、青年业务骨干示范培训，报告期内共举办领导力培训 411 期，2.4 万人次。首次组织了全行国际化人才选拔培养工作，建立了国际化人才库。顺利重启了高级职称评审工作。把员工岗位培训作为全行培训工作的基础和重点，搭平台、建机制、配资源，共举办各类专业技术人员培训 4802 期，培训 22.6 万人次；严密组织实施了两次全行专业技术序列考试，1.5 万人参考。通过完善内训师管理制度，再造"蒲公英"计划，重组了一支 310 人的总分行内训师队伍。有力配合了零售与公司深化转型，组建了近千人的总分行零售内训师队伍，开展了核心业务关键岗位专项能力提升培训。在全行部署开展了"中信大讲堂"学习活动，全面加速网络学院系统升级改造，以自主开发为主要手段丰富学习资源，增强学习服务功能。开展新战略在线倡导和"三新业务"培训为主线，深入开展在线培训，累计学习时间 100.2 万小时；组织在线考试 53 场、4.3 万人次。建立了"中信银行微信大学"，搭建了"PC 端（网络学院）＋移动端（微信大学）"的一体化电子学习平台。

兴业银行根据"规划先行、分步实施、小步快走、稳步推进"的思路，公司制订了《新型培训体系建设规划（201～2015 年)》，从打造新项目，寻求新动力入手，从品牌项目、讲师培养、课程开发、电子化系统、全行联动等多个方面持续推进全行新型培训体系的建设工作，丰富员工的学习方式，扩大各类人员培训的覆盖面，提升员工的专业能力和综合素质，服务公司战略发展。

民生银行高度重视员工的培训工作，全行培训以"战略发展、变革创新、转型跨越"为指导思想，以专业化、多元化、国际化团队建设为主线，将员工培训与职业发展相结合，打造全职业生涯学习发展体系。通过学习地图建设，分层、分类为员工定制学习资源，创新培训理念，丰富学习形式，引导专业贡献，推动"培训"向"学习"、"培训"向"培养"的转变，打造学习型组织，构建智慧型银行。2014年，全行共举办各类培训项目2600余个，参训280000余人次，培训时间累计4200000小时，组织7场内部岗位资格考试，累计47000人次参加考试。

光大银行紧密围绕发展战略和年度重点工作，以提升培训实效为目标，按照"1＋4＋1"（1个培训规划、4个培训管理体系和1个工作指引）的模式，开展全行培训管理工作，提升全行培训经费的投入产出率，为员工提供良好的学习环境，为全行业务发展提供坚实能力基础。全年共组织培训3791期次，参训人员226173人次。公司积极开展电子化培训平台建设，开设了"阳光微课堂"微信公共账号，每个工作日持续推出学习内容，方便员工利用碎片化时间学习。不断完善网络远程教育平台建设，全年共制作、购买网络远程教育课程65门，全年访问量58万人次，同比增长36.8%。

### （三）激励措施

#### 1. 高管薪酬激励机制

银行关键管理人员的薪酬福利主要分为两部分：一是薪酬及其他短期职工福利；二是职工退休福利。随着我国商业银行逐步与国际接轨，银行引入跨国公司经营经验，基于高层管理人员给予适当的股权激励等长期激励措施。

根据2014年已经得到的数据显示，中小银行高管薪酬总额普遍高于大型国有商业银行。民生银行和平安银行的高管年薪均超过5000万元，中小银行高管年薪大多高于2000万元，而大型国有商业银行的年薪普遍在2000万元以下，其中仅有中国银行年薪超过2000万元。值得注意的是，2014年超过半数的银行薪酬总额较去年均有所上升，仅有五家银行削减了高管薪酬。在薪酬水平上，无疑中小银行比国有银行更有竞争力，这也成为中小银行吸引高端人才的重要筹码之一。

### 2. 员工薪酬福利机制

对于普通员工，各家银行都十分重视对员工薪酬福利机制的设计，构建合理并让员工满意的薪酬福利机制是各银行人力资源战略的重要组成部分。

中国银行改进薪酬与绩效管理制度，一体化设计机构和员工的考核激励方案，将绩效考核、考核结果运用、人事费用及薪酬分配等机制进行统筹整合，清晰传导集团战略，促进提升内生动力。

民生银行2014年度薪酬政策的主导思想是：紧密围绕全行战略转型要求和业务发展需要，充分发挥薪酬资源对提升战略绩效要求、强化资本约束、优化业务结构、提高银行核心竞争力的导向作用，强化投入产出与价值经营理念。进一步完善薪酬延付机制，健全风险约束机制，充分发挥激励机制在风险管控中的导向作用。同时，积极探索员工持股计划等长期激励工具，促进公司稳健经营和可持续发展。

兴业银行员工薪酬分配遵循"按照岗位价值和贡献分配"的基本理念，其中岗位价值包括技术及管理的难易程度、风险的程度及在银行体系中的贡献度，员工薪酬与其岗位价值和所承担的工作职责相匹配。从事风险和合规管理工作的员工薪酬取决于员工个人能力、履职情况以及团队和个人的绩效考核结果，与其他业务领域的绩效完成情况没有直接关系，确保从事风险和合规管理工作员工的薪酬与其所监督的业务条线绩效相独立，促进稳健经营和可持续发展。

光大银行根据市场竞争的需要，建立了"效率优先、兼顾公平"的统一薪酬体系，员工的薪酬由基本保障工资、岗级工资、绩效工资和福利四部分组成。在兼顾公平的基础上，公司薪酬进一步向经营一线倾斜，以吸引、激励关键和核心人员。

平安银行通过完善的薪酬激励机制，合理设计薪酬结构和水平，逐步建立了"以市场为导向，以岗定薪、以绩效定奖金、以长期业务绩效和银行市场价值定长期激励"的薪酬政策。基于良好的公司治理要求，银行已将风险因素纳入激励机制进行考核评价，通过设立多维度的指标以综合衡量各经营单位的业绩表现，并建立了薪酬资源与考核结果的挂钩联动机制。同时，银行也建立了员工奖金与其个人绩效、部门绩效、组织绩效的联动机制，充分调动机构与员工的积极性。

# 六、产品与服务

## （一）创新能力

在中国经济新常态的背景下，银行业产品与服务的创新对于银行运营和业务突破都有重要影响；同时，银行产品与服务的研发速度、推广效率以及市场反应都会影响银行的盈利水平。

工商银行完善产品创新工作机制和方法，实施产品全生命周期管理，提升客户金融服务水平。推出个人客户大额存单产品，丰富客户投资理财方式。推进跨境金融创新，投产工银速汇澳元、加元产品，丰富面向上海自贸区客户的产品和服务。拓展产品创新外延，举办第五届"工商银行杯"全国大学生银行产品创意设计大赛。在《银行家》主办的金融创新评奖中，被评为最佳金融创新银行。

建设银行继续以建设"创新型银行"为目标，坚持从客户、市场、技术、全球化、监管等维度进行创新驱动，初步建立了流程顺畅、协作高效、有机融合的产品创新体系。在对公业务领域，推出"一带一路"、京津冀协同发展等多项金融服务方案；推出财政国库集中支付电子化平台，提升了客户体验；研发推出养颐系列四项养老金新产品，丰富了养老金产品体系。在零售及电子银行业务领域，推出个人金融

IC卡"芯支付",打通了IC卡在线自助服务渠道;推出龙卡热购信用卡等,有效满足客户的差异化需求;开展移动金融创新,实现电子填单应用等新功能。在投资与金融市场业务领域,推出实物贵金属对公销售、第三方担保债券、地方国企超短期融资券、供应链金融理财等创新产品。

中国银行以互联网模式推进业务创新与转型,努力为客户提供普惠、高效、便捷、安全的线上金融服务。强化网络支付创新,行业首发"一体化电子保函通关"业务,提高企业通关效率;全新推出B2B"一点接入"跨行支付服务,企业接入成本降低。创新网络融资模式,推广网络通宝服务,并运用大数据分析技术,为小微客户提供快捷、高效的线上循环信用贷款,降低小微企业融资成本,2014年,网络通宝发放贷款1772.93亿元。跨境服务体系进一步完善,为跨境电商客户提供本外币支付结算服务,并面向跨境个人客户推出一站式的在线出国金融服务。优化网络理财业务,构建开放式的在线金融超市,试点开展"养老宝"网络余额理财服务。

光大银行坚持创新驱动,不断完善创新机制体制,培育新的增长点。对公业务完成"增利易"和"单位结算卡"产品研发,配合海关总署完成京津冀一体化通关业务系统改造,成为首批银行保函区域通用合作银行;零售业务创新发行了首只量化对冲组合理财产品;电子银行推出"云缴费"优势品牌并与知名互联网企业开展跨界合作;持续推动投行、资管、托管、信用卡等战略性业务创新,提高结算类、代理类、交易类等中间业务收入贡献。

广发银行全面开展网络金融创新业务布局,初步建成网络金融创新业务基础架构。报告期内推出"月光宝盒"、95508金融网销平台等创新产品,搭建起电子账户、跨行支付通道、备付金、网络投融资平台等基础服务体系,夯实网络金融业务基础。"月光宝盒"是业内首款"梦想笃行"类金融APP,是针对互联网客户设计的特色存钱应用,通过存钱心愿单、取款游戏、监督人批准、朋友圈分享等有趣功能，让客户在娱乐中体验创新金融服务乐趣，自2014年9月发布后广受市场欢迎，4个月发展注册用户3.15万名。

民生银行抓住互联网金融需求大释放、大爆发的良好机遇，加大网络金融投入和建设，重点围绕手机银行、直销银行、微信银行、线上支付开展产品和服务创新，持续提升客户体验，赢得了客户的支持和信赖，市场份额快速攀升。推出自助注册客户小额支付、小微客户在线贷款和续授信、信用卡在线申请和实时购汇等众多特色功能；广泛挖掘区域客户需求，新推广州公益捐款、南京青年志愿者卡、西安公积金查询等特色服务，服务水平显著提高。

平安银行不断改造优化小企业网上银行、手机银行、电话银行、微信银行、短信、官网等渠道，实现贷贷平安多渠道查询、提款、还款、定向支付等功能。启动无形商圈和链式贷贷平安项目，与数十家全国领先的电商平台企业合作，向小企业客户提供更便捷的协同服务；依托橙e平台建立具有小企业特色的线上化业务模式，利用移动收款、生意管家等产品，进一步丰富对小企业及贷贷平安客户的综合金融服务。

兴业银行作为国内首批试点银行发行优先股，为银行业务发展提供长远支持。公司面对互联网金融浪潮的冲击，顺势而为，主动出击，推出"钱大掌柜"、直销银行等一系列产品，市场反响较好。在相关细分市场形成较强的竞争力，积累了良好的市场口碑。

浦发银行全面构建"三宝两通"小微客户批量开发模式。以"有资产、有流水、有信用、有伙伴"为核心，辅以其他增值服务，构建起涵盖多个产品的小微特色产品系列。积极深化与中国移动合作内涵，创新推出面向中国移动供应链的"和利贷"小微金融方案。推出"科技小巨人"特色服务体系，打造总分支行一体的服务网络，为科技型企业提供跨领域、一站式的金融服务。

## （二）品牌管理

对于商业银行而言，品牌就是一种竞争优势，是依托知识和能力的创造性优势，而金融业品牌主要以服务为主来支撑，只有在服务上有个性，才能有品牌的记忆。在竞争日益激烈的今天，各家银行依托自身优势和市场细分特色，不断推出有自身特色的产品和服务，为了更好地提升品牌声誉，增加市场影响力。

2014 年，各家银行在继续发展和推广原有的特色服务产品的同时，又结合客户需求和互联网金融兴起的新形势创新推出新产品，力争扩大品牌优势，加深品牌影响。工商银行继续保持世界领先大银行地位，持续努力和稳健发展，利用自身优质客户基础、多元业务结构、强劲的创新能力和市场竞争力，拓展海外业务跨六大洲，境外网络扩展至41 个国家和地区，形成了以商业银行为主体，综合化、国际化的经营格局，保持业内领先地位。积极把握居民消费升级和需求多元化、市场主体投资领域放宽、企业并购加速等机遇，努力把大零售、大资管、大投行等业务打造成盈利增长的新引擎。借力互联网金融的发展，推出电子商务平台"融 e 购"，年交易额跻身国内电商前列，"工银 e 支付"每秒钟并发交易处理能力业内第一，新发展的基于居民线上线下消费的小额消费贷款"逸贷"和契合小微企业融资需求的"网贷通"成为国内单体金额最大的网络融资产品，在互联网刻下鲜明的"e – ICBC"印记，发扬普惠金融。

光大银行在信用卡业务方面，积极探索基于互联网的 O2O 客户引入与产品营销模式，首创互动单式营销平台，推出的天天富联名卡、阳光致尚存贷合一卡、Visa 境外优卡等产品发展迅速。致力于将电子银行业务打造成重要的产品交付平台、交易支付平台和客户拓展平台，全新推出的"光大云缴费"品牌建设成为中国最大的开放式网络缴费平台，电子银行品牌知名度和市场影响力持续提升。

广发银行继续践行"最高效中小企业银行"战略目标，持续深化小企业金融业务改革，充分发挥"小企业金融中心"服务优势，在35家分行设立220家"小企业金融中心"，实现境内分行全覆盖。积极开展与交易平台、政府机构、保险公司等战略伙伴的合作，努力解决小微企业金融服务中信息不对称难题，并根据企业特点量身定制批量化方案及产品专案。截至2014年底，小微贷款余额为1765.87亿元，较年初新增398.08亿元，增幅29.10%，超同期全行贷款增速。大力打造以捷算通卡为载体的小企业金融综合服务平台，积极开展支付结算、理财、融资、增值服务等配套系统建设，开展捷算通卡资金归集、联名卡业务，提升产品竞争力和市场影响力。2014年末，捷算通卡累计开卡量超过4万张，带动卡内关联账户日均存款快速增长，产品功能和品牌形象处于业内前列。

建设银行的造价咨询业务是其独具特色和品牌优势的中间业务产品，伴随其长期从事固定资产投资和代理财政职能而衍生和发展形成，至今已有60年历史。拥有36家一级分行，具有住房和城乡建设部颁发的工程造价咨询甲级资质，223家二级分行设有专营机构，通过强化基础管理、健全专营机构、创新业务产品等措施，实现造价咨询业务稳步增长，行业地位和品牌形象不断提升。2014年实现造价咨询业务收入93.18亿元。同时，养老金业务发展良好，创新推出"养颐无忧"补充医疗计划产品、"养颐安康"城镇化农民养老保障计划、"养颐乐家"住房补贴计划和"养颐普惠"员工持股计划四项养老金新产品服务方案，进一步丰富了以"养颐"为主品牌的养老金融产品体系，实现了对补充医疗、新型城镇化等多个养老保障和福利计划细分市场的有效延伸。2014年末，运营养老金受托资产553.23亿元，新增188.32亿元，增幅51.61%；运营养老金托管资产1347.76亿元，新增504.78亿元，增幅59.88%；运营养老金个人账户384.19万户，新增62.34万户，增幅19.37%。

农业银行准确把握"新（三农）"、"大（三农）"的内涵，重点服务农业现代化和新型城镇化。一是大力支持农业产业化龙头企业和新型农业经营主体，提升对农村规模化客户的服务水平。二是大力支持高标准农田改造和国家重点农田水利项目建设，增强对农村基础设施建设的服务能力。三是大力支持新型城镇化，构建融资与融智相结合的城镇化服务模式。四是大力发展普惠金融，结合新技术手段的运用，持续提升农村金融服务效率和效益。始终将服务"三农"和县域作为战略重点，强化服务模式创新和资源投入保障，重点支持新型农业经营主体、农业产业化龙头企业以及新型城镇化建设，新增县域贷款3036.12 亿元。同时，为农民进城安居提供住房贷款支持，全年共发放农户住房按揭贷款904 亿元。

民生银行的贸易金融事业部继续贯彻"走专业化道路、做特色贸易金融"的经营思路，运用"商行 + 投行"的理念，将融资与融智、融资源相结合，通过特色经营和产品创新拓宽业务发展空间，巩固了以世界 500 强企业和国内龙头民营企业为战略客户、以中型民营企业为基础的稳定的客户群，致力于打造特色贸易金融服务品牌。

中国银行利用自身国际化特点，有效整合集团优质经营资源和服务网络，鼎力支持"沪港通"顺利推进，为中国内地和香港地区跨境投资者提供更加丰富的多元化投资选择，也为其继续发挥跨境联动优势、提供跨境金融服务、推广跨境服务品牌争取了难得的机遇。被中国证券登记结算有限责任公司指定中银香港作为中国证券登记结算有限责任公司在香港结算的开户银行，办理相关结算及换汇业务，成为沪股通独家结算银行，由中银香港和该行上海市分行分别担任香港和内地结算银行。2014 年 11 月 17 日，沪港通业务正式开通，沪港两地资本市场成功联通，为中国资本市场对外开放及人民币国际化翻开重要一页。截至 2014 年末，累计办理沪港通资金清算 737 亿元，占沪港通资金清算总量约 93%。

表3－9 全国性商业银行中国金融创新奖的获奖产品

| 单位名称 | 案例名称 |
| --- | --- |
| 平安银行 | 橙e平台、平安口袋银行、平安橙子 |
| 中国银行 | 跨境人民币境外借款产品 |
| 交通银行 | 智慧汽车金融 |
| 中国工商银行 | 票聚通、人民币结算商品交易、个人资产综合服务业务、人脉挖宝、对公代客交易网上银行 |
| 上海浦东发展银行 | "和利贷"中国移动上游供应商专属服务、私人银行专属投资账户服务、网贷通 |
| 中国建设银行 | 助保贷、快贷、e单通 |
| 招商银行 | 零售柜面无纸化流程改造项目、手机银行 |
| 中信银行 | 菁英卡、房抵贷 |
| 华夏银行 | 京津冀协同卡 |
| 中国民生银行 | 小微宝、直销银行 |
| 中国农业银行 | 惠农理财产品、个人网上贷款平台 |
| 光大银行 | 中小微企业财税政策支持融资 |
| 广发银行 | 月光宝盒 |
| 兴业银行 | 钱大掌柜 |

资料来源：《银行家》研究中心。

# 七、市场影响力

## （一）规模分析

### 1. 资产规模

工商银行的资产规模处于首位，为20.61万亿元，建设银行（16.74万亿元）、农业银行（15.97万亿元）、中国银行（15.25万亿元）位列第二、第三、第四名，四家大型银行在资产规模上形成中国银行业的第一梯队。交通银行以6.27亿元位列第五，其他银行中资产超过 4 万亿元的银行共计 6 家，分别是招商银行（4.73 万亿元）、兴业银行（4.41 万亿元）、浦发银行（4.20 万亿元）、中信银行（4.14 万亿元）、民生银行（4.02 万亿元）和平安银行（4.01 万亿元），3 家银行资产超过 1.5 万亿元，分别是光大银行（2.74 万亿元）、华夏银行（1.85 万亿元）和广发银行（1.65 万亿元），如图 3 – 11 所示。

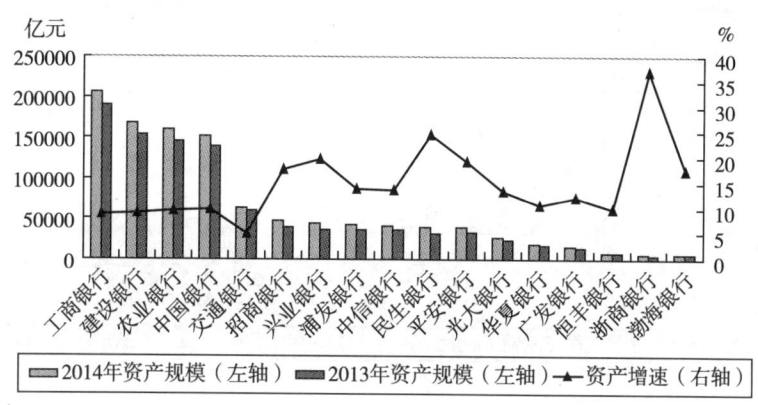

资料来源：各银行 2014 年年报。

**图 3 – 11  全国性银行资产规模及增速**

资产增速方面，除交通银行资产增速为 5.16% 较低外，其他四家大型银行都接近或超过 9%。其他股份制银行则表现出强劲的增长势头，浙商银行最高，为 37%，其次是民生银行（24.45%）、兴业银行（19.79%），民生银行相较去年 0.44% 的增长，有着令人惊喜的变化。

### 2. 存款规模

截至 2014 年末，全国金融机构人民币各项存款余额为 113.9 万亿元，同比增长 9.1%，增速下降，比上年末低 4.7 个百分点。工商银行存款规模排名第一，为 15.56 万亿元，占金融机构存款总额的 13.25%，建设银行、农业银行和中国银行存款总额分别为 12.90 万亿元、12.53 万亿元和 10.89 万亿元，在金融机构存款总额中占比均在 10% 左右。交通银行存款规模为 4.03 万亿元，领先于其他股份制银

行，占金融机构存款总额的 3.43% ，其余各家商业银行存款占比均低
于3% 。存款规模超过 2 万亿元的为招商银行（3.30 万亿元）、中信银
行（2.85 万亿元）、民生银行（2.43 万亿元）、浦发银行（2.72 万亿
元）和兴业银行（2.27 万亿元），如图 3－12 所示。

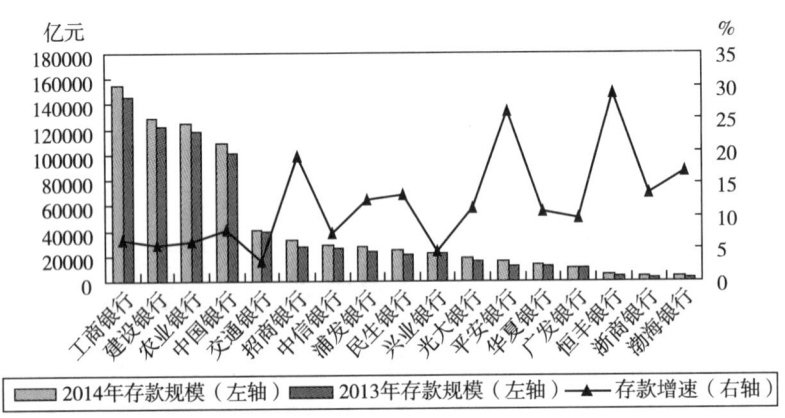

资料来源：各银行 2014 年年报。

**图 3－12　全国性银行存款规模及增速**

存款增速方面，建设银行和交通银行的增速较缓，分别为 5.53%

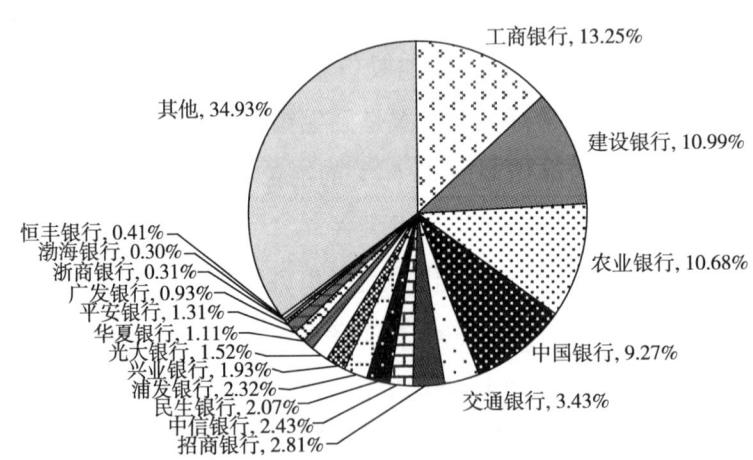

资料来源：各银行 2014 年年报，2014 年第四季度中国货币政策执行报告。

**图 3－13　全国性银行存款份额**

和 3.08%，工商银行和中国银行增速相对较快，分别为 6.4% 和 7.8%。其余股份制商业银行的增速除中信银行、兴业银行和广发银行外，都保持在 10% 以上，其中恒丰银行、平安银行和招商银行的增速显眼，达 28.75%、25.98% 和 19.07%，但是相较去年，增速均下降较多。

公司存款规模方面，工商银行（8.04 万亿元）、建设银行（6.62 万亿元）、农业银行（4.44 万亿元）、中国银行（5.91 万亿元）四大行的公司存款规模分列前四，均超过了 4 万亿元，其中工商银行依然保持绝对领先。交通银行以 2.68 万亿元居于第五位。股份制商业银行中，中信银行公司存款规模最大，为 2.34 万亿元，超过工商银行的四分之一；增速方面，招商银行、平安银行和恒丰银行都保持了 20% 以上的增速，分别为 22.38%、27.36% 和 20.66%，增速较缓的为兴业银行，仅为 6.61%，如图 3 - 14 所示。

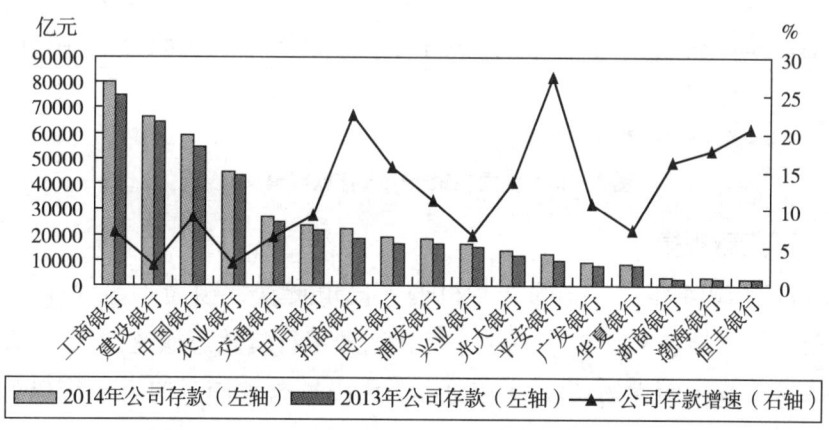

资料来源：各银行 2014 年年报。

**图 3 - 14    全国性银行公司存款规模及增速**

个人存款规模方面，2014 年股份制商业银行与五大银行之间差距明显，五大银行在个人储蓄方面凭借其规模优势维持着巨大的影响力，分别为工商银行（7.19 万亿元）、建设银行（5.88 万亿元）、农业银行

（4.72 万亿元）、中国银行（4.64 万亿元）和交通银行（1.30 万亿
元）。全国性股份制商业银行中规模最大的为招商银行（1.09 亿元），
相对于其他同性质银行有一定优势。受经济下行影响，存款增速并不
亮眼，增速最高的为恒丰银行、平安银行和华夏银行均未超过 20%，
分别为 19.85%、19.41% 和 14.17%，中信银行和浙商银行甚至出现了
负增长，为 -0.12% 和 -1.58%，如图 3-15 所示。

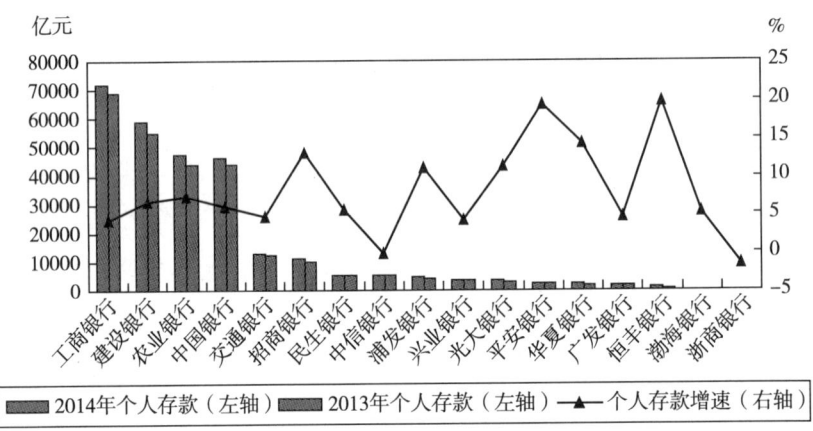

资料来源：各银行 2014 年年报。

**图 3-15　全国性银行个人存款规模及增速**

### 3. 贷款规模

截至 2014 年底，全国金融机构人民币贷款金额为 81.7 万亿元人
民币，同比增长 13.6%。其中全国性商业银行贷款总额达到 55.4 万亿
元，占金融机构贷款总额的 67.8%。规模排名方面，四大银行仍处前
四的位置，相应规模分别为工商银行（11.03 万亿元）、建设银行
（9.47 万亿元）、中国银行（8.48 万亿元）、农业银行（8.10 万亿元），
分别占全国性金融机构人民币贷款金额的 12.70%、10.92%、9.77%、
9.33%。交通银行以 3.43 万亿元的规模排名第五。股份制商业银行中
贷款规模超过 1 万亿元人民币的银行共计 7 家，分别为招商银行
（2.51 万亿元）、中信银行（2.19 万亿元）、浦发银行（2.03 万亿元）、

民生银行（1.81 万亿元）、兴业银行（1.59 万亿元）、光大银行（1.30 万亿元）和平安银行（1.02 万亿元），如图 3 - 16 所示。

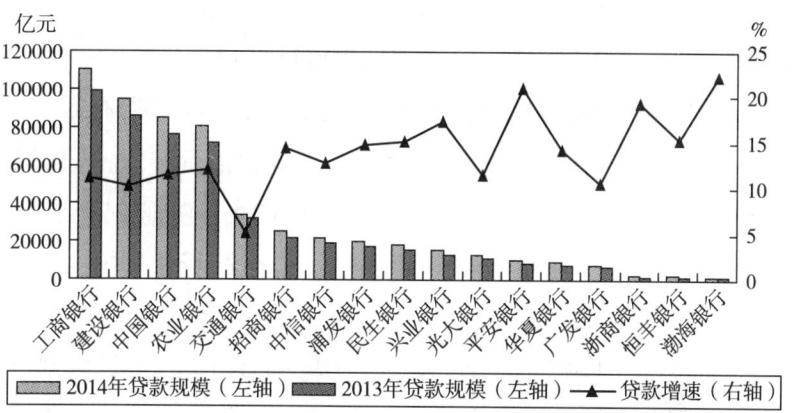

资料来源：各银行 2014 年年报。

**图 3 - 16 全国性银行贷款规模及增速**

贷款增速方面，农业银行以 12.09% 的表现在四大银行中排名第一，工商银行、中国银行和建设银行的增速分别为 11.13%、11.51%、10.3%，均较去年有所下降。交通银行增速仅为 5.06%。全国性股份

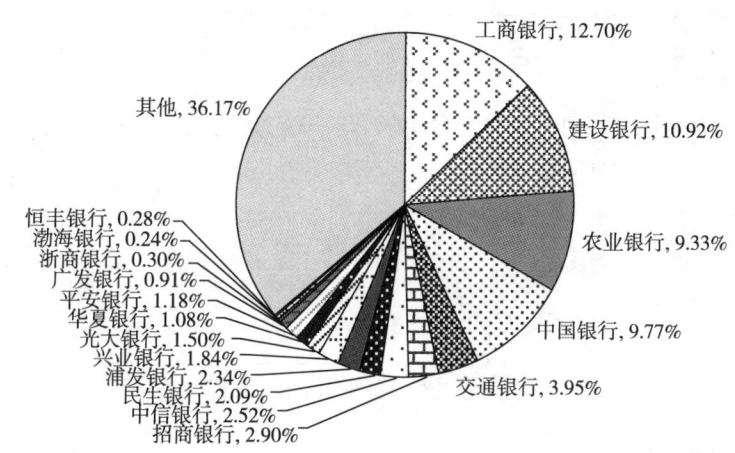

资料来源：各银行 2014 年年报，2014 年第四季度中国货币政策执行报告。

**图 3 - 17 金融机构贷款份额**

制商业银行的增速普遍较快，除广发银行为10.67%外，其余增速也都超过10%，其中增速超过15%的该类银行共计6家，分别为浙商银行（19.29%）、恒丰银行（15.28%）、渤海银行（22.31%）、平安银行（20.94%）、兴业银行（17.4%）、民生银行（15.14%）。

公司类贷款方面，工商银行以7.61万亿元领先于所有银行，而中国银行以6.05万亿元的规模居于第二名，建设银行和农业银行分别以5.76万亿元和5.15万亿元居于第三名和第四名。交通银行以2.56万亿元居于第五名。全国性股份制商业银行公司类贷款规模突破万亿元的共计5家，分别为中信银行（1.56万亿元）、浦发银行（1.51万亿元）、招商银行（1.47万亿元）、兴业银行（1.18万亿元）和民生银行（1.16万亿元）。

增速方面，大部分银行保持在10%以下，增速超过15%的银行有4家，分别为兴业银行（19.31%）、民生银行（19.54%）、渤海银行（19.38%）和平安银行（22.64%），广发银行出现了负增长，为−1.32%，如图3−18所示。

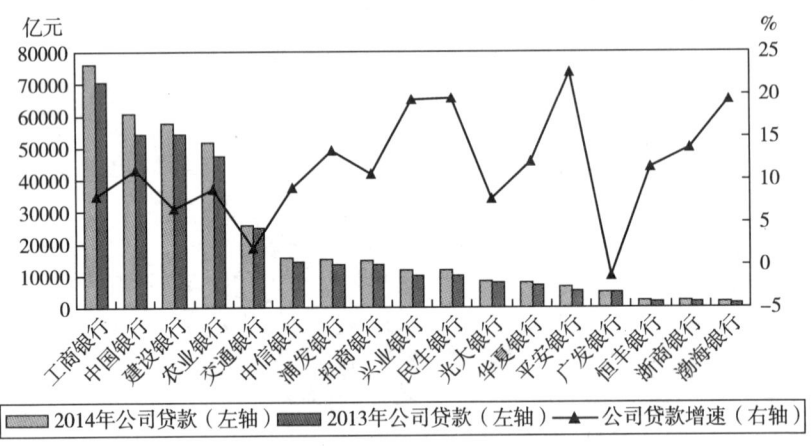

资料来源：各银行2014年年报。

**图3−18　全国性银行公司类贷款规模及增速**

个人贷款规模方面，四大银行仍具有明显优势，分别为工商银行（3.06 万亿元）、建设银行（2.88 万亿元）、中国银行（2.44 万亿元）和农业银行（2.40 万亿元），并且于 2014 年依旧保持了规模在 1 万亿元以上的银行仅此 4 家的格局。规模超过 5 千亿元的银行共计 4 家，为招商银行（0.97 万亿元）、交通银行（0.87 万亿元）、民生银行（0.65 万亿元）、中信银行（0.55 万亿元）。增速方面，高于 20% 的股份制商业银行有 6 家，分别为恒丰银行（52.69%）、广发银行（32.77%）、中信银行（25.88%）、华夏银行（22.41%）、浙商银行（21.29%）和招商银行（21.38%），其余该性质银行增速均低于20%，如图 3 - 19 所示。

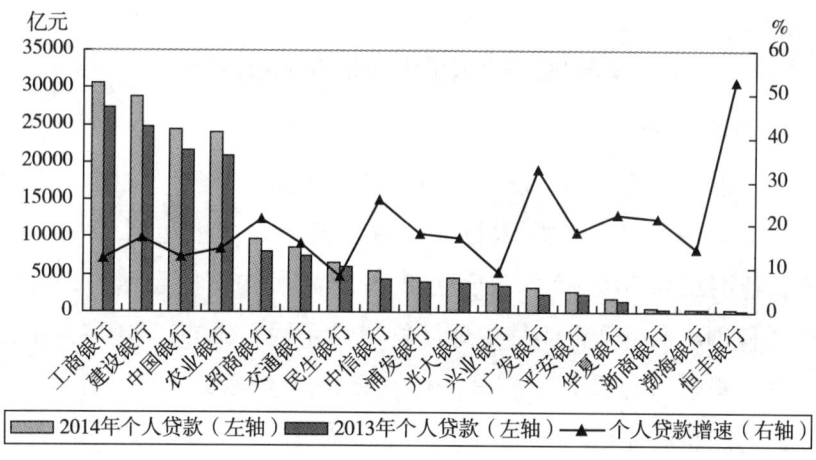

资料来源：各银行 2014 年年报。

图 3 - 19　全国性银行个人贷款规模及增速

票据贴现方面，2014 年五大银行的票据贴现表现良好，规模分别为工商银行（3503 亿元）、中国银行（2255 亿元）、建设银行（1689亿元）、农业银行（1573 亿元）、交通银行（1113 亿元）。其他银行的票据贴现规模均在 1000 亿元以下，规模超过 400 亿元的银行共三家，分别为招商银行（750 亿元）、中信银行（680 亿元）、浦发银行（438

亿元），其他股份制商业银行的票据贴现规模均未超过 300 亿元，如图 3 - 20 所示。

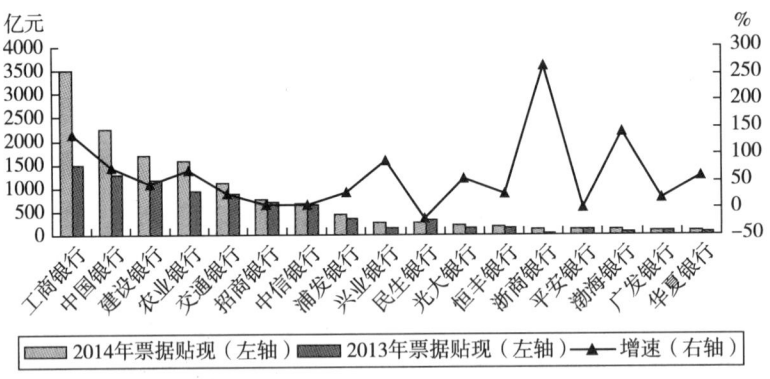

资料来源：各银行 2014 年年报。

图 3 - 20　全国性银行票据贴现规模及增速

## 4. 网点情况

随着银行服务的不断改进，网点数量增加，服务功能也越来越齐全。截至 2014 年末，中国银行业金融机构网点总数达到 21.71 万个，新增营业网点 6800 多个，在全国 49 个金融机构空白乡镇、2308 个城镇社区和 318 个小微企业集中地区均增设了银行网点，50 多万个行政村实现了基础金融服务全覆盖，有效形成覆盖城乡、服务多元、方便快捷的网点布局体系。

网点建设方面，各银行纷纷将科技运用到网点服务中，比如工商银行使用现阶段最尖端的科技技术，打造线上线下一体的"智能网点"旗舰店，为客户带来智能化、综合化、便利化及人性化的科技服务；农业银行推出"超级柜台"，客户可自主办理 50 多项业务，为客户提供一站式金融服务，业务处理速度提高 4 ~ 7 倍；中国银行成立"对台金融服务中心"，方便两岸互通互融，为台资企业客户提供便利；建设银行开发"客户驱动型交易流程"，增强业务流程互动性，提高交易过程透明度；交通银行创新推出"全时段吞卡取回"服务，自助服务效能提升解决客户后顾之忧；中信银行推出"薪金煲"，实现了随时理财、随时支付的全新体验；中国光大银行搭建"云缴费"平台，与 300 余家机构合作实现足不出户轻松缴费；华夏银行推出"京津冀协同卡"，有效推进北京、天津、石家庄三地资源共享、功能互补、协同发展；广发银行针对年轻人客户研发"月光宝盒"，通过玩游戏等多个功能帮助客户存钱；招商银行创新推出移动金融产品"一闪通"，为客户带来移动金融新体验；浦发银行的"微信客户"开拓了客户服务的新途径；兴业银行率先研发并推出国内首台"盲人 ATM"，可通过插入耳机进入语音导航系统进行取款，为视力障碍人士提供了便利；民生银行打造"玉出云南"金融服务流程，专门服务珠宝特色业务；恒丰银行推出"一贯"直销投资服务平台，投资过程和投资收益随时可查。

在网点数量方面，四大银行有着绝对优势，组织结构也相当复杂，总行——二级分行——二级支行和营业部的组织结构加上广泛分布于乡镇一级的微型网点相对于股份制商业银行有着不可比拟的优势。农业银行以 23612 个网点居于首位，截至 2014 年末，全行完成标准化建设的网点占比达到 85.2%，较上年末提高 5 个百分点，并对网点开展整理、整顿、清扫、清洁、素养、安全"6S"标准化管理，改善网点服务环境，提高服务效率，提升员工士气，实现员工体验和客户体验双提升。工商银行以 17122 家网点数排在第二位，接着是建设银行（14856 家）和中国银行（10693 家）。但需要注意的是，中国银行目前仍是我国唯一一家入选全球系统重要性的银行，其优势在于规模较为庞大的海外机构和国际业务，因此其在国际市场上的影响力不能仅凭网点数量进行比较。交通银行网点数量达到 2785 家，与四大银行有明显差距，但是大大领先于其他股份制商业银行。民生银行继续推进小区战略金融服务，投入运营的社区网点（含全功能自助银行）达 4902 家。其他全国性股份商业银行中网点超过 1000 家的银行共计 4 家，分

别是兴业银行（1435 家）、招商银行（1422 家）、浦发银行（1295
家）、中信银行（1231 家），如图 3 – 21 所示。

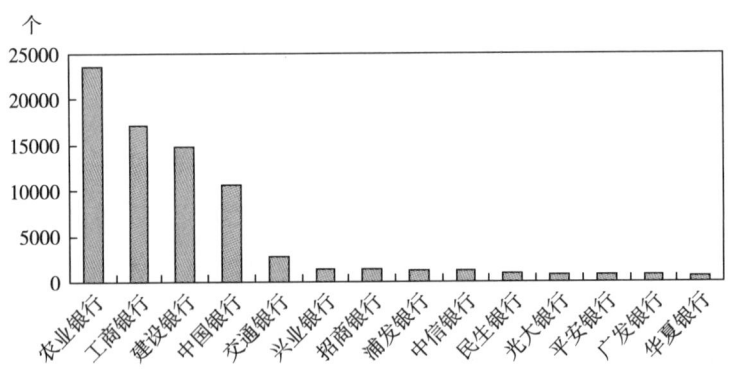

资料来源：各银行 2014 年年报。

**图 3 – 21　全国性银行网点数量**

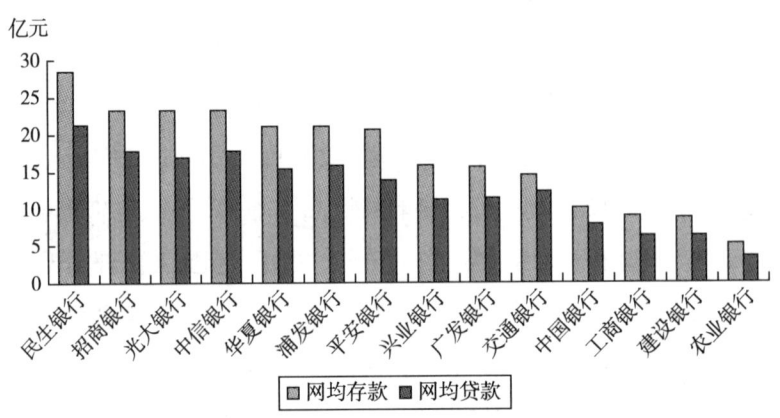

资料来源：各银行 2014 年年报。

**图 3 – 22　全国性银行网均存贷款量**

## （二）战略性业务

### 1. 电子银行业务

近几年随着科技的发展，银行的电子银行业务丰富多样，创新不断，不仅方便了客户，提升用户体验，更是提高了银行业务效率，大大节约成本。各银行从开发多种移动银行形式、创新网上银行产品、提高支付安全性等方面扩大客户群。目前，电子银行业务既有传统的手机银行、网上银行、电话银行以及自助银行，又有新推出的微信银行、直销银行、移动支付平台服务窗等新形式。

农行互联网技术创新趋势，在渠道协同领域加大创新，进一步完善功能齐全的网上银行、电话银行、掌上银行、自助银行等多元化电子渠道。建立网上客服、微博客服、微信客服等多渠道的客户服务体系，推进客服中心精细化管理，着力提升客户服务水平。推出跨行资金归集、结售汇等增值服务，加大融资和理财产品的供给，利用客户互动、交易互动、服务互动提高客户的参与热情。民生银行重点围绕手机银行、直销银行、微信银行、线上支付开展产品和服务创新，进一步创新手机银行。推出自助注册客户小额支付、小微客户在线贷款和续授信、信用卡在线申请和实时购汇等众多特色功能；广泛挖掘区域客户需求，新推广州公益捐款、南京青年志愿者卡、西安公积金查询等，手机银行区域特色服务水平领先同业。截至2014年底，手机银行客户总数达1302.12万户，较上年末新增747.60万户；交易笔数1.82亿笔，较上年同期增长203.51%，客户交易活跃度远超同业平均水平。其于2014年2月28日正式推出直销银行，秉承"简单的银行"服务理念，围绕互联网用户需求和习惯，开展平台建设和产品服务创新，打造专属网站、手机APP、微信银行及10100123客服热线，为客户提供纯线上互联网金融服务，大力创新微信银行，专注微信7×24小时用户互动服务，在线实时解答客户咨询，协助指导客户办理和使用各种业务，微信银行用户数达到218.11万户，跃居同业前列，成为微信中有影响力的大号，有力支撑了产品宣传和业务营销。交通银行全面推广智慧网盾，提升交易安全性。保持移动金融优势，全面完成第二代手机银行建设，开通微信银行、易信银行和支付宝钱包公众号，为客户提供便捷服务。工商银行进一步丰富网上银行产品体系，推出个人网银简约版、电子彩票、对公 B2B 结算支持电子票据等创新产品，巩固网上银行核心竞争优势。

电子银行柜台渠道替代率体现了电子银行的建设情况和应用程度。根据 2014 年各银行年报统计，民生银行的电子银行柜台渠道替代率居首位，为 96.49%。招商银行、广发银行以 95.38% 和 94.54% 的替代率排列第二、第三位。表 3 - 10 为部分银行的渠道替代率情况。

表 3 - 10　　　　　全国性银行电子银行柜台渠道替代率　　　　　单位：%

| 银行名称 | 电子银行柜台渠道替代率 |
|---|---|
| 民生银行 | 96.49 |
| 招商银行 | 95.38 |
| 广发银行 | 94.54 |
| 浙商银行 | 93.50 |
| 中信银行 | 93.16 |
| 农业银行 | 89.60 |
| 建设银行 | 88.03 |
| 工商银行 | 86 |
| 兴业银行 | 85.56 |
| 浦发银行 | 85 |
| 中国银行 | 84.70 |
| 交通银行 | 83.13 |

资料来源：各银行 2014 年年报。

### 2. 个人理财

理财产品的发展是银行从以产品为导向转变为以客户为导向的重要实践，当前更是面临多种金融机构的激烈竞争，需要在平衡风险的基础上继续推进。同时，随着经济的发展，越来越多的用户倾向于选择风险较低的理财产品来对抗通胀压力，获取一定的收益，各银行也越来越重视理财产品的开发和创新。招商银行致力于推动理财业务转型，严格按照中国银监会"非标准化债权资产"的限额要求进行投资，持续满足监管要求，并积极发展净值型产品和结构化产品，净值型和结构化产品运作资金余额的比重为29.85%。民生银行全力打造"非凡资产管理"品牌创新推出保本型理财，并与其小区金融业务相结合，推出小区专属理财产品，开展信用卡进社区的专项营销，在移动运营的支持下，小区居住地成为重要的获客来源。

从2014年各家银行已公布的数据来看，工商银行的理财产品续存规模以1.98万亿元居于首位，仍然是境内最大的资产管理银行。农业银行和建设银行以1.16万亿元和1.15万亿元的续存规模排在第二、第三位。理财产品余额超过5千亿元的银行有6家，分别是招商银行（9081亿元）、浦发银行（9000亿元）、光大银行（8351亿元）、中国银行（7200亿元）和中信银行（5830亿元），如图3-23所示。

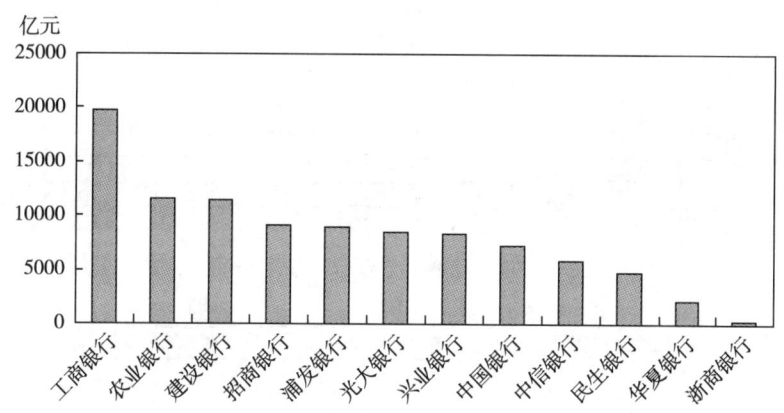

资料来源：各银行2014年年报。

**图3-23　全国性银行理财产品续存规模**

### 3. 国际结算

国际结算业务对于整个银行业务来说，风险小、成本低、利润高、含技术量成分高。从整体上来看，国际结算业务领域从业人员和所占信贷规模比例并不高，但是所占的利润却要占银行净收入相当大的份额。近年来我国银行业大力发展中间业务，拓展收入来源，国际结算自然得到了高度重视。

国际结算业务是中国银行的传统优势，2014年完成国际结算业务量3.92万亿美元，增长率为14.79%，保持全球领先。工商银行国际结算业务量仅次于中国银行，在近几年实现了该业务的快速增长，达到2.7万亿美元，增长率为16.7%。建设银行和农业银行以118万亿美元和0.902万亿美元的业务量排名第三和第四。相比之下，其他银行的国际结算业务量较小，但是增速很高，发展空间相当大。交通银行（0.6万亿美元）、招商银行（0.54万亿美元）、浦发银行（0.398万亿美元）增速均在30%左右，浙商银行国际业务量增速高达49.16%，当然这也与它自身业务量基础较小有关，如图3-24所示。

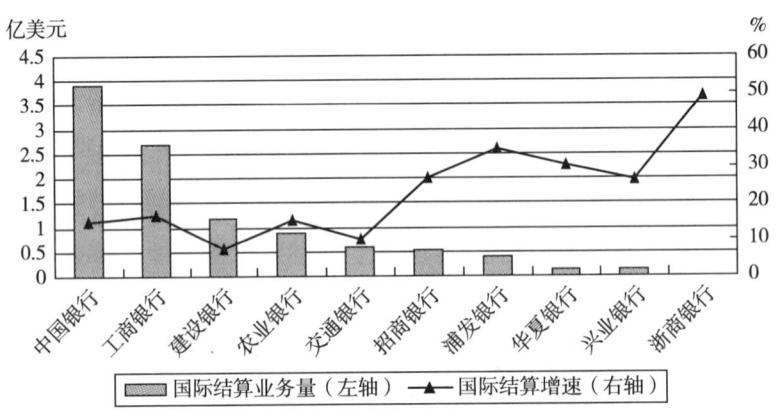

资料来源：各银行2014年年报。

**图3-24　全国性银行国际结算业务量及增速**

### 4. 基金托管

基金托管业务作为商业银行一项重要的中间业务，有着广阔的发展前景，但由于准入门槛较高，使得业内竞争明显不足，服务水平与国际有相当大的差距。随着我国经济结构调整升级、资本市场快速发展、大资管时代创新以及互联网金融大发展的多重机遇，银行越来越重视托管业务这一平台，各银行纷纷大力整合自身行内资源，搭建外部合作平台，积极推进交叉营销，以实现资产托管业务跨越式发展，全面打造包括保险、基金、信托、租赁、投行和期货等在内的综合服务平台，不断提高经营管理的综合性、多功能、集约化水平。

在总托管规模方面，按照证券投资基金托管、基金和证券资产管理托管、银行理财托管、信托财产托管、股权投资基金、保险资金托管、养老金托管、企业年金托管以及 QDII、QFII 托管等总合计排序，工商银行以 58288 亿元的第总托管规模居于首位，中国银行（53210 亿元）和农业银行（49640 亿元）排在第二、第三位，兴业银行表现优秀，以 47260 亿元排在第四位，超过了建设银行（43725 亿元），如图 3－25 所示。

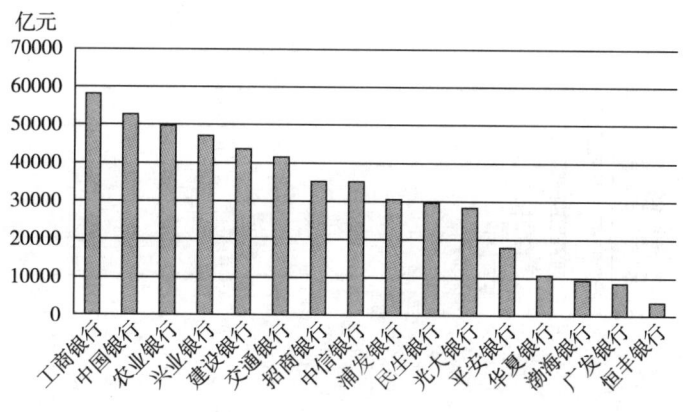

**图 3－25　全国性银行托管规模**

工商银行稳固业内第一托管大行领先地位的同时，积极营销。成功托管首只混合所有制改革类基金、首只并购重组概念基金、首只以沪港通方式投资香港市场基金等，积极拓展新兴托管业务市场，企业年金托管同业第一。建设银行表现突出，其投资托管业务规模增幅达 38.06%，新增证券投资基金托管只数和首发份额市场领先。招商银行深入推进托管产品创新、系统研发及流程优化等工作管理措施，推出国内首家全功能网上托管银行，强化托管业务营销力度，托管资产规模、收入均创历史新高。

2014年，各家银行都在不断扩大基金托管、保险托管等业务规模。在证券投资基金托管方面，中国工商银行、中国农业银行、中国建设银行、中国银行和交通银行都是最早获得基金托管理业务的银行，它们在市场中占主导地位。在中小银行中，招商银行和兴业银行有着明显的实力，占据了3.11%和2.76%的市场份额。根据统计，截至2014年底，工商银行开放式和封闭式基金托管总份额达1.1万亿元，市场占比超过1/4，为25.32%，其后是建设银行（9490.99亿元）和中信银行（6551.79亿元），中国银行和农业银行表现一般，分别为4451亿元和3691亿元，如图3-26、图3-27所示。

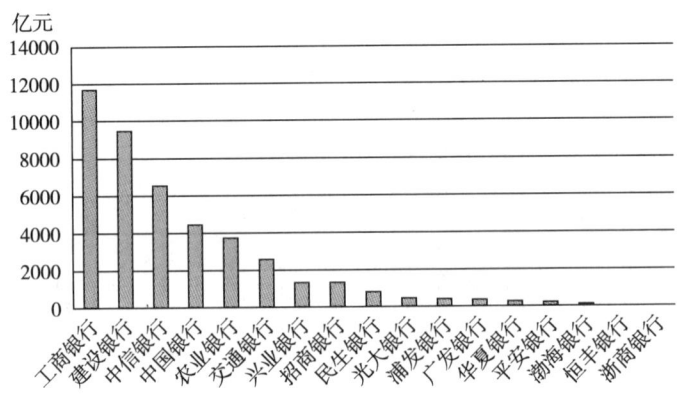

**图3-26 全国性银行证券投资基金托管规模（开放式+封闭式）**

在托管费总收入方面，托管规模最大的工商银行以57.79亿元的收入排名第一，农业银行以42.13亿元排名第二，接下来是中国银行（33.47亿元）、建设银行（31.11亿元）和交通银行（30.48亿元）占据前五名的位置。兴业银行虽然托管规模很大，但是收入状况并不理

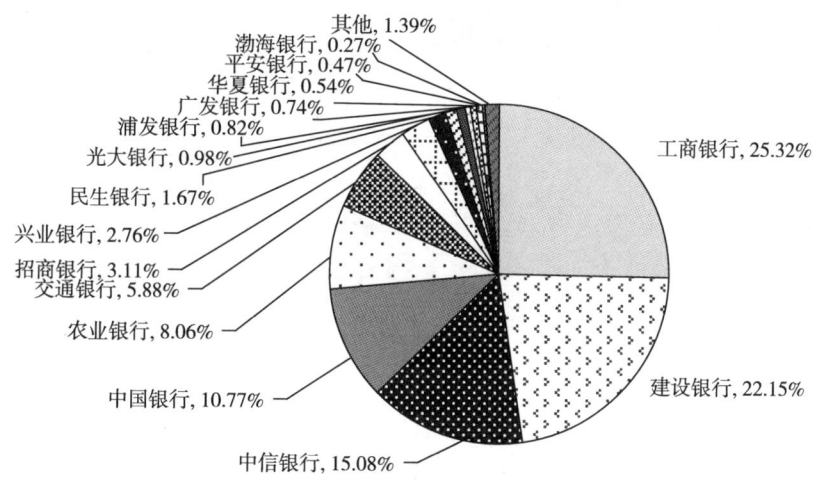

资料来源：各银行 2014 年年报。

**图 3 - 27　全国性银行基金托管市场占比**

想，仅有 9.75 亿元，排在倒数第六位，如图 3 - 28 所示。

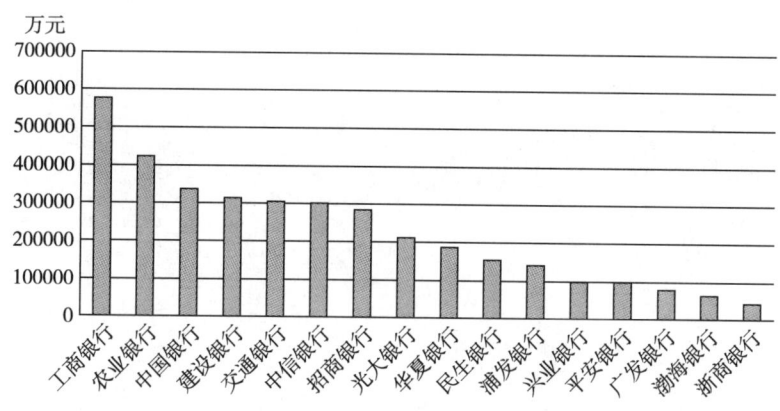

**图 3 - 28　全国性银行托管费收入**

# 第四部分

# 2014 年中国城市商业银行
# 竞争力评价报告*

---

* 本部分由张坤（经济学博士）、欧明刚执笔。

2014 年，全球经济增长 3.3%；国内经济发展进入新常态，GDP 增速为 7.4%，消费者价格指数增长 2.0%，均比 2013 年略有下调。国内金融市场总体保持稳健运行，银行业监管改革、治理体系改革、利率市场化深入推进，民间资本准入放松，存款保险制度启动，银行同业业务专营部门和理财业务事业部设立，风险防控进一步强化，市场竞争更趋激烈，金融创新更趋活跃，互联网金融布局加速。总体来看，城商行受人才、系统、流程、资源等多种因素的限制，在改革创新转型方面落后于国有大型商业银行和全国性股份制商业银行。城商行需要付出更多的努力和资源来改善自己，提升自己应对新常态下复杂经济金融形势和市场竞争的能力。

截至 2014 年底，不包括民营银行，我国城商行总数为 133 家，比 2013 年底减少 12 家。2014 年，河南省内 13 家城商行以新设合并方式成立"中原银行"，并于当年底获得银监会开业批复（中原银行是由河南省开封、安阳、鹤壁、新乡、濮阳、许昌、漯河、三门峡、南阳、商丘、信阳、周口、驻马店 13 家城商行以新设合并方式而成，于 2014 年 12 月 26 日正式开业）。2014 年，城商行资产负债规模增速低于 2013 年，但仍然高于银行业平均水平，城商行资产负债规模在银行业金融机构中的占比继续增长，其中 3 家城商行资产规模超过 1 万亿元；不良贷款增长有所加速，但资产质量、风险抵偿能力仍保持在较好水平；资本金补充压力较大，但资本金和流动性保持充足；盈利水平继续增长，但增幅继续下降，盈利能力有所下降。

# 一、城商行竞争力评价：财务部分

## （一）资产负债

2014 年，城商行资产总额和负债总额增长速度低于 2013 年，增长速度连续第四年下降，但仍高于行业平均水平。银监会2014年年报显示，截至2014年底，银行业金融机构资产总额为172.3万亿元，比年初增加21.0万亿元，增长13.9%；负债总额为160.0万亿元，比年初增加18.8万亿元，增长13.3%。同期，城商行资产总额超过18万亿元，比2013年底增长19.1%，增速低于2013年的22.9%，高于银行业金融机构平均水平；负债总额为16.8万亿元，比2013年底增长18.7%，增速低于2013年的22.9%，高于银行业金融机构平均水平（见图4-1）。2014年，城商行所有者权益总额为1.25万亿元，比2013年底增长25.0%，增速高于2013年1.5个百分点（见图4-1）。

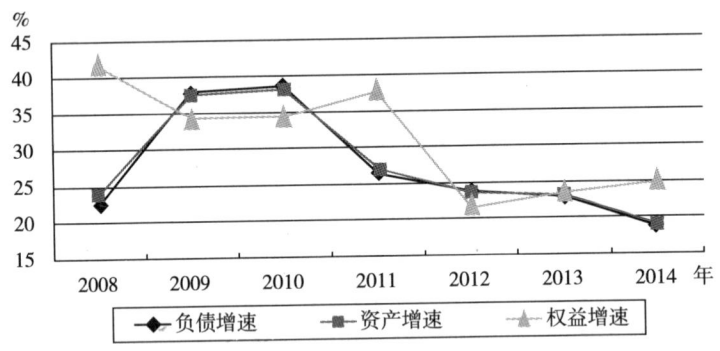

资料来源：银监会2014年年报。

**图4-1　2010～2014年城商行资产总额、负债总额及权益总额的增速**

城商行资产总额和负债总额在全部银行业金融机构中的占比持续提升。截至2014年底，城商行资产总额在全部银行业金融机构中的占比升至10.49%，比2013年底提高0.46个百分点；负债总额在全部银行业金融机构中的占比升至10.52%，比2013年底提高0.48个百分点；所有者权益总额占比首次超过10%，达到10.13%，比2013年底提高0.32个百分点（见图4-2、图4-3、图4-4）。

从单家银行看，受合并重组、自身发展等因素影响，近年来，单家城商行平均规模持续增加。2013年底，单家城商行平均资产总额首

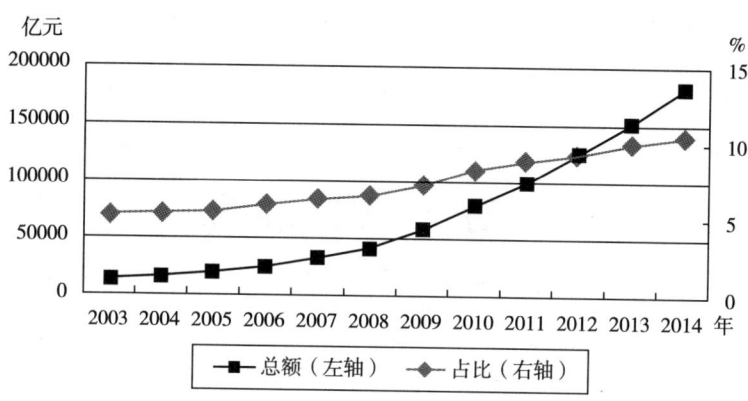

资料来源：银监会2014年年报。

**图4-2　2003～2014年城商行资产总额与**

**其在全部银行业金融机构中的占比**

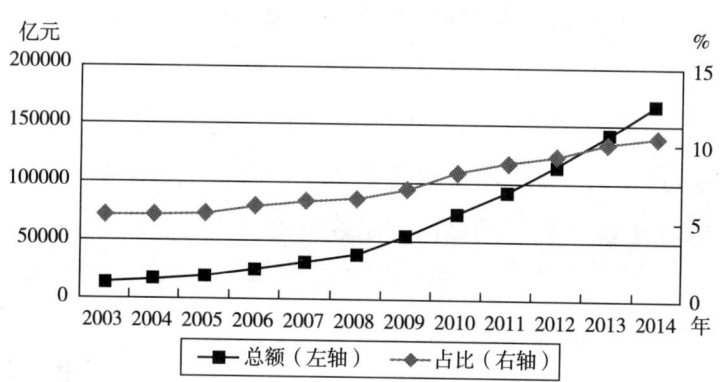

资料来源：银监会2014年年报。

**图4-3　2003～2014年城商行负债总额与**

**其在全部银行业金融机构中的占比**

次超过1000亿元，2014年底达到1360亿元，比2013年增长29.9%，增速比2013年提高7.8个百分点。2014年底，单家城商行平均负债总额首次超过1000亿元，达到1266亿元，比2013年增长29.4%，增速比2013年提高7.4个百分点（见图4-5）。截至2014年底，资产总额

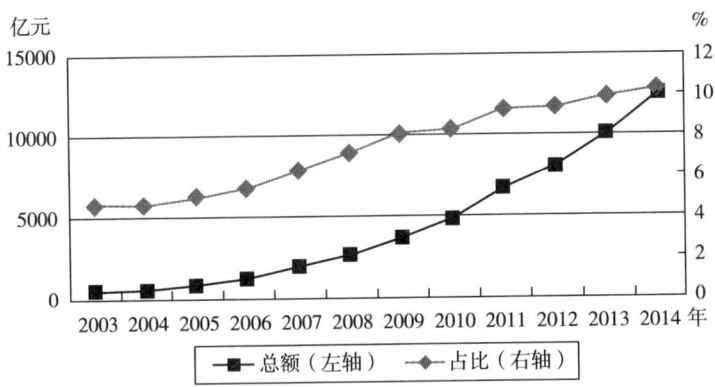

资料来源：银监会 2014 年年报。

**图 4 - 4　2003 ~ 2014 年城商行权益总额**
**与其在全部银行业金融机构中的占比**

超过 1 万亿元的城商行数量达到 3 家，从高到低依次是北京银行的
15244 亿元、上海银行的 11847 亿元和江苏银行的 10388 亿元，其中上
海银行和江苏银行的资产总额于 2014 年首次超过 1 万亿元。包括新设
的中原银行在内，资产规模超过 1000 亿元的城商行数量达到 55 家，
存款总额超过 1000 亿元的城商行总数达到 36 家。

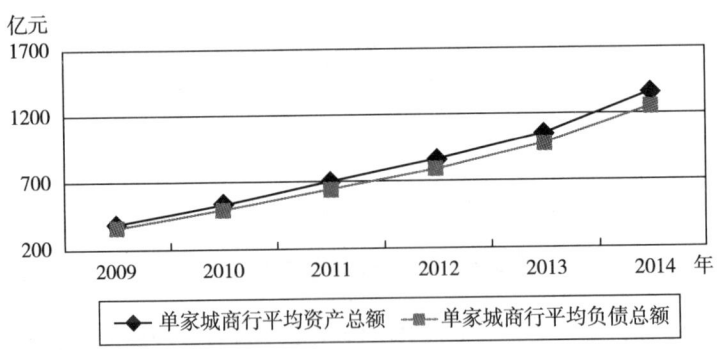

资料来源：银监会 2014 年年报。

**图 4 -5　2009 ~ 2014 年单家城商行平均资产总额及平均负债总额**

## （二）资产质量

资产质量是影响商业银行盈利能力和可持续经营能力的重要因素。在国内商业银行资产结构中，目前贷款占资产总额的比重大约是 50%，因此不良贷款情况是国内银行业资产质量最重要的影响因素。随着经济增速下调，银行业不良贷款成为社会各界广泛关注的问题。

2014 年，城商行不良贷款继续保持"双升"。与 2013 年不同之处在于，2014 年，城商行不良贷款余额呈现加速增长态势。截至 2014 年底，城商行不良贷款余额 855 亿元，比 2013 年底增加 307 亿元，增速高达 56.02%，增速比 2013 年提高 25.22 个百分点；不良贷款率升至 1.16%，比 2013 年底增加 0.28 个百分点，低于全部商业银行平均水平的 1.25%。从比较情况看，城商行不良贷款率一直低于全部商业银行平均水平（见图 4 - 6）。

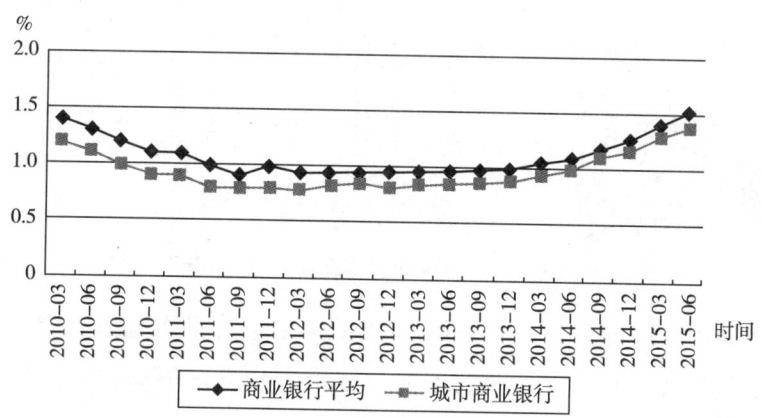

资料来源：银监会统计信息。

**图 4 - 6　2010~2015 年第二季度城商行不良贷款率**

近几年，国内银行业不良贷款一直维持着"双升"态势，自 2010 年以来，不良贷款率走势形成了一条"微笑曲线"，城商行不良贷款率走势与全部商业银行的走势保持一致（见图 4 - 6）。截至 2015 年第二季度末，全部商业银行不良贷款率达到 1.5%，超过 2010 年第一季度末的 1.4%。截至 2015 年第一季度末，城商行不良贷款率达到 1.29%，超过 2010 年第一季度末的 1.19%。从当前的形势看，不良贷款率走势仍然没有出现掉头向下的迹象。2015 年上半年，全部商业银行不良贷款余额比年初增加 2493 亿元，仅比 2014 年全年增加额略低 12 亿元；城商行不良贷款余额比年初增加 265 亿元，仅比 2014 年全年增加额低 42 亿元。这条"微笑曲线"变成一条"扭曲的微笑曲线"的可能性在不断增加。

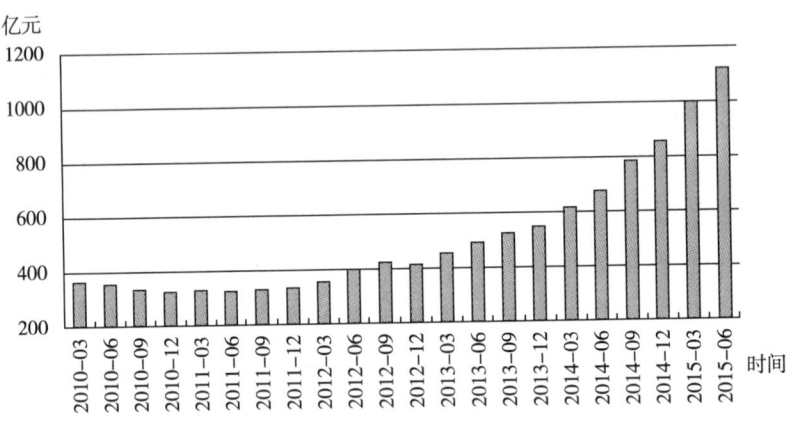

资料来源：银监会统计信息。

**图 4-7　2010~2015 年第二季度城商行不良贷款余额**

从 2014 年底分行业数据看，全部商业银行不良贷款主要集中在制造业、批发和零售业、农林牧渔业以及个人贷款。根据银监会 2014 年年报，2014 年批发和零售业不良贷款率为 3.05%、农林牧渔业不良贷款率为 2.64%、制造业不良贷款率为 2.42%。个人贷款方面，全部个人贷款不良率为 0.62%，其中汽车贷款不良率为 2.07%，信用卡透支不良率为 1.49%。房地产行业尽管经历了调整，但房地产业贷款不良率仍然保持在较低水平。2014 年底，房地产业不良贷款余额为 263.3 亿元，比 2013 年底增加了 48.9 亿元，不良贷款率为 0.50%，比 2013

年底略有上升；住房按揭贷款不良余额为 290.5 亿元，比 2013 年底增加了 74.7 亿元，不良贷款率为 0.29%，比 2013 年底略有上升。

从 2014 年底分地区数据看，全部商业银行不良贷款地域分布仍然是东部地区最高、中部地区次之、西部地区最低。根据银监会 2014 年年报，2014 年东部地区不良贷款率为 1.35%，比 2013 年底增加 0.23 个百分点；中部地区不良贷款率为 1.28%，比 2013 年底增加 0.29 个百分点；西部地区不良贷款率为 1.05%，比 2013 年底增加 0.38 个百分点。西部地区、中部地区和东部地区的不良贷款率依次下降，但不良贷款率增幅依次提高。

从不同规模区间城商行不良贷款率看，2014 年底各规模区间城商行不良贷款率均值都比 2013 年有所增加。图 4 - 8 数据显示，资产规模小于 499 亿元的城商行不良贷款率均值最高，为 1.26%，资产规模处于 500 亿 ~ 999 亿元的城商行不良贷款率均值为 1.19%，资产规模处于 1000 亿 ~ 1999 亿元的城商行不良贷款率均值为 1.21%，均高于全部城商行不良贷款率均值 1.18%。资产规模处于 2000 亿元以上的城商行不良贷款率均值为 0.98%，低于全部城商行不良贷款率均值，位列四个规模区间最低。

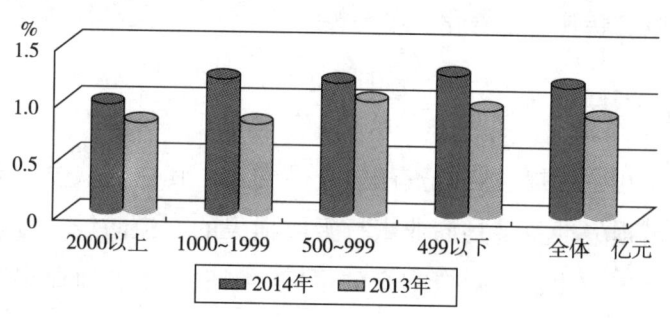

资料来源：《银行家》数据库。

**图 4 - 8  2013 年和 2014 年不同规模和区间城商行不良贷款率均值**

我国经济发展进入新常态、经济增速下调是不良贷款产生的主要原因。在近二十多年来的大部分时间里，我国经济增速都保持在较高水平，自1992年公布季度经济增长率以来，仅只发生过四次季度GDP增速低于7%的情况，分别是1998年第二季度的7.0%，2009年第一季度的6.6%、2015年第一季度的6.95%和第二季度的6.97%。2012年3月以来，工业品出厂价格指数进入下降阶段，而且月度跌幅呈不断扩大趋势，2015年7月跌幅高达5.4%，企业的真实财务负担在不断加重。

当前及未来一段时期，信用风险管控和不良贷款问题仍将是城商行（包括其他商业银行）需要密切关注的重要问题。根据国际货币基金组织（IMF）预测，未来两年我国经济增速将进一步下调到2017年的6.00%，然后会回升到2019年和2020年的6.33%。部分行业、部分企业运行困难将进一步加剧。城商行已经采取了多样化的措施来加强信用风险管理和处置不良贷款，未来仍然需要咬定不良贷款"双控"不放松。一方面，要严控新增不良贷款，包括加强行业风险管控，严把信贷准入，严防新增贷款转化为不良贷款；加强存量正常贷款管理，关注和防止存量正常贷款向不良贷款迁徙；严防表外业务风险输入和外部风险传染。另一方面，要大力处置存量不良贷款，其措施不外乎重组、清收、转让、证券化、核销等。

## （三）抵偿能力

商业银行会计提一定的资产损失准备金，其中贷款损失准备金占绝大部分。损失准备金是商业银行吸收损失的一道防线，可以在一定损失范围之内防止损失对资本金的侵蚀。一般来讲，商业银行按照预期损失来计提贷款损失准备金。拨备覆盖率和贷款拨备率（拨贷比）是商业银行风险抵偿能力的两个重要指标，国内银行业监管要求商业银行拨备覆盖率不低于150%，贷款拨备率不低于2.5%。如果说不良贷款率从反面反应商业银行资产（贷款）质量的话，那么风险抵偿能力则从正面反应商业银行的资产（贷款）质量。

拨备覆盖率是贷款损失准备金对不良贷款的比率。近年来，商业银行贷款损失准备金总量在不断增长，但增速赶不上不良贷款的增速。尽管拨备覆盖率仍然保持在较高水平，但走势上整体呈现下降态势（见图 4－9）。从数据看，2014 年底城商行拨备覆盖率 249.33%，稍高于全部商业银行平均水平 232.06%。2014 年底全部城商行拨备覆盖率均值为 323%，比 2013 年底拨备覆盖率均值大幅下降。

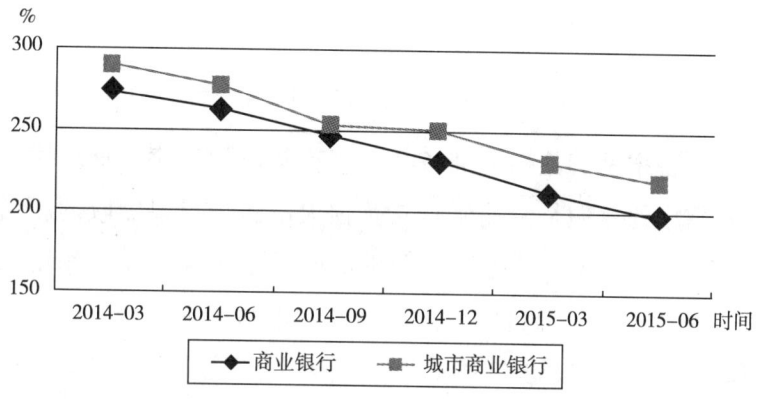

资料来源：银监会统计信息。

**图 4－9　2014 年第一季度至 2015 年第二季度商业银行及城商行拨备覆盖率**

从不同规模区间城商行拨备覆盖率情况看，各规模区间城商行 2014 年底拨备覆盖率均值都比 2013 年底有所下降，较大规模区间的城商行拨备覆盖率均值较低（见图 4－10）。资产规模大于 2000 亿元的城商行拨备覆盖率均值最低，为 283%，资产规模处于 1000 亿～1999 亿元的城商行拨备覆盖率均值次低，为 290%，二者都低于全部城商行拨备覆盖率均值。资产规模位于 500 亿～999 亿元的城商行拨备覆盖率均值为 344%；资产规模低于 499 亿元的城商行拨备覆盖率均值最高，为 359%，二者均大于全部城商行拨备覆盖率均值。从近两年降幅看，资产规模处于 500 亿～999 亿元的城商行拨备覆盖率均值降幅最大。

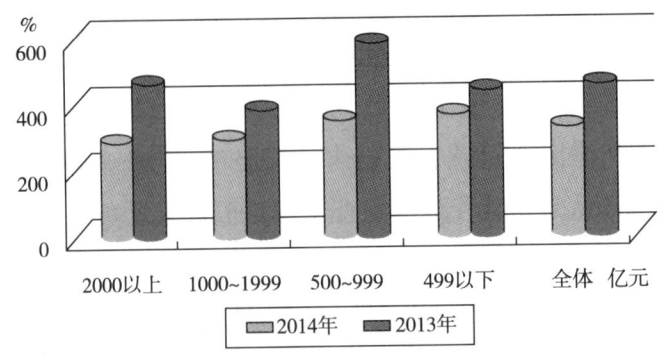

资料来源：《银行家》数据库。

**图 4 – 10　2013 年和 2014 年不同规模区间城商行拨备覆盖率均值**

贷款拨备率是贷款损失准备金对各项贷款的比率。贷款拨备率大于不良贷款率的差额是商业银行贷款损失准备金可以吸收的新增不良贷款率。从银监会统计数据看，全部商业银行 2014 年第二季度末拨备贷款率达到近一年半最低水平 2.83%，之后逐步升至 2014 年底的 2.9% 和 2015 年第二季度末的 2.98%。2014 年底，全部城商行拨备贷款率均值为 2.9%，比 2013 年底水平有所提高。

从不同规模区间城商行拨备贷款率情况看，各规模区间城商行 2014 年底拨备贷款率均值都比 2013 年底有所上升（见图 4 – 11）。资

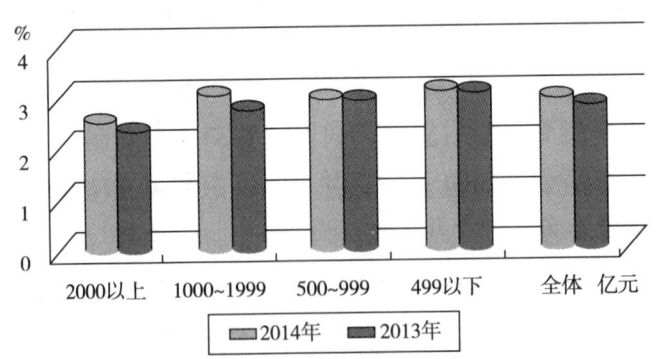

资料来源：《银行家》数据库。

**图 4 – 11　2013 年和 2014 年不同规模区间城商行拨备贷款率均值**

产规模大于2000亿元的城商行拨备贷款率均值为2.5%，低于全部城商行拨备贷款率均值。资产规模位于1000亿～1999亿元、500亿～999亿元、小于499亿元的城商行拨备贷款率均值依次为3.1%、2.9%和3.1%，都比全部城商行拨备贷款率均值高。从近两年增幅看，资产规模处于1000亿～1999亿元的城商行拨备贷款率均值增幅最大。

## （四）资本充足性

资本金是商业银行用于吸收损失的最后一道防线，一般来讲，资本金是用于吸收非预期损失的。为了配合新资本管理办法的实施，银监会出台了《关于商业银行资本工具创新的指导意见》，推动和规范商业银行开展含"减记"或"转股"条款的二级资本工具创新，并于2014年4月18日与证监会联合发布《关于商业银行发行优先股补充一级资本的指导意见》，规范商业银行优先股发行，拓展商业银行一级资本补充渠道。2014年，城商行通过H股上市、发行二级资本债和优先股、增资扩股等外源融资渠道补充资本金，资本充足率保持在较高水平。2013年底至今，重庆银行、微商银行、哈尔滨银行和重庆银行先后在H股上市，创造了近年来城商行上市的高潮。在二级资本工具发行方面，2014年城商行显著活跃起来。在优先股发行方面，截至目前，发行方仅有宁波银行、北京银行两家城商行。

从数据看，城商行资本充足率低于全部商业银行平均水平。2014年第一季度以来，全部商业银行和城商行资本充足率走势呈现先升后降的态势，城商行资本充足率与全部商业银行资本充足率的差距有所增加（见图4-12）。2014年第一季度末，城商行资本充足率11.9%，略低于全部商业银行的12.13%；第四季度末，城商行资本充足率升至12.19%，低于全部商业银行接近1个百分点。2015年上半年，全部商业银行和城商行资本充足率均呈下降走势。

从城商行与上市银行比较情况看，城商行的资本充足率、一级资

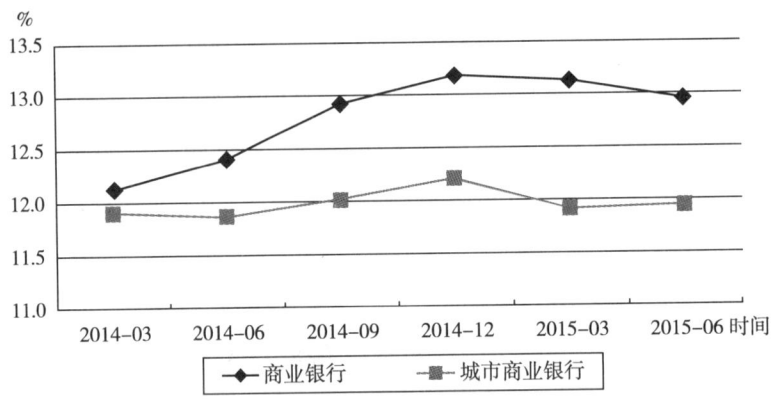

资料来源：银监会统计信息。

图 4 - 12　2014 年第一季度至 2015 年第二季度
全部商业银行和城商行资本充足率

本充足率、核心一级资本充足率均高于上市银行（见图 4 - 13）。截至 2014 年底，全部城商行核心一级资本充足率均值和一级资本充足率均值都是 11.3%，资本充足率均值 12.9%。

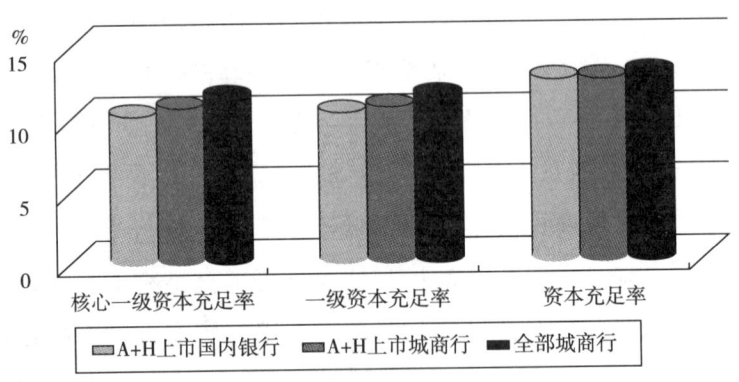

资料来源：《银行家》数据库。

图 4 - 13　2014 年底上市银行及全部城商行资本指标均值

　　从不同规模区间城商行情况看，较小规模区间的城商行资本指标均值比较大规模区间城商行资本指标均值高（见图 4 - 14）。资产规模大于 2000 亿元的城商行核心一级资本充足率、一级资本充足率和资本充足率属于四个规模区间城商行中最低，分别是 10.1%、10.1% 和 11.9%。资产规模小于 499 亿元的城商行核心一级资本充足率、一级资本充足率和资本充足率属于四个规模区间城商行中最高，分别是 12.3%、12.3% 和 13.4%。其中，资产规模大于 2000 亿元和资产规模处于 1000 亿~1999 亿元的城商行的三个资本指标均值都比全部城商行三个指标均值低，其他两个规模区间城商行资本指标均值都比全部城商行资本指标均值高。

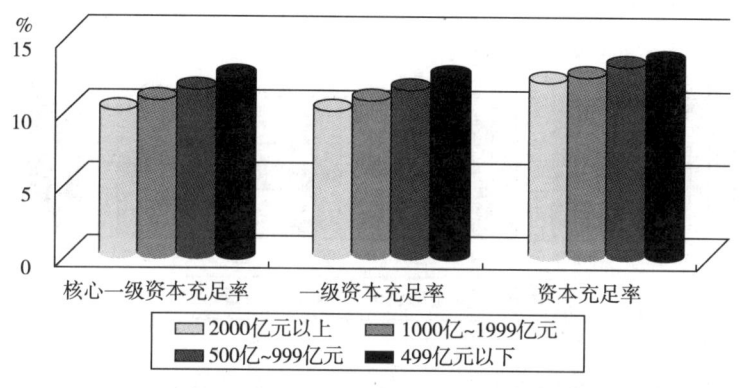

资料来源:《银行家》数据库。

**图 4 – 14 2014 年底不同规模城商行资本指标均值**

## （五）流动性状况

除了应对贷款损失风险之外，商业银行还需要保持合理的流动性，用于偿付到期债务、履行其他支付义务和满足正常业务开展。流动性与商业银行的偿付能力往往相互交织。新一轮全球金融危机以来，国际社会对于流动性风险的潜在危害和流动性风险管理有了进一步的认识。自 2014 年 3 月 1 日起，《商业银行流动性风险管理办法（试行）》正式实施，引入了流动性覆盖率、存贷比、流动性比例三项流动性风险监管指标，加强流动性风险管理。2014 年，没有再次发生大规模

"钱荒"，国内商业银行流动性状况保持良好。

流动性比率衡量的是商业银行偿还短期债务的能力。我国商业银行法规定，国内商业银行流动性资产余额与流动性负债余额比例需要保持在25%以上。2008年以来，我国银行业金融机构和全部商业银行的整体流动性比率一直保持在40%以上。2014年底，全部商业银行整体流动性比率为46.4%，比2013年底上升2.4个百分点（见图4-15）。

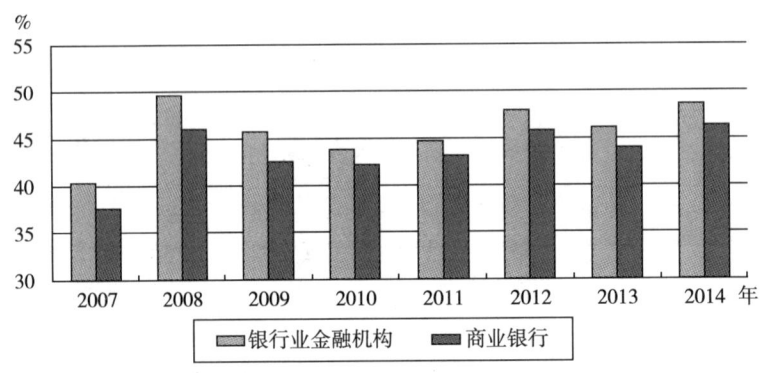

资料来源：银监会2014年年报。

**图4-15 2007~2014年银行业金融机构和商业银行流动性比率**

从整体上看，2014年城商行流动性比率保持在较高水平。2014年底，全部城商行流动性比率均值为55.4%，比2013年底上升约3个百分点（见图4-16）。

从不同规模区间城商行看，较大规模区间城商行的流动性比率均值较低（见图4-16）。这一特征与过去两年基本一致。2014年底，资产规模大于2000亿元的城商行流动性比率均值为48.6%，比2013年底有所增加，低于全部城商行流动性比率均值，是四个规模区间城商行中流动性比率均值最低的。资产规模处于500亿~999亿元的城商行流动性比率均值为52.6%，比2013年有所下降，低于全部城商行流动性比率均值。资产规模处于1000亿~1999亿元的城商行流动性比率均

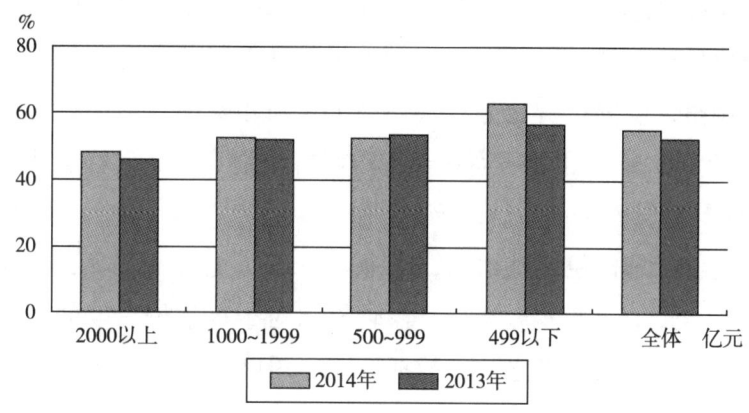

资料来源：《银行家》数据库。

**图 4 – 16　2013 年和 2014 年不同规模区间城商行流动性比率均值**

值为 52.8%，比 2013 年底有所增加。资产规模小于 499 亿元的城商行流动性比率均值 63.2%，属于四个规模区间中最高。资产规模处于 1000 亿～1999 亿元和资产规模小于 499 亿元的城商行流动性比率均值高于全部城商行流动性比率均值。

## （六）存贷比

在银监会调整存贷比计算口径之前，存贷比是银行贷款余额与存款余额的比率。存贷比指标是一项重要的监管指标。2003 年修订的商业银行法明确规定，商业银行存贷比不得高于 75%。近几年，存贷比指标的约束逐步显现，一些商业银行的存贷比屡屡逼近"红线"，每次季末、年中、年底考核时点，它们不得不采取各种手段增加存款总额。存贷比限制无形中成了诱发流动性波动、扰乱正常经营活动的因素。这使得存贷比成为一项备受争议的监管指标，其中争论的一方认为应该取消存贷比指标。

监管部门一直关注并采取措施缓解存贷比指标对商业银行经营活动的影响。为适应商业银行资产负债结构多元化发展趋势，完善存贷比监管考核办法，银监会于 2014 年 6 月 30 日发布《关于调整商业银行存贷比计算口径的通知》，自 2014 年 7 月 1 日起，对存贷比计算口径进行调整，设置存贷比分子（贷款）6 项扣除项，增加存贷比分母（存款）2 项。最近，关于商业银行法修订的消息显示，存贷比指标将会被废止。

存贷比计算口径调整之后，商业银行存贷比有所下降，但随后便再次上升。除了业务发展之外，监管部门对于存款偏离度的管理也是导致存贷比上升的因素之一。数据方面，2014 年第三季度末，全部商业银行存贷比为 64.17%，到年底升至 65.09%，2015 年上半年继续增加到第二季度末的 65.80%。

从整体上看，城商行存贷比保持在较低水平。截至 2014 年底，全部城商行存贷比均值为 60.0%，比 2013 年底水平有所提高（见图 4 - 17）。横向比较来看，城商行存贷比要低于全部商业银行平均水平。

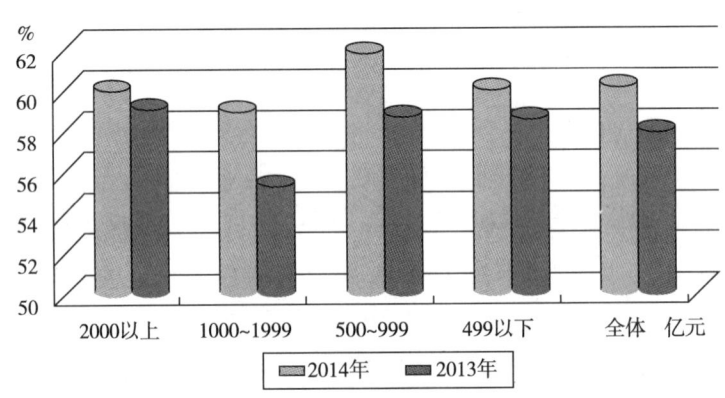

资料来源：《银行家》数据库。

**图 4 - 17　2014 年底不同规模区间城商行存贷比均值**

从不同规模区间城商行看，2014 年底各规模区间城商行存贷比均值均比 2013 年底有所提高。资产规模处于 1000 亿 ~1999 亿元的城商行存贷比均值为 58.9%，属于四个规模区间最低。资产规模大于 2000

亿元和资产规模低于 499 亿元的城商行存贷比均值接近，都是 59.9%。资产规模处于 500 亿~999 亿元的城商行存贷比均值为 61.6%，属于四个规模区间最高，也是唯一一个存贷比均值高于全部城商行存贷比均值的规模区间。从近两年增幅看，资产规模处于 1000 亿~1999 亿元的城商行存贷比均值增幅最大。

## （七）负债存款比

存款是国内商业银行最重要的一个资金来源。特别是在国内银行业监管政策和经营环境中，存款对于国内商业银行的重要性不言而喻。负债存款比衡量的是存款在负债中所占的比重。负债存款比越高，说明对于存款的依赖程度越高。

近年来，国内居民理财意识不断提高、资产配置趋于多样化，股票市场投资，互联网理财崛起，使得国内商业银行存款稳定性有所下降，给商业银行的经营活动和流动性管理带来了很大的压力。同时，受存贷比的约束，商业银行季末、月末揽存冲动很大。2014 年 9 月 11 日，银监会、财政部和人民银行联合发布《关于加强商业银行存款偏离度管理有关事项的通知》，要求商业银行加强存款稳定性管理，约束月末存款"冲时点"，设定商业银行月末存款偏离度不得超过 3%。

从整体上看，2014 年城商行负债存款比较 2013 年有所下降。截至 2014 年底，全部城商行负债存款比均值为 77.5%，比 2013 年底下降 1.7 个百分点（见图 4－18）。城商行负债存款比要高于银行业金融机构平均水平。截至 2014 年底，银行业金融机构各项存款余额 117.4 万亿元，占负债总额的比重为 73.4%，比 2013 年底下降 2.4 个百分点。

从不同规模区间城商行来看，负债存款比均值呈现两个特征：一是较大规模区间的城商行负债存款比均值比较小规模区间城商行负债存款比均值低，其中较大规模的两个区间城商行负债存款比均值低于全部城商行负债存款比均值，较小规模的两个区间城商行负债存款比

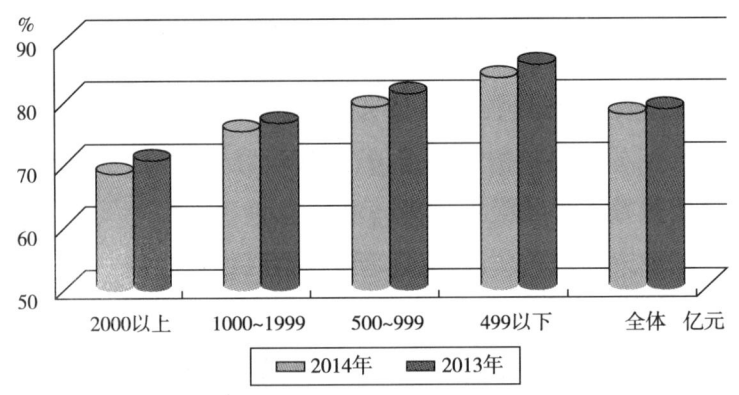

资料来源：《银行家》数据库。

图4-18　2013年和2014年不同规模区间城商行负债存款比均值

均值高于全部城商行负债存款比均值。二是2014年底各规模区间城商行负债存款比均值都比2013年底有所下降。资产规模大于2000亿元的城商行负债存款比均值为68.5%，属于四个规模区间中最低者。资产规模小于499亿元的城商行负债存款比均值为83.7%，属于四个规模区间中最高者。资产规模处于1000亿~1999亿元和500亿~999亿元的城商行负债存款比均值分别是75.0%和78.9%。

## （八）贷款集中度

贷款过于集中不利于分散个别客户、行业性和地区性风险。城商行整体规模偏小，它们在服务大型客户方面存在很大的限制，贷款集中度是城商行普遍面临的一个问题。贷款集中度可以通过最大单一客户贷款集中度和最大十家客户贷款集中度两个指标来衡量。我国《商业银行法》规定，商业银行对同一借款人的贷款余额与资本余额的比例不得超过10%。

从整体上看，2014年城商行贷款集中度比2013年略有所下降（见图4-19、图4-20）。截至2014年底，城商行最大单一客户贷款比率均值为5.8%，比2013年底下降了0.1个百分点；最大十家客户贷款比率均值为35.2%，比2012年底下降了1.1个百分点。

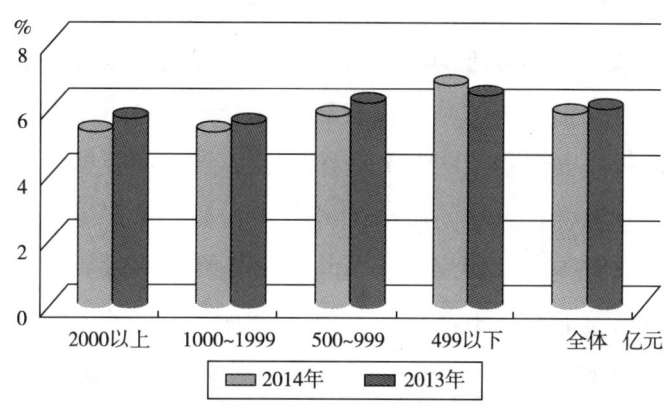

资料来源：《银行家》数据库。

**图4-19 2013年和2014年不同规模城商行最大单一客户贷款集中度均值**

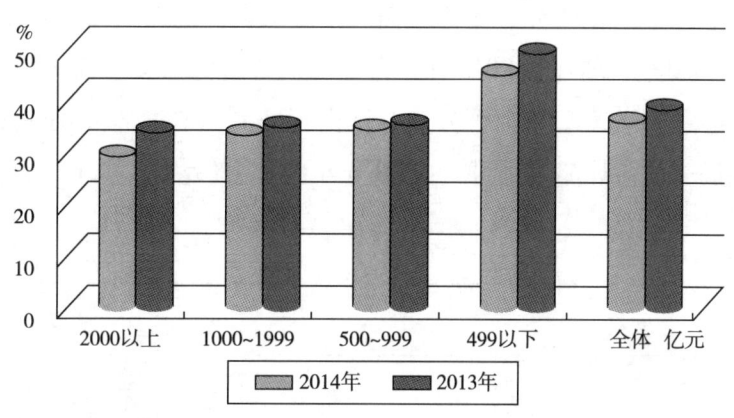

资料来源：《银行家》数据库。

**图4-20 2013年和2014年不同规模城商行最大十家客户贷款集中度均值**

从不同规模区间城商行情况看，较大规模区间的城商行贷款集中度相对较低一些。截至2014年底，资产规模大于2000亿元的城商行最大一家客户贷款比例均值为5.2%，属四个资产规模区间最低；资产规模小于 500 亿元的城商行最大十家客户贷款比例均值为 6.7%，属四个资产规模区间最高；资产规模处于 500 亿~1000 亿元和处于 1000 亿~2000 亿元的城商行最大一家客户贷款集中度均值分别是 5.7% 和 5.3%。资产规模从高到低四个区间的城商行最大十家客户贷款比例均值依次上升，分别是 29.1%、32.7%、34.0% 和 44.8%，前三者均低于全部城商行最大十家客户贷款比例均值。

### （九）盈利状况

受经济增速下调、不良贷款反弹、利率市场化等因素影响，城商行盈利水平继续增长，但增速有所降低；盈利能力也出现了进一步下滑，而且低于全部商业银行平均水平。

#### 1. 盈利水平

城商行盈利水平继续保持增长态势，但自 2010 年以来盈利水平增速呈下降态势。2014 年，全部城商行实现净利润 1859.5 亿元，比 2013 年增长 13.3%，增速比 2013 年下降了 6.7 个百分点，但高于银行业金融机构净利润增速 2.8 个百分点。城商行净利润在全部银行业金融机构净利润中的占比略有上升，由 2013 年的 9.4% 增加至 9.6%。在全部

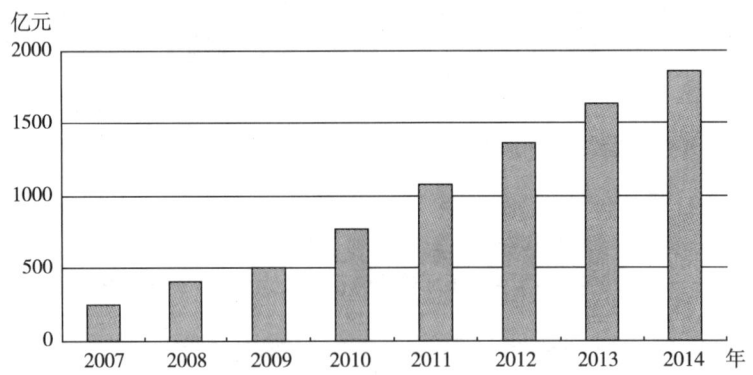

资料来源：银监会 2014 年年报。

图 4-21　2007~2014 年城商行净利润

133家城商行中，资产规模超过2000亿元的23家城商行实现净利润1038.22亿元，占全部城商行净利润的55.8%。

## 2. 盈利能力

盈利能力可以用资产利润率和资本利润率两个指标描述。受经济增速下调、利率市场化等多种因素的影响，2014年整个银行业的盈利能力都有所下降。2014年，全部商业银行的资产利润率为1.2%，比2013年下降0.1个百分点；资本利润率17.7%，比2013年下降1.6个百分点。

从资产利润率和资本利润率这两个指标看，2014年城商行盈利能力进一步下降，资产利润率和资本利润率均低于全部商业银行平均水平（见图4-22、图4-23）。2014年全部城商行资产利润率为1.12%，比2013年下降0.07个百分点，高于全国性股份制商业银行的1.10%，低于大型商业银行的1.30%；资本利润率为16.57%，比2013年下降1.62个百分点，低于全国性股份制商业银行和大型商业银行。从盈利能力指标均值变化情况看，2014年全部城商行资本利润率均值和资产利润率均值都比2013年有所下降（见图4-24、图4-25）。

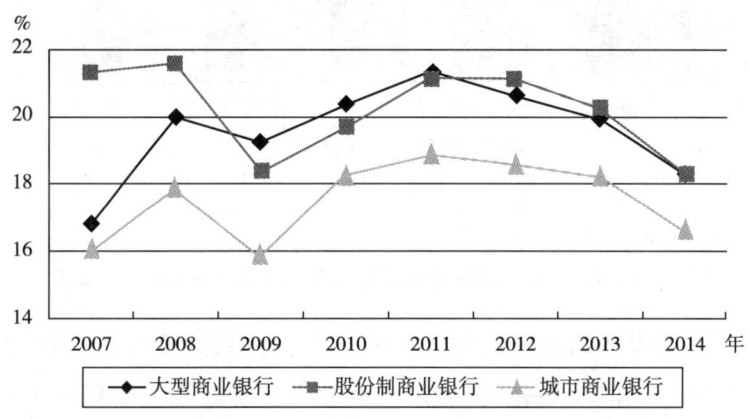

资料来源：银监会2014年年报。

**图4-22 2007~2014年大型商业银行、**
**股份制商业银行和城商行资本利润率走势**

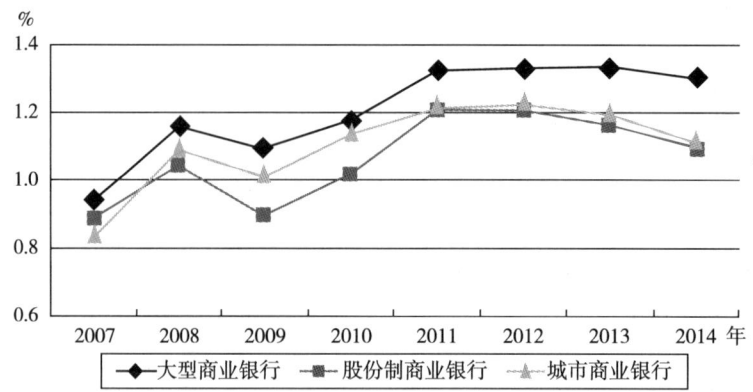

资料来源：银监会2014年年报。

图4-23　2007～2014年大型商业银行、

股份制商业银行和城商行资产利润率走势

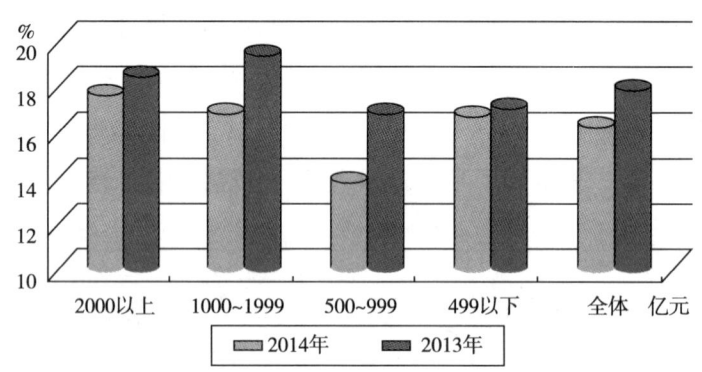

资料来源：《银行家》数据库。

图4-24　2013年和2014年不同规模区间城商行资本利润率均值

从不同规模区间城商行看，2014年城商行盈利能力比2013年有所下降。从资产利润率数据看，2014年资产规模处于500亿～999亿元的城商行资本利润率均值为13.76%，属于四个不同规模区间中最低者，低于全部城商行资本利润率均值16.26%。资产规模小于499亿元、资产处于1000亿～1999亿元、资产规模大于2000亿元的城商行

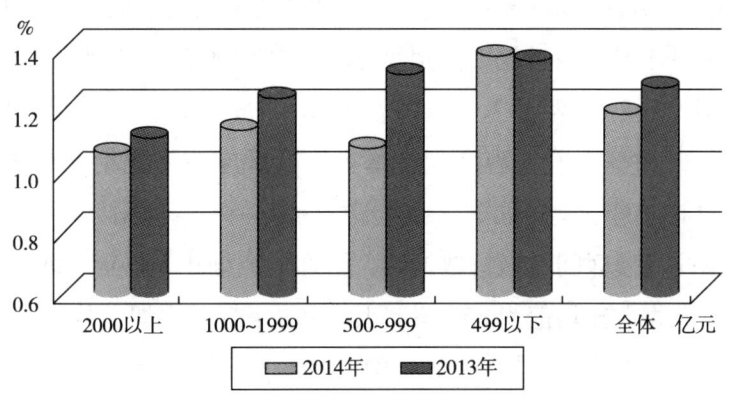

资料来源:《银行家》数据库。

**图 4-25　2013 年和 2014 年不同规模区间城商行资产利润率均值**

资本利润率均值依次降低,分别是 1.37%、1.13% 和 1.06%,都比全部城商行资产利润率均值高。从资本利润率数据看,资产规模处于 500 亿~999 亿元的城商行资本利润率均值最低,为 13.76%,低于全部城商行资本利润率均值 16.26%。资产规模大于 2000 亿元、资产规模处于 1000 亿~1999 亿元、资产规模小于 499 亿元的城商行资本利润率均值依次降低,分别是 17.6%、16.83% 和 16.72%,都比全部城商行资本利润率均值高。从降幅情况看,资产规模处于 500 亿~999 亿元的城商行资产利润率均值和资产利润率均值降幅都是最大的。

### 3. 成本控制

盈利状况还与商业银行的成本控制能力有关,成本控制能力可以通过成本收入比指标来衡量。成本收入比越低,说明银行为获得单位营业收入所支付的成本越低,银行的获利能力越强。需要强调的是,成本收入比并非越低越好,还要分析成本结构,分析各项支出的方向。为了保证当前盈利而削减一些基础性的、资本性的支出,会给长期盈利能力带来负面影响。

城商行的成本收入比要高于全部商业银行的平均水平。城商行规模相对较小，很多成本支出无法获得规模经济效应，而且城商行的平均人均薪酬开支也相对较高。根据银监会统计信息，2014年四个季度全部商业银行成本收入比依次是27.81%、28.12%、28.87%和31.62%。从整体上看，2014年全部城商行成本收入比均值是33.0%，比2013年略有下降。

从不同规模区间城商行数据看，资产规模处于500亿~999亿元的城商行成本收入比均值为35.3%，比2013年有所增加，其他三个规模区间城商行成本收入比均值都比2013年有所下降。资产规模大于2000亿元的城商行成本收入比均值为29.4%，属于四个区间中最低者，低于全部城商行成本收入比均值。资产规模处于1000亿~1999亿元的城商行成本收入比均值为32.6%，低于全部城商行成本收入比均值。资产规模小于499亿元的城商行成本收入比均值为33.8%，高于全部城商行成本收入比均值。

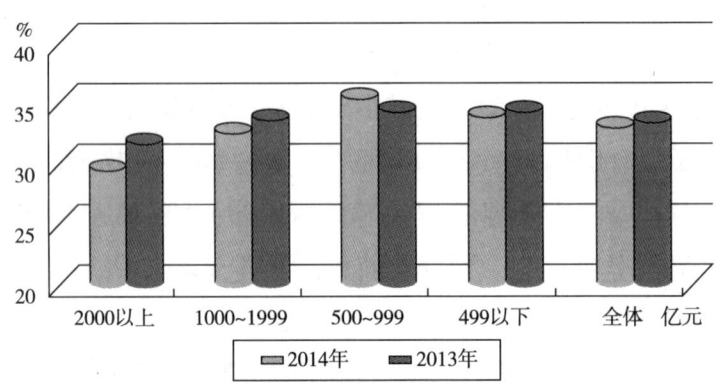

资料来源：《银行家》数据库。

图4-26　2013年和2014年不同规模区间城商行成本收入比均值

## （十）收入结构

利息收入占营业收入比重较高是国内商业银行收入结构的一个显

著特征。国内银行业长期在稳定的利差环境下经营,国内金融市场体系不够完善,金融工具不够丰富,银行业金融创新的能力受到限制。银行业通过集团化发展进入非银行金融业务对降低利息收入占比起到了一定的积极作用,但截至目前尚未给收入结构带来根本性的改观,而且城商行在集团化发展方面也比较落后。随着近几年利率市场化加速推进,国内商业银行普遍感到过度依赖利息收入的弊端,纷纷加大力度拓展收入来源,增加非利息收入。

在城商行的收入结构中,利息净收入占比高也是一个重要特征。从数据看,2014 年,全部城商行利息收入占比均值高达 80.2%,比 2013 年有所下降(见图 4 - 27)。同期,银行业金融机构利息收入占比为 62.2%,也比 2013 年有所下降。

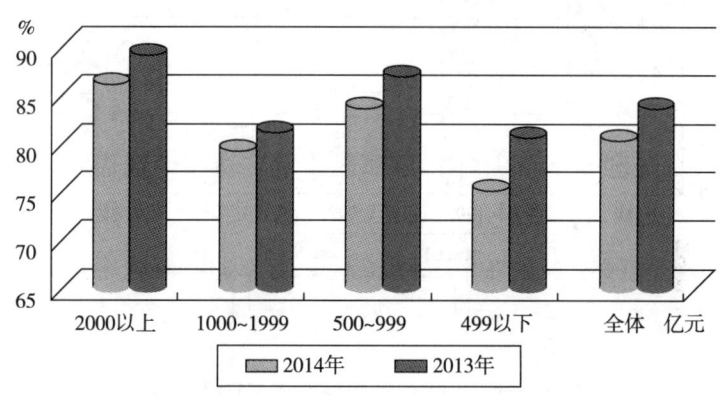

资料来源:《银行家》数据库。

图 4 - 27　2013 年和 2014 年不同规模区间城商行利息收入占比均值

从不同规模区间数据看,2014 年,各规模区间城商行利息收入占比均值都比 2013 年有所下降。资产规模大于 2000 亿元的城商行利息收入占比均值为 86.1%,属于四个规模区间中最高者。资产规模小于 499 亿元的城商行利息收入占比均值为 75.1%,属于四个规模区间中最低者。资产规模处于 500 亿 ~ 999 亿元和资产规模处于 1000 亿 ~

1999 亿元的城商行利息收入占比分别是 83.5% 和 79.3%。

2014 年，城商行手续费和佣金收入占比与 2013 年基本持平。从数据看，2014 年较大规模两个区间城商行手续费和佣金收入占比均值比 2013 年略有增加，而且高于全部城商行手续费和佣金收入占比均值；较小规模两个区间城商行手续费和佣金收入占比均值比 2013 年略有降低，而且低于全部城商行手续费和佣金收入占比均值。从高到低四个规模区间城商行手续费和佣金收入占比均值依次下降，分别是 9.4%、8.3%、3.6% 和 1.9%。从单家城商行数据看，个别城商行在手续费和佣金收入方面是负数。

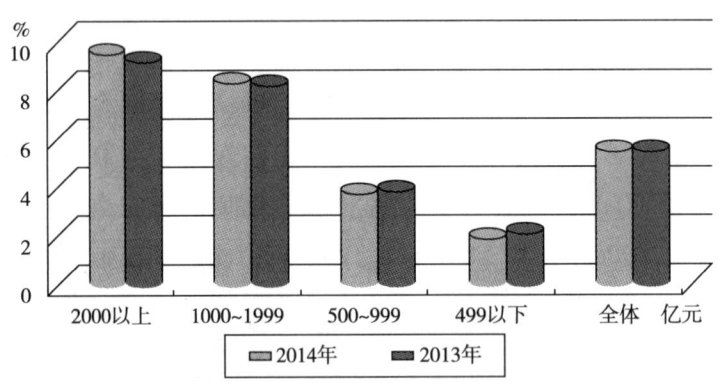

资料来源：《银行家》数据库。

图 4-28 2013 年和 2014 年不同规模区间
城商行手续费与佣金收入占比均值

# 二、城商行竞争力评价：展望部分

2014 年，全球经济增长 3.3%；国内经济发展进入新常态，GDP 增速为 7.4%，消费者价格指数增长 2.0%，均比 2013 年略有下调。国内金融市场总体保持稳健运行，银行业监管改革、治理体系改革、利率市场化深入推进，民间资本准入放松，存款保险制度启动，银行同业业务专营部门和理财业务事业部设立，风险防控进一步强化，市场竞争更趋激烈，金融创新更趋活跃，互联网金融布局加速。总体来看，城商行受人才、系统、流程、资源等多种因素的限制，在改革创新转型方面落后于国有大型商业银行和全国性股份制商业银行。城商行需要付出更多的努力和资源来改善自己，提升自己应对新常态下复杂经济金融形势和市场竞争的能力。

新常态是近几年经济金融发展环境的主要特征。经济增速下调，金融业发展速度放缓。利率市场化加速推进，存款保险正式实施，非存款负债在银行业负债结构中的占比不断提升。风险暴露逐步增加，资本约束凸显，资本工具创新活跃，轻型化转型呼声日高。互联网金融繁荣发展，直接融资日趋活跃，市场化改革深入推进，银行业准入逐步放松，中小银行迎来集团化发展和综合经营的新机遇。城商行需要加快转型发展，适应新的经营环境，抓住新环境蕴藏的新机遇。

## （一）利率市场化与降准降息

受外部市场低迷、"三期叠加"等因素的影响，2010 年以来我国经济发展进行下行通道，经济增速从 2010 年第一季度的 12.08% 下降到 2015 年上半年的 7.0%；消费者价格指数（CPI）从 2011 年 7 月的 6.5% 一路下滑至 2015 年 6 月的 1.2%，2015 年 1 月最低时仅为 0.8%；工业品出厂价格指数（PPI）自 2012 年 3 月开始进入负增长，且同比降幅不断增大至 2015 年 6 月的 4.8%；2014 年中以来，股票市场经历了大幅的上涨和下跌。期间，人民银行坚持实施稳健的货币政策，通过创新货币政策操作工具、定向降准、降低存贷款基准利率、推进利率市场化改革等举措，结构化调控与预调微调相结合，为我国经济金融改革发展创造稳定的货币环境。不同的货币政策调整措施对城商行经营和发展产生了不同程度的影响。

降准方面，定向降准与普遍性降准相结合。2014年人民银行共进行了两次操作。第一次是针对县域农村商业银行和县域农村合作银行的。4月25日起下调县域农村商业银行人民币存款准备金率2个百分点，下调县域农村合作银行人民币存款准备金率0.5个百分点。第二次适用于符合条件的城商行。6月16日起对符合审慎经营要求且"三农"和小微企业贷款达到一定比例的商业银行（不含4月25日已下调过准备金率的机构）下调人民币存款准备金率0.5个百分点，对财务公司、金融租赁公司和汽车金融公司下调人民币存款准备金率0.5个百分点。进入2015年以来，人民银行将普遍降准与定向降准相结合，进一步降低存款准备金率，共进行四次操作，其中定向降准适用于符合条件的城商行。第一次是自2月5日起下调金融机构人民币存款准备金率0.5个百分点，同时对小微企业贷款占比达到定向降准标准的城市商业银行、非县域农村商业银行额外降低人民币存款准备金率0.5个百分点，对中国农业发展银行额外降低人民币存款准备金率4个百分点。第二次是4月20日起下调存款类金融机构人民币存款准备金率1个百分点，同时对农村金融机构额外降低人民币存款准备金率1个百分点，并统一下调农村合作银行存款准备金率至农信社水平；对中国农业发展银行额外降低人民币存款准备金率2个百分点；对符合审慎经营要求且"三农"或小微企业贷款达到一定比例的国有银行和股份制商业银行可执行较同类机构法定水平低0.5个百分点的存款准备金率。第三次是6月28日起对"三农"贷款占比达到定向降准标准的城市商业银行、非县域农村商业银行降低存款准备金率0.5个百分点，对"三农"或小微企业贷款达到定向降准标准的国有大型商业银行、股份制商业银行、外资银行降低存款准备金率0.5个百分点，降低财务公司存款准备金率3个百分点。第四次是9月6日起下调金融机构人民币存款准备金率0.5个百分点，额外降低县域农村商业银行、农村合作银行、农村信用社和村镇银行等农村金融机构准备金率0.5个百分点，额外下调金融租赁公司和汽车金融公司准备金率3个百分点。

降息方面，非对称下调与对称下调存贷款基准利率。2014年11月22日，人民银行采取非对称方式下调金融机构人民币贷款和存款基准利率，一年期贷款基准利率下调0.4个百分点至5.6%；一年期存款基准利率下调0.25个百分点至2.75%。2015年3月1日、5月11日、6月28日和8月26日进行了四次对称降息，每次下调幅度均为0.25个百分点。经过2014年以来的五次降息，一年期存款基准利率累计下调1.25个百分点至1.75%，一年期贷款基准利率累计下调1.4个百分点至4.6%。

利率市场化方面，2014年以来存款利率浮动区间上限被多次提高。2012年6月8日，存款利率上浮区间上限被提高至基准利率的1.1倍。2013年7月20日，除商业性个人住房贷款以外的贷款利率下限管制被取消。在外币存款利率市场化改革方面，2014年3月1日，人民银行放开中国（上海）自由贸易试验区小额外币存款利率上限。在人民存款利率方面，2014年11月22日，在非对称降息的同时，将金融机构存款利率浮动区间的上限由存款基准利率的1.1倍调整为1.2倍，并对基准利率期限档次作适当简并。在2015年3月1日和5月11日的两次政策调整中，存款利率上浮区间上限被进一步提高1.3倍和1.5倍。目前，存款利率上浮区间上限为1.5倍。

降准可以提高商业银行资金运用的收益，总体上是有利于城商行业务发展的，但对于不同城商行的影响是不同的。存款准备金率的普遍性下调对于所有金融机构的影响是一致的，但定向降准的影响则不相同。定向降准体现了人民银行结构性调整的倾向。在定向降准方面，并不是全部的城商行都纳入了降准的合格城商行范围。根据2014年6月定向降准时人民银行设定的"三农"和小微企业贷款要求（上年新增涉农贷款占全部新增贷款比例超过50%，且上年末涉农贷款余额占全部贷款余额比例超过30%；或者，上年新增小微贷款占全部新增贷款比例超过50%，且上年末小微贷款余额占全部贷款余额比例超过30%），定向降准可以覆盖大约2/3的城商行、80%的非县域农商行和90%的非县域农合行。这意味着，在2014年的145家城商行中将有约48家城商行无法享受降低存款准备金率的收益。考虑到2015年初河南省13家城商行的成功整合，目前仍将有30多家城商行无法进入定向降准的范围。2015年第一次定向降准对小微企业贷款占比达到定向降准标准的城商行额外降低存款准备金率0.5个百分点，第三次定向降准对"三农"贷款占比达到定向降准标准的城商行降低存款准备金率0.5个百分点。此两次定向降准所适用的城商行数量更少。

贷款基准利率的下调可以降低客户的融资成本，相对应则不利于商业银行保持较高的贷款综合收益率，从资金运用收益的角度挤压商业银行的存贷款利差和盈利能力。根据人民银行的统计，在基准利率连续下调的引导下，2015年5月，金融机构新发放贷款加权平均利率为6.16%，较2014年同期下降0.91个百分点，创2011年以来的最低水平。相比较而言，城商行贷款收益所受的冲击和影响更大，其原因包括：部分城商行的利率定价机制仍然以基准利率加成为主，城商行在与大型客户的业务往来中的议价能力使得它们处于更加不利的地位，从整个大环境看资本市场发展为大型企业提供了更多样的融资渠道。

如果将存款基准利率下调与提高存款利率浮动区间上限分开来看，那么前者可以降低商业银行的资金成本，但后者会抵消这一效应。从实践来看，存款利率市场化抵消了存款基准利率下调的积极影响而有余，从而增加了商业银行的资金成本，挤压了商业银行的存贷款利差和盈利能力。2012年6月，存款利率上浮区间上限提高至1.1倍时，绝大部分城商行都选择了用尽政策空间，将各期限存款利率"一浮到顶"。在上浮区间上限从1.1倍调整到1.2倍、从1.2倍调整到1.3倍时，仍然有部分城商行选择将部分期限存款利率"一浮到顶"。受降息、利率市场化、互联网理财等因素的影响，城商行资金成本有所上升、净息差有所下降。在目前人民银行允许的上浮区间上限1.5倍之内，大部分城商行都选择有限上浮存款利率，而不是"一浮到顶"。相比较而言，大部分城商行存款利率上浮倍数大于国有商业银行和全国性股份制商业银行。比如从一年期存款利率来看，宁波银行个人存款利率上浮1.325倍，北京银行、上海银行上浮1.25倍，江苏银行、南京银行上浮1.29倍；同期，工商银行、农业银行、中国银行、建设银行及招商银行均上浮1.125倍。一旦城商行不再选择将各期限存款利率"一浮到顶"，那么对于城商行而言，存款利率实质上已经市场化了。在这种情况下，进一步下调存款基准利率将有助于缓解利率市场化对于城商行利差的挤压。

从未来一段时间看，降准降息的空间仍然存在，利率市场化也将在存款保险制度正式实施之后得到进一步的推进。城商行需要为此做好准备。在应对定向降准方面，城商行需要将更多精力和资源配置在"三农"、小微贷款业务领域。普遍性的降低存款准备金率对全部商业银行的影响是一致的，差别在于定向降准。近来，除了要实现稳增长目标之外，人民银行通过定向降准、再贷款等措施鼓励商业银行发展"三农"、小微金融，增强金融服务实体经济的能力，并将"三农"或小微企业贷款考核结果作为确定定向降准适用范围的标准之一。尽管人民银行已经多次下调存款准备金率，但目前商业银行存款准备金率仍然保持在较高的水平，进一步定向下调的空间和基础都是存在的。不少城商行的"三农"贷款占比和小微企业贷款占比还存在提升空间，可以通过增量倾斜带动结构调整，也可以通过存量调整带动结构调整。

在应对降息和利率市场化方面，要缓解降息和利率市场化对于利差和利息收入的负面影响，城商行需要高度重视并加强息差管理，提高生息资产占比，并将息差维持在一定的水平。具体应对措施则涉及客户结构、业务结构、利率定价、存款竞争、考核导向、风险管控、资产负债管理等方面。自 2014 年 11 月非对称降息以来，一年期存贷款基准利率差由 3% 降至 2.85%，目前仍保持在这一水平。城商行净利差和净息差发生了不同程度的下调，比如苏州银行净利差从 2011 年的 2.76% 下降到 2014 年的 2.42%，2013 年最低时为 2.39%；净息差持续下降，而且降幅大于净利差，从 2011 年的 3.35% 连续下降至 2014 年的 2.79%。不同城商行的净息差水平也表现出较大的差异。从 2014 年净息差数据看，宁波银行 2014 年净息差为 2.51%，南京银行为 2.59%，重庆银行和苏州银行为 2.8%，富滇银行是 3.33%，贵阳银行是 3.42%，一些规模较小的城商行，如衡水银行和平顶山银行的净息差超过 4%。改善净息差的空间是存在的。需要强调的一点是，城商行需要从全行整体的角度出发来加强净息差管理，将净息差管理常规化，明确净息差管理牵头负责部门，同时明确其他相关部门的职责，并在考核方面作出调整和规定。

## （二）轻型化转型与轻型银行

资本金是银行业成本最高的资金来源，减少资本消耗是每一家银行都需要考虑的问题。在现代银行业经营理念和监管框架中，发展业务需要承担风险，需要计提相应的资本金。2013 年以来，最低资本要求的强化进一步提升了降低资本消耗的紧迫性。银行业采取了包括业务体系与资产结构调整、经济资本管理等在内的各类措施来降低资本消耗，推行资本节约型发展。

新一轮全球金融危机爆发之后，国际社会对加强银行业监管形成了共识。其重要举措之一是，2010 年 11 月，二十国集团（G20）首尔峰会批准巴塞尔银行监管委员会（BCBS）起草的"巴塞尔协议Ⅲ"，确立了全球统一的银行业资本监管新标准，要求成员国从 2013 年开始实施，2019 年前全面达标。

我国率先实施"巴塞尔协议Ⅲ"。银监会于 2012 年 6 月公布《商业银行资本管理办法（试行）》，要求 2013 年起正式实施。新的商业银行资本充足率监管要求包括：最低资本要求、储备资本要求以及逆周期资本要求、系统重要性银行附加资本要求、第二支柱资本要求，明确储备资本要求、逆周期资本要求、系统重要性银行附加资本都需要由核心一级资本来满足。银监会设置了为期 6 年的实施过渡期，期间资本要求逐年提高。实践中，大部分商业银行基本上是一步到位。

资本要求的提高，加上利率市场化挤压国内商业银行存贷款利差，商业银行以量取胜的发展模式和盈利能力受到前所未有的冲击。发展速度和盈利水平增速的下降就是最显著的证据。在多渠道补偿资本金的同时，各类商业银行均将降低资本消耗、转变发展方式作为加快转型发展的一项重要工作。随着国内商业银行对于轻型化转型的重视程度不断提升，招商银行和兴业银行明确提出打造"轻型银行"。

招商银行的轻型银行理念被传播得最为广泛。招商银行认为，轻型银行的本质是以更少的资本消耗、更集约的经营方式、更灵巧的应变能力，实现更高效的发展和更丰厚的价值回报，具体路径则包括轻资产、轻经营、轻管理和轻文化四个方面。在招商银行的轻型银行道路中，轻型银行建设与最近繁荣发展起来的互联网金融也紧密地融合在一起。这种用轻型银行概括转型发展全部内容的方法论从概念上讲值得商榷，但在实践中无可厚非。这种方法论并不一定适合其他商业银行。

各家商业银行都在探索自己的资本节约型发展道路，但成效各不相同，总体效果并不显著。当前，国内商业银行业务发展对于资本金的消耗速度仍然比较高。数据方面，在国内 21 家上市银行中，民生银行和中信银行在 2014 年的风险加权资产与资产总额之比分别是 71.3%和 71.1%，分列第一位和第二位；其他 19 家上市银行的风险加权资产与资产总额之比处于 60%～70%。从 2013 年和 2014 年的可比数据看，13 家上市银行的风险加权资产与资产总额之比是上升的，重庆农商行、农业银行、南京银行和哈尔滨银行的2014年风险加权资产与资产总额之比都比2013年上升了超过5个百分点；招商银行和交通银行2014年风险加权资产与资产总额之比都比2013年下降了超过5个百分点，招商银行的降幅达到7.2个百分点。另外，7家上市银行2014年的营业收入与风险加权资产之比都比2013年出现了下降，其中6家2014年的风险加权资产与资产总额之比与2013年比是上升的。招商银行2014年的风险加权资产与资产总额之比降幅最大，营业收入与风险加权资产之比增幅最高。

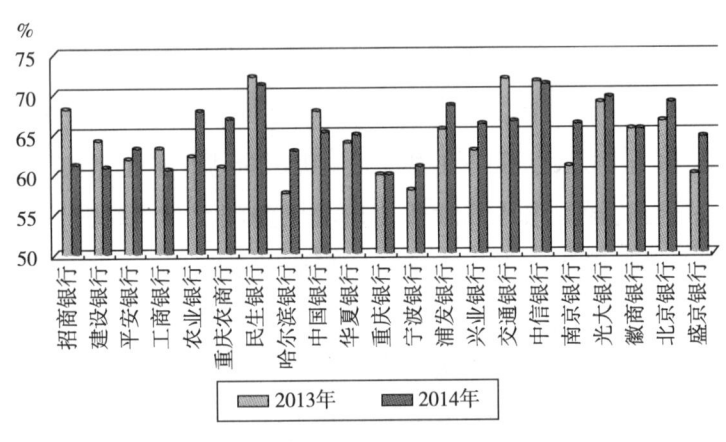

资料来源：《银行家》数据库。

**图4－29　2013年和2014年国内**

**21家上市银行风险加权资产与资产总额之比**

对于国内商业银行，包括城商行而言，问题已经不是是否需要轻型化转型，而是如何进行轻型化转型。轻型化转型可以从不同角度来探讨，或者说，轻型化转型涉及不同方面的内容。

从资本管理角度看，城商行需要以新资本管理办法为基础，将经济资本、账面资本与监管资本相结合，统筹进行资本管理，提高资本使用效率。轻型化转型最核心的要求是在不牺牲业务发展速度的前提下降低资本消耗。一些城商行在信贷资源分配、考核和绩效评估等方

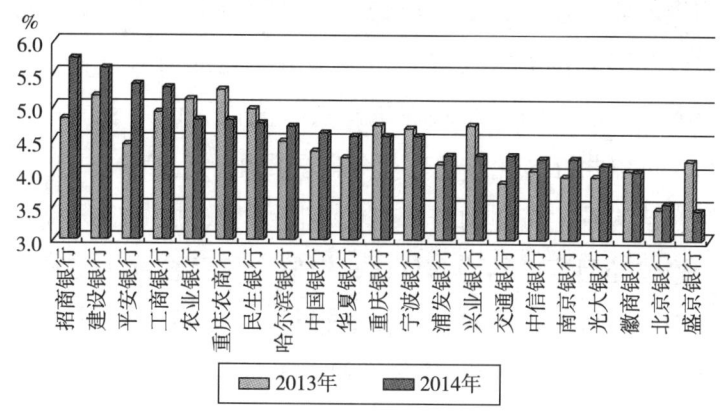

资料来源:《银行家》数据库。

**图4－30　2013年和2014年国内**

**21家上市银行营业收入与风险加权资产之比**

面已经纳入了经济资本和风险调整之后的收益率。整体上看,城商行在经济资本管理方面还比较薄弱,经济资本计量方法和系统建设较落后。城商行面临的一个重要压力是补充资本金的压力,一些城商行由于资本金补充不及时而不得不限制自身的发展速度。城商行需要将加强经济资本管理作为轻型化转型的重要推手,建立经济资本预算管理制度、风险资产限额管理制度以及以风险调整收益率和经济增加值为核心的风险定价体系和绩效考核体系,通过经济资本的配置及年度预算等形式将资本投入战略性的业务条线和能够产生较高风险调整收益率的业务,引导全行强化资本约束,调整发展模式、业务体系和资产结构。

从业务体系看,城商行需要从整体上规划业务体系,发展一些资本消耗少或不消耗资本金的业务。从大的分类看,小微金融业务和个人金融业务的资本消耗较少,公司金融类业务资本消耗较多。在中间业务中,支付结算类、银行卡、代理类、基金托管类和咨询顾问类等一般所讲的服务类业务,是不形成或有资产、或有负债的中间业务,不会影响表内业务质量，不占用资本金；担保类、承诺类、金融衍生品交易类以及部分投资银行业务是会形成一定的或有债权、或有债务的中间业务，虽然它们不反映在资产负债表内，但与表内资产存在一定的联系，可以相互转化，这些业务需要占用一定的资本金。

从资产结构看，需要调整资产的风险结构，提高低风险权重的资产占比，构建轻型资产结构。目前，银监会仅只核准了工商银行、农业银行、中国银行、建设银行、交通银行、招商银行6家银行实施资本管理高级方法。绝大部分城商行的资本计量能力都是相对较弱的，风险计量的科学化和精细化程度较低，风险计量模型、科技系统建设和数据质量管理相对较落后，风险管理队伍有待加强。它们主要采用新资本管理办法最基础的风险加权资产计量方法。即使如此，也给城商行通过调整资产结构降低风险加权资产与资产总额之比带来了一定的空间。在新资本管理办法下，各类信用风险资产的风险权重系数还是存在较大的差距的，比如个人按揭贷款风险权重系数为50%，小微贷款的风险权重系数下调至75%，不同信用等级的主体债务的风险权重系数高的达到150%，低的则是0，等等。市场风险标准法计量规则也为不同类型的资产设定了高低不同的资本计提比率和风险权重。此外，不同业务条线的操作风险资本系数也不相同。城商行可以根据新资本管理办法对于各类资产风险权重的要求来调整资产结构。比如，积极参与地方政府债务置换，将低流动性的、非标准化的贷款转化为高流动性、标准化的地方政府债券，关键在于地方政府债券具有较低的风险权重系数。

从风险管理看，城商行可以经营资产及相应的风险和风险资产，而不是持有资产及相应的风险到期。从国际银行业发展历史看，资产证券化与信用衍生品是20世纪70年代以来发展起来的最重要金融创新工具，也被认为是直接导致2007年美国次贷危机并诱发全球金融危机的罪魁祸首。近几年，国内监管部门也在大力推行资产证券化，希望借此盘活存量，提高资金周转率；信贷资产流转也在逐步发展。未来，信用衍生品创新也将在国内出现，为商业银行经营资产和风险创造更多的选择。城商行可以借助这些技术构建"发起并出售""发起并保险"等不同类型的资产经营模式，主动管理自己的风险资产总量和结构。

运用互联网应用和大数据分析构建互联网金融平台和产品，对于轻型化转型具有重要的意义。比如，招商银行将轻运营和管理作为其打造轻型银行重要构成部分。基于移动终端的客户营销及业务处理平台、直销银行、智能化客户服务模式、电子供应链金融、P2P 网贷以及大数据在产品创新、营销、风险计量与控制等方面的应用，将能够极大地缓解银行业发展对于物理网点的依赖，物理网点的业务压力也可以得到舒缓，从而腾挪出更多的资金和资源用于业务发展。

如何衡量和监测轻型化转型？轻型化转型成效不够显著的一个重要原因是，尽管都在推进轻型化转型，但并不完全知道自己"身"在何地、"前途"在哪里。换言之，我们需要一个指标体系来描述轻型化转型。提出一个描述轻型化转型的指标体系并不是我们的目的。但我们认为，轻型化转型的核心和关键是构建低资本消耗的业务体系和资产结构，为所承担的风险创造更多的收益，因此轻型化转型或轻型银行指标体系需要吸纳风险加权资产与资产总额之比、营业收入与风险加权资产之比、风险调整资本收益率（RORAC）三个指标。这三个指标可以为轻型化转型提供一定的价值。如果能够将风险加权资产与资产总额之比控制在较低水平，同时营业收入与风险加权资产之比、风险调整资本收益率保持在较高水平，那么可以认为轻型化转型取得了一定的成效。

## （三）互联网金融与数据金融

金融业与信息技术的融合由来已久，但在大部分时期发生的都是金融业吸收信息技术成果。在国内，这种情况在 2013 年前后发生了显著变化。2013 年 6 月，支付宝推出"余额宝"，金融业与信息技术的融合进程来到了新的高潮和起点。大大小小的互联网公司摩拳擦掌要进入金融业，以非持牌的形式提供金融服务，诞生了一大批"宝宝"类互联网理财产品，P2P 贷款这种民间借贷形式借助互联网焕发了新的生机，令人眼花缭乱的网络众筹平台粉墨登场，大型电子商务平台推出了自己的线上金融服务。

银行业从中看到了冲击，也看到了机遇。在冲击方面，支付、融资和理财等银行业所提供的金融服务已经被互联网企业全面渗入了，而且互联网企业提供的金融服务更加简单、便捷，与用户的生活消费场景结合得更加紧密，用户体验更好。银行业市场竞争范围再一次扩大，特别是在服务一些中低收入的年轻客户群、电子商务企业、O2O 商业等方面，银行业的服务触角有限，而互联网企业的服务能力更强。可以说，银行业在为整个以互联网为基础的经济形态提供金融服务方面落后于时代的发展需要。在机遇方面，以互联网为基础的经济形态仍然处在飞速发展期，互联网将会持续不断地渗入人们的生产、生活、交易等各个领域，潜在市场空间巨大。这将为银行业长期积累的经验和技能提供新的不断增长的用武之地。即使是在为既有客户服务方面，银行业也可以借助互联网应用来改善服务质量和客户体验。2014 年"两会"期间，李克强总理代表国务院所作的政府工作报告首次提出"促进互联网金融健康发展"，提出要制订"互联网＋"行动计划，推动移动互联网、云计算、大数据、物联网等与现代制造业结合，促进电子商务、工业互联网和互联网金融健康发展，引导互联网企业拓展国际市场。2015 年 7 月，中国人民银行等十部委联合发布《关于促进互联网金融健康发展的指导意见》，为我国互联网金融规范发展和监管体系建设奠定了基调和基础。

城商行不仅从中看到了互联网经济的巨大潜在市场空间，还看到了通过互联网金融平台实现跨区域发展和跨越式发展的机会。截至目前，城商行（包括国内其他商业银行）发展互联网金融主要涉及产品、渠道、平台、跨界合作、大数据五个方面。

在产品方面，城商行推出了越来越多的互联网金融产品。其一是金融产品线上迁移。在这里，更多的是产品参数、渠道、流程及风险控制技术的调整和优化。整体来看，基金、贵金属、理财产品、消费贷款、中小企业贷款、供应链金融产品等可标准化的、风险较低的金融产品被越来越多地转移到互联网上，通过线上业务受理办理来提高效率。比如，北京银行 2014 年 5 月推出的供应链在线产品"网速贷"，客户在获批授信后可以自主在网银端发起融资申请、自主确定融资金额，从融资申请提出到融资款项入账，全流程自动化处理。其二是推出全新的互联网金融产品。最典型的是"余额宝"大热之后，城商行推出了自己的"宝宝类"对接货币基金的理财产品，推动理财大众化发展，缓解资金流出。这些理财产品的起购金额比一般的银行理财产品得到了大幅降低，有些城商行对接货币基金的理财产品甚至实施 1 元起购，一些城商行推出的全开放式理财产品可以实现"T＋0"实时资金划转服务。部分银行系宝宝类理财产品还具有自动申购、自动赎回的功能，可以兼顾理财收益最大化和 ATM 取现、刷卡消费、偿还信用卡等功能。在支付结算方面，一些城商行也推出了专门应用于互联网交易场景的支付产品，包括移动支付产品（包括电子钱包），并在音频、指纹等新型安全认证技术方面进行了探索和尝试。在融资服务方面，城商行与电子商务、第三方支付机构等互联网企业合作，推出了一些针对电子商务环境下的融资产品。比如，北京银行在 2014 年 6 月与好贷天下信息技术（北京）有限公司签署战略合作协议，将其个人消费贷款产品"金贷宝"推上"好贷网"，申请人可通过"好贷网"的线上申请入口将贷款需求及相关信息提交给北京银行。再比如，南京银行、江苏银行、宁波银行等先后与银联商务展开合作，推出

"POS 贷"。POS 贷产品是专为商户提供的基于互联网技术和大数据挖掘优势的信用贷款产品。比如，江苏银行的"小快灵·POS 贷"具有免担保、免抵押，在线申请，随借随还等特征。

在渠道方面，电子渠道体系更加丰富多样，越来越多的交易型业务向电子渠道迁移，物理网点面临新的转型压力和机遇，全渠道管理亟待强化。电子渠道创新是 40 多年来银行业最为重要的创新之一，这些渠道创新的一个重要特征是应用了信息技术成果。电话、自动取款机（ATM）、POS 借记系统、网上银行都是商业银行重要的电子渠道。近几年，随着互联网和移动终端的普及，互联网与人们的商业、生活、消费、社交之间的联系日益紧密，银行业加紧脚步开发新的电子银行渠道，来适应人类经济社会环境电子化、网络化的趋势。除了网上银行之外，商业银行还创新推出了微博银行、微信银行、Pad 银行、手机银行、直销银行、P2P 网贷平台等在内的电子服务渠道体系，为个人客户、企业客户、小微客户推出了 Pad 和智能手机客户端。其中，微博银行、微信银行、手机银行已经可以说是城商行电子渠道的标配了，一些规模较大的城商行推出了自己的直销银行，个别城商行还推出了P2P 网贷平台。北京银行还推出了业内首家营销型网上银行"在线银行"，推出微信移动营销平台，为手机用户量身打造移动金融服务平台"京彩生活"。兰州银行于 2014 年 11 月在国内首创智能服务机器人"兰兰"。随着移动互联网越来越普及，移动终端有可能会成为银行业超过网上银行和物理网点的最为重要的渠道，而移动互联网的流量竞争和用户体验也将成为银行业竞争的一个重要战场。电子银行渠道功能日益完善，对分流营业网点柜台业务压力发挥了重要的作用，电子渠道在银行渠道体系中的地位越来越高。比如，北京银行在 2014 年重点业务交易替代率高达 92%。同时，物理网点转型的压力日益增加，先进信息技术成果的应用也为物理渠道转型提供了更好的基础和机遇。从当前来看，营业网点仍然是商业银行经营业务和开展竞争的基础，银行通过营业网点实现与客户的面对面沟通，银行的形象需要通过营业网点来体现。但营业网点的多样性在不断增加，电子化、智能化、小型化、社区化、体验化程度在不断提升，产生了规模不同、功能各异的营业网点。新一轮的物理网点转型需要与电子银行渠道体系和互联网金融平台紧密融合在一起。比如，2014 年 9 月，北京银行推出了"京彩 E 家"，对物理网点的业务操作、营销服务与客户关系管理模式实行全流程的电子化提升，并设立信息展示区、营销互动区、自助操作服务区、开卡签约区及产品购买区五个标准化功能分区，实现线上线下结合和客户自主操作，这被认为是国内首个智能"轻"网点。其背后是北京银行强大的电子银行体系支撑，包括在线银行、网上银行、电话银行、手机银行、微信银行与触屏设备、远程智能柜员机、存取款机、自助缴费终端等自助设备。渠道体系的多样化、现代化对渠道体系管理提出了更高的要求，渠道体系需要多样性的统一，各种各样的电子银行渠道、互联网金融平台、物理网点需要实现无缝衔接和高效协同，为客户提供一致的服务体验。电子渠道业务处理成本较低，在提供简单标准化金融产品和服务方面占有优势，物理网点业务处理成本较高，在提供复杂金融服务及需要面对面交流的顾问类服务方面占有优势。在推进网点转型中，这一基本的功能差异需要密切关注。总体上看，全渠道管理需要伴随着渠道多样化来推进和加强，渠道整合是一个重要发展趋势。

在平台方面，城商行对互联网金融平台寄予厚望，希望充分利用互联网无时间限制和无地域界限的特征实现跨越式发展和跨区域经营。但城商行发展互联网金融平台面临着管理体制、企业文化、绩效考核等方面的冲突和问题。首先，直销银行是城商行近两年来投入资源最多的一个重要平台。规模较大的几家城商行推出了自己的直销银行，包括北京银行"互联网平台 + 直销门店"相结合的服务渠道，宁波银行、江苏银行、重庆银行、华润银行等城商行以自身品牌推出直销银行，另有一些城商行以新的品牌推出直销银行，包括上海银行的"上行快线"、南京银行的"你好银行"、兰州银行的"百合银行"、包商银行的"小马bank"、长沙银行的"e钱庄"、晋城银行的"小草银行"、广东南粤银行的"南粤e"、攀枝花市商业银行的"芒果银行"等。此外，华融湘江银行、徽商银行等的直销银行建设正在有序推进。独立的直销银行是不设实体网点的，不需要大量的人员，因此具有较低的成本结构，能够以更高的存款利率、投资收益率和更低的贷款利率、服务费吸引客户。但作为银行系直销银行，很难将它们从母体银行中隔离出来，因此如果不能将直销银行与网上银行进行显著的区别，那么这些优势将难以得到充分的利用。此外，中小银行发展直销银行（包括其他互联网金融平台）的一个重要劣势是客户基础较小，无法实现规模经济效应。当前直销银行发展面临着一些困难，包括产品同质、获客能力弱、缺少广泛覆盖的接口、与网上银行功能重叠等。直销银行发展需要根据直销银行的低成本、便利性特征来明确定位。直销银行不仅仅是一种渠道，而是一种以全新的渠道为基础经营模式，它们需要有自己的客户定位、产品体系（尽管也许只是几款简单的产品和服务）和经营策略，需要明确直销银行在整个渠道体系中的位置，需要不断扩大覆盖面、获客能力和客户体验。其次，城商行在P2P网络贷款平台搭建方面也有进展。一些城商行的直销银行本身就提供P2P网络贷款服务，比如包商银行的"小马bank"、江苏银行直销银行嫁接的"融e信"。另外，一些城商行则推出了独立的P2P网贷平台，包括兰州银行"e融e贷"投融资平台、齐商银行的"齐乐融融E"平台等。商业银行在典型的P2P网络贷款交易中的角色与其在信贷资产证券化中所发挥的角色类似，在交易完成之后商业银行不与交易双方之间建立债权债务关系。当前，P2P网络贷款行业还存在一些不规范不完善的地方，监管部门在商业银行发展P2P网络贷款方面还没有明确的规章制度出台。最后，综合性电子商务平台。商业环境电子化、网络化是过去一段时间的一个重要经济现象。银行业为电子商务发展提供了支付、融资等方面的服务，但传统的银行业服务方式、产品、风险控制理念和技术都不能完美地与电子商务融合起来。电子商务的繁荣积累了大量的客户、交易和数据，需求驱动着金融服务的跟进。其结果有三，一是电子商务平台与商业银行进行战略合作，二是电子商务平台开始提供支付、融资和理财服务，三是商业银行将金融服务嵌入电子商务并建立自己的综合性电子商务平台。建设银行、交通银行、农业银行、工商银行、民生银行、广发银行、兴业银行等几家大中型银行则纷纷采取"纵向一体化"战略，建立自己的电子商务平台，它们期望能够在掌控客户的同时掌控数据。在城商行方面，宁波银行、成都银行、大连银行、兰州银行等也推出了自己的综合性电子商务平台。但是，银行系电子商务平台发展并不顺利，用户体验、商户招商、功能完善以及客户的熟悉和接受都需要时间。更为重要的是，作为后来者，它们本身就面临着阿里巴巴、京东等电子商品平台激烈竞争，在突破"平台"发展的"引爆点"实现平台自身的良性循环发展方面，它们还有一段路要走。在此过程中，很可能部分电子商品平台将面临进退两难的窘境。此外，在网络众筹平台方面，城商行还没有大的进展。

在跨界合作方面，城商行已经取得了一定的进展，积极性正在逐步提高。互联网正在与经济社会生活紧密的融合起来，银行业必须适应这一趋势，将自己的金融服务与互联网融合起来，实现场景化的服务。2014 年 2 月，北京银行与小米合作拓展移动互联网金融，双方将在移动支付、便捷信贷、产品定制、渠道拓展等多个方向探讨合作。2014 年 11 月，北京银行联合中国外运华东有限公司联合推出"信运通"供应链金融服务，为中小微国际物流企业提供全方位金融解决方案。2015 年 4 月，北京银行与腾讯启动战略合作，双方将围绕京医通项目、微信支付、集团现金管理、零售金融等领域开展业务合作，北京银行将向腾讯提供意向性授信 100 亿元，为"互联网＋"战略的落地提供资金支持。2014 年 10 月，苏州银行与点融网宣布平台共建，借助 P2P 网络借贷平台技术，将信贷服务覆盖到更多的小微企业，降低小微企业的融资成本。苏州银行将成立一个专门从事 P2P 业务的事业部，点融网将提供技术支持该事业部搭建一个 P2P 平台并提供相关服务。同在 2014 年 10 月，长沙银行与拍拍贷、华安基金的战略合作正式对外公开，这是国内城商行、P2P 平台、基金公司首度跨领域三方合作。长沙银行将为拍拍贷的客户提供点对点账户资金划付服务，从而进入 P2P 托管，拍拍贷将引导用户在网贷平台投资的同时逐步申请开立和使用长沙银行直销银行产品"e 钱庄"，使用其对应的电子银行账户所提供的各项理财功能和服务。2014 年 12 月，南京银行与江苏有线南京分公司联合推出"银广通"业务，南京市民可以通过南京有线云媒体互动电视，预约购买南京银行的特供理财产品。这一举措在全国银行和广电业中尚属首次。2015 年 6 月，华融湘江银行与深圳前海微众银行签订战略合作协议，双方将在支付及客户互荐、信用卡、小微及个人贷款、理财、同业授信、互联网金融生态圈等方面开展深入合作，共同努力为客户提供线上与线下相结合的全方位金融服务。上述跨界战略合作并不是城商行跨界合作的全部，这里不再一一列举。需要指出的是，作为中小银行，城商行需要将跨界合作作为一项重要的互联网金融发展战略或策略，通过优势互补实现共同发展。

在大数据应用方面，城商行进行了一些探索尝试，但还没有取得重大进展。商业银行存在的基础是直接通过市场进行资源配置存在市场失灵。数据是一项重要的资源，数据应用在减少交易成本和缓解信息不对称方面都存在巨大的价值。银行业在应用结构化数据方面已经积累了大量的技能和模型，但伴随互联网普及所产生的大量的非结构化数据尚未得到充分的利用。银行业的数据库和数据分析技术还不能很好地适应以音频、视频、文本、浏览痕迹、社交行为等为主体的非结构化数据。在应用大数据方面，国内银行业整体上还处于基础建设阶段，而且城商行落后于大型商业银行和全国性股份制商业银行。工商银行、交通银行、招商银行、中信银行、光大银行等都已经在大数据应用方面取得了一定的成绩。在城商行方面，大部分城商行都将信息科技和数据库建设作为一项重要的工作，但在大数据应用方面鲜有重大进展。2014 年 6 月，包商银行推出的"小马 bank"主打互联网智能理财，将互联网和大数据技术，通过客户交互智能化进行风险测评、理财规划和资产配置建议，但"小马 bank"上线一年来的发展情况并不理想。银行业的产品创新、客户管理、市场营销、风险管理、反欺诈等领域都可以应用大数据分析。城商行，包括大型商业银行和股份制商业银行在大数据应用方面都还有很多的工作需要做。

可以说，银行业是最早应用信息技术的行业之一，未来银行业需要进一步与信息技术进行融合，而且需要加快融合步伐。银行业竞争范围将极大地扩大，金融服务领域的竞争将进入一个"百舸争流、不进则退"的时代。与大型商业银行和全国性股份制商业银行比较，城商行在人才、资金、规模、系统、风控等方面都是落后的，但与大部分互联网企业相比，城商行在这些方面的能力还是存在一定优势的。城商行需要转变理念，可以但没有必要像工商银行那样搞一个互联网金融整体规划出来，同时在个别领域探索遭受的挫折和失败不能成为发展互联网金融的阻碍。城商行需要坚定信心，特别是高级管理层要坚定信心，既要看到自己在发展互联网金融方面存在的一些局限，也要看到长处、优势和互联网金融未来的发展空间和前景。互联网金融是创新非常活跃的领域，而创新就需要容忍挫折和失败，互联网金融发展本身就是一个从错误和失败中成长的过程。但是，不能漫无目的地打游击战，打一枪换一个地方，要结合自身的优势、业务体系和客户结构，以及自身的信息科技实力，推进自身的互联网金融发展。

## （四）集团化发展与综合经营

在最完整的意义上，综合化经营意味着商业银行可以接受客户存款并向客户发放贷款、出售保险、承销证券、代表客户从事证券交易和经纪服务、为客户提供咨询顾问服务、以自有资金从事证券交易，它们可以以战略合作、全能银行、银行控股公司、银行保险公司、金融控股公司等组织形式实现。从商业银行的角度来看，综合化经营的关键问题是以何种组织形式将哪些业务纳入同一组织，包括业务范围和组织形式两个方面。业务范围和组织形式是银行业监管的重要内容。

关于综合化有两种截然相反的观点。支持综合化经营主要理由包括综合化经营可以更好地通过交叉销售和综合金融服务方案来为客户提供全方位多层次的金融服务；发挥规模经济和范围经济优势，实现协同效应、降低服务成本；实现收入结构多元化、风险分散，通过以丰补歉的形式来实现收入水平的稳定；是参与国际竞争的需要，当前国际银行业以综合化经营为主要经营模式。在相同的主题上，反对观点提出了相反的理由，综合化服务可以通过市场和组织间合作来实现；没有确凿的证据证明银行业存在规模经济和范围经济；业务多样化会导致不当内部交易、利益冲突、风险交叉传染，不利于消费者权益保护，而且会放大整个组织的风险；参与国际竞争不能牺牲金融体系的安全和稳健性。

从整体上看，当前国际银行业是支持有限度的综合化经营，国内监管部门和金融机构也支持综合化经营，国内银行业在综合化经营方面也取得了一些重要的进展。在欧洲大陆国家，全能银行是大型银行的主流经营模式，在英国经历了从自然分业经营向银行控股公司的转变。美国、日本、韩国等则经历了从混业经营到分业经营再到金融控股集团的转变。新一轮全球金融危机诱发了国际社会对于银行业务范围的新一轮反思，美国实行了"沃克尔规则"，欧洲实行了"栅栏原则”，主要目的是限制银行业从事一些高风险的业务，而不是一律禁止综合化经营。从国内银行业发展历程看，国内银行业是从专业化银行而来的，20世纪80年代后期和90年代前半期的混业经营给金融业带来了一定的混乱，随后逐步形成了银行、信托、证券、保险分业经营、分业管理的局面。随着商业银行风险管理和内部控制能力逐步提高，信息披露和金融消费者保护力度不断增大，金融监管水平和有效性不断提高，监管部门对商业银行综合化经营的限制有所放松。2003年12月修订的《商业银行法》为商业银行综合化经营预留了一定的空间，商业银行综合化经营进入新阶段。当前，国内大型商业银行和部分全国性股份制商业银行已经通过控股子公司的形式，在境内外设立控股子公司进入了券商、基金、保险、信托、金融租赁、衍生品等领域，金融集团架构逐步完善。城商行也参与了一些非银行金融机构，但总体相对落后。

从经营环境看，有三个方面的压力要求商业银行拓展业务范围，开展综合化经营。一是金融脱媒，货币市场、债券市场和股票市场快速发展，威胁到了整个银行业在金融体系中的地位。一方面是企业融资渠道多样化，越来越多地通过资本市场获得直接融资，另一方面，存款分流进入资本市场和互联网理财，存款理财化趋势明显，商业银行存款稳定性有所下降。从数据看，近十余年来，人民币贷款余额增速一直低于社会融资规模余额，而企业债券余额增速远高于同期社会融资规模余额增速，非金融机构境内股票融资余额增速则有较大波动。2014年底，社会融资规模余额达到122.86万亿元，比2013年底增长14.3%，人民币贷款余额增速13.6%，企业债券融资余额增速25.8%，非金融机构境内股票融资余额增速12.7%。从增量数据看，人民币贷款在社会融资规模增量中的占比在2013年达到最低的51.4%，2014年则有所回升，但总体呈下降趋势。二是利率市场化已接近完成，银行息差空间进一步收窄。关于利率市场化的最新进展，这里不再赘述。

国内商业银行以利息净收入为主要收入来源，利率市场化将挤压商业银行盈利空间。利率市场化被一些评论者认为是影响商业银行生死存亡的事情，其中可能有些夸大的成分，但净息差收窄的问题是必须要面对和处理的。三是互联网金融繁荣发展。互联网金融和资本市场的发展是两个可以影响整个银行业在金融体系中地位的事件，银行业需要妥善应对。从近期来看，在网络支付、移动支付、P2P 网络贷款、网络众筹、互联网理财、网络小额贷款等领域，银行业都面临着互联网金融企业的较大冲击。当前，监管部门已经明确了支持互联网金融发展，但相关的立法细则尚未出台，银行业发展互联网金融仍然没有明确的法律依据。

城商行该如何应对？外部环境变化正在威胁整个银行业的地位和生存，城商行需要选择自己的应对措施。如果从银行、证券、保险这三个大的业务分类来看，那么绝大部分城商行都不适合进行综合化经营，只有那些大型银行才有充足的资源来跨大业务范围兼营银行证券、银行保险或银证保。中小银行需要将有限的资源用在自己擅长的领域，才能建立自己的优势，将资源分散在这三大业务领域不利于这一点。综合化经营并不是一个"0""1"选择，不是说要么做，要么不做，而是选择在一个什么样的程度上做。这需要城商行结合自身的资源实力、发展战略和客户需求来进行选择。特别是，随着规模不断增大，一些城商行进行综合化经营的基础逐步夯实。

从集团化发展的角度看，城商行可以通过参股或控股的方式进入金融租赁、基金公司、消费金融、汽车金融、企业财务公司、第三方支付、P2P 网络贷款平台、电子商务平台、网络众筹平台等，搭建自己的金融集团架构。目前，北京银行已通过参股或控股方式参与了中荷人寿保险公司、北银消费金融公司、中加基金管理公司、北银金融租赁公司及 4 家村镇银行。上海银行旗下拥有上海银行（香港）有限公司、上银基金管理公司及其子公司上银瑞金资本管理有限公司、4 家村镇银行，目前正在推进发起设立上银国际有限公司，探索建立消费金融公司、金融租赁公司。江苏银行作为主发起人设立的苏兴金融租赁公司已经正式开业。南京银行参股了日照银行并成为其第一大股东，入股江苏金融租赁公司、芜湖津盛农村合作银行，发起设立了 2 家村镇银行，投资组建鑫元基金公司。宁波银行旗下有永赢基金管理公司及其子公司永赢资产管理有限公司、永赢金融租赁公司。随着银行业准入逐步放松，其他一些规模较大的城商行需要抓住机遇参与发起设立金融租赁公司、消费金融公司、基金公司等非银行金融机构。西安银行与比亚迪公司合作在西安设立的西北首家汽车金融公司已于 2015 年 3 月正式开业。在新的金融服务竞争环境下，综合化经营需要进一步开放思路，未来的集团化发展可以不局限于获取非银行金融机构牌照，还可以考虑通过参股或控股的方式发展互联网金融。当前，国内已经存在众多的第三方支付、P2P 网络贷款平台、电子商务平台、网络众筹平台，在这几个领域可以但没有必要再另起炉灶。

集团化发展并不是综合化经营的全部，商业银行是持牌经营的金融机构，符合条件的商业银行可以从事一些证券业务和保险业务。商业银行可以参与债券一级市场和二级市场，可以从事资产证券化，可以从事信托资金托管、保险资金托管、养老金托管、企业年金托管、基金托管、证券投资基金以及证券公司客户交易结算资金存管、私募基金托管、第三方支付资金托管、P2P 网络贷款资金托管，可以经营理财直接融资工具及理财管理计划、股票质押融资、并购贷款及并购顾问、企业财务顾问、金融衍生品交易、代理销售，等等。但是，并不是全部商业银行都可以从事这些业务。监管部门和行业自律组织为这些不同的非银行金融业务设置了不同的资格准入条件，只有满足准入要求的商业银行，才可以获准经营相关业务。比如，2014 年 3 月，江苏银行获得了银行间市场交易商协会的同意，获得了开展非金融企业债务融资工具 B 类主承销业务的资格，可以在江苏省范围内开展此项主承销业务；5月获得了中国外汇交易中心暨全国银行间同业拆借中心同意，获得了银行间债券市场尝试做市商资格；6月获得证监会和银监会的同意，获得了证券投资基金托管资格；12月获得保监会同意，获得了开展保险资金托管业务的资格。2015年8月，江苏银行被纳入从事证券公司客户交易结算资金存管活动的指定商业银行名单，成为十年来证监会、银监会再次开放存管银行资格后首批获得该资格的商业银行。在资产证券化方面，2015年初，银监会核准27家商业银行开展信贷资产证券化业务，其中包括北京银行、河北银行、晋商银行、锦州银行、上海银行、江苏银行、南京银行、杭州银行、台州银行、徽商银行、南昌银行、汉口银行、华融湘江银行、重庆银行、南充市商业银行、宁波银行、青岛银行17家城商行。信贷资产证券化是一项重要的金融创新，未来将迎来良好的发展空间，监管部门也在积极推动商业银行开展信贷资产证券化，以盘活存量资金。当前，在信贷资产证券化方面实行的是"银监会备案＋人民银行注册"监管模式，城商行开展信贷资产证券化的监管负担有所降低。

战略合作是开展综合化经营的重要内容。同一集团内部不同子公司之间、母公司与子公司之间的业务协同自然不在话下，这里要探讨的是非同一集团内部的战略合作。城商行的规模、资源、人才都存在一定局限，寻求战略合作，发挥各方的长处和优势，是城商行开展综合化经营的重要抓手。比如近来发展的"债权＋股权"综合金融服务模式，也称"投贷联动"。在这种模式下，商业银行提供信贷资金，私募股权基金或风险投资基金提供股权融资服务，共同为创业期的小微企业特别是科技型企业提供融资服务。合作各方可以发挥各自所长，获得共赢。对于商业银行而言，在与私募股权基金或风险投资基金等机构的合作中，可以识别和控制风险，可以分享企业发展的收益，可以利用资金优先偿还的结构化安排来缓解信息不对称问题，可以利用基金等机构在经营管理方面的经验和技能。根据商业银行与私募股权基金或风险投资基金等机构的合作深度不同,投贷联动可以不同的方式实现。商业银行可以主动了解私募股权基金或风险投资基金等机构的项目,在其进行股权投资之后,跟进债务融资;也可以事先给予私募股权基金或风险投资基金等机构一定的授信额度,允许其投资的企业申请贷款,并建立绿色通道减少一些不必要的审查,这种合作方式要求合作各方之间存在较为深入的相互了解。北京银行、上海银行等一些城商行正在积极探索投贷联动业务。2015 年 6 月,北京银行在中关村设立了创客中心,推动投贷联动经营模式,北京银行计划在未来 3 年内将发展 10000 家会员,实现投贷规模达 1000 亿元。在监管允许的条件下,还可以参与设立股权投资公司。根据公开的信息,上海银行正在酝酿设立银行系股权投资公司。

## (五) 非存款负债与负债管理

存款是国内商业银行最大的资金来源,国内银行业存款在负债中的占比整体上高于国际银行业。在国际银行业,如果不考虑其他情况,那么银行的规模越大,就越愿意使用非存款负债。非存款负债不需要缴纳存款准备金,可以在一定程度上降低成本,而且银行在筹集非存款负债方面也不像吸收存款那样被动,而是可以根据自己的需要来主动负债。对于那些一对一的回购资金或拆借资金,交易可以在几分钟之内完成,可以满足银行流动性管理需要。非存款负债的一个缺陷是利率变化比较大,一旦遇到类似 2008 年 9 月全球货币市场冻结或 2013 年 6 月国内发生的前所未见的"钱荒"之类的事件,短期非存款负债就会成为比较棘手的事情。但随着存款利率市场化,存款利率也将进入变化更加频发的阶段。

从过去的十多年时间看,国内银行业金融机构各项存款余额在负债中的比重整体上呈现下降趋势(见图 4 – 31)。2005 年存款在负债中的占比接近 83.8%,2014 年这一比例降至 73.3%,降幅达到 10.5 个百分点。同期，国内金融机构人民币存款余额月度增速也呈现下降态势，2009 年 6 月存款余额增速曾超过 29.0%，然后一路下降至 2014 年 12 月的 9.1%，这也是截至 2015 年 7 月的历史最低水平（见图 4 - 32）。与此同时，金融机构存款余额月度增幅波动越来越大（见图 4 - 33）。

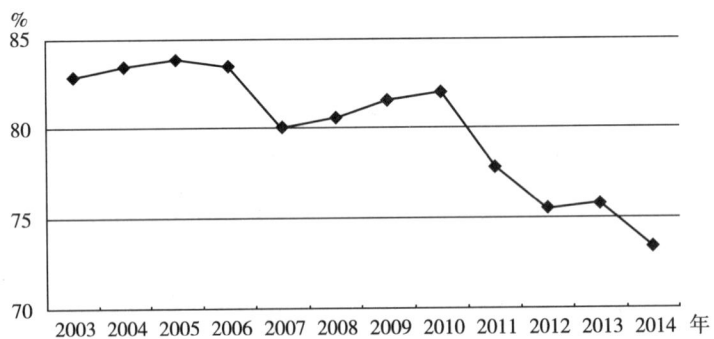

资料来源：银监会 2014 年年报。

**图 4 - 31　2003 ~ 2014 年国内银行业金融机构各项存款余额在负债中的比重**

资料来源：Wind 资讯。

**图 4 - 32　2000 年至 2015 年 7 月国内金融机构人民币存款余额月增速**

存款增速下降、波动性增加是多方面因素导致的，包括居民理财

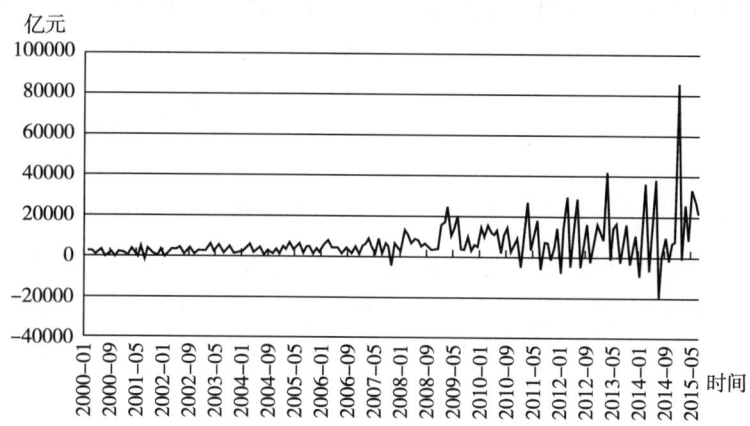

资料来源：Wind 资讯。

**图 4-33 2000 年至 2015 年 7 月国内金融机构人民币存款余额月增幅**

意识觉醒、利率市场化、房市和股市接连繁荣、银行理财业务与互联网理财发展，等等。大部分国内居民理财以获取高收益为主要目标，近几年房地产市场与资本市场轮番繁荣、各类理财产品花样翻新，吸引了大量投资者的注意和资金。银行业适应居民财富管理需求爆发的机遇，大力发展理财和财富管理业务。中国银行业协会发布的《2014年度中国银行业服务改进情况报告》显示，2014 年银行业金融机构共发行理财产品 19.13 万款，总募集资金 92.53 万亿元，较上年增加24.44 万亿元，增长 35.89%；年底理财产品余额达 15 万亿元，较年初增加 4.82 万亿元，同比增长 47.16%。资金在存款和理财计划之间的转换也是导致存款增速下降和波动性增加的重要原因。

监管部门大力引导和督促商业银行加强流动性风险管理。银监会于 2014 年 1 月 17 日发布了《商业银行流动性风险管理办法（试行）》，要求自 2014 年 3 月 1 日起施行，要求商业银行完善流动性风险管理体系，提高流动性风险管理的精细化程度和专业化水平，有效识别、计量、监测和控制流动性风险，增强商业银行和整个银行体系应对流动性冲击的能力。2014 年 9 月 11 日，银监会、财政部和人民银行联合发布《关于加强商业银行存款偏离度管理有关事项的通知》，规定商业银行月末存款偏离度不得超过 3%，并要求商业银行加强存款稳定性管理。2014 年，国内商业银行动性比率保持在较好水平。

存款占比下降的另一面是非存款负债占比增加。正常的经营活动需要稳定的流动性来源，业务持续发展需要有源源不断的融资。存款波动性增加意味着，商业银行需要通过非存款负债来稳定整个负债水平。为了保持一定的发展速度，需要通过非存款负债来弥补不足。过去 10 多年国内银行业经历了高速发展，同期非存款负债也是高速发展。

监管部门在积极推动国内商业银行创新资产负债管理，国内商业银行非存款负债途径日益多样化，它们在商业银行非存款负债中的地位也时有变化。首先，同业拆借、同业借款、卖出回购、人民银行再贷款等是商业银行传统的非存款负债来源。自 2013 年起，监管部门加大了同业业务监管力度。2014 年 4 月 24 日，人民银行、银监会、证监会、保监会、外汇局联合印发了《关于规范金融机构同业业务的通知》（又称"127 号文"），规范同业业务经营行为，推动开展规范的资产负债业务创新，5 月 8 日银监会办公厅发布《关于规范商业银行同业业务治理的通知》（又称"140 号文"），要求商业银行加强同业业务专营机构建设和业务管理。部分商业银行同业业务规模出现了大规模萎缩。人民银行再贷款包括一般性再贷款和专项再贷款。一般性再贷款是人民银行管理银行体系流动性水平的一项政策工具，这一工具也承担了其他一些重要的政策目标。人民银行可以通过合格抵押品范围的设定来控制一般性再贷款政策。比如，2014 年 4 月 23 日，人民银行决定在分支行开展信贷资产质押试点，将信贷资产纳入合格抵押品范围，这有利于解决中小金融机构合格抵押品相对不足问题，并进一步完善人民银行的抵押品管理。在专项再贷款方面，人民银行自 1999 年开始发放"支农再贷款"，最早是为了支持农村信用社改进支农贷款服务，目前已经成为人民银行支持"三农"发展的重要政策工具。2014 年初，人民银行进一步调整再贷款分类，并于 3 月 20 日发布《关于开办支小再贷款支持扩大小微企业信贷投放的通知》，正式创设"支小再贷款"，进一步加大了支持小微企业融资的力度。支小再贷款发放对象是满足小微企业贷款考核标准的小型城市商业银行、农村商业银行、农村合作银行和村镇银行四类地方性法人金融机构。其次，专项金融债是近两年银监会推出的负债工具。银监会大力支持商业银行发展小微金融、"三农"金融，并于 2011 年创新推出了小微企业专项金融债，于 2013 年推出"三农"专项金融债。2014 年 10 月，苏州银行在全国银行间债券市场成功发行 20 亿元"三农"专项金融债券，这是《关于金融支持经济结构调整和转型升级的指导意见》发布以来全国首家发行"三农"专项金融债的商业银行。在计算商业银行存贷比指标时，允许在贷款（分子项）中扣除支农再贷款、支小再贷款、小微企业专项金融债和"三农"专项金融债对应的贷款，这有助于调动符合条件的商业银行利用这些负债来源来筹集资金。但是，单从负债管理角度看，对于个别信贷额度不足、存贷比较低的城商行而言，这些负债来源的意义有限。专项金融债需要专款专用，发行并不十分活跃，2014 年小微专项金融债发行量比 2013 年有所下降。

同业存单和大额存单是近两年推出的另外两项重要的主动负债工具。存单有固定的偿付期限，比定期存款更稳定。存单的推出与利率市场化进程有关。关于利率市场化的一个普遍担心是，一旦完全放开存款利率上限，那么商业银行将会你来我往地进行价格竞争，整个银行业资金成本将会大幅上升，这将会对银行业稳定运行带来不利影响。存单发行与交易有助于扩大负债产品市场化定价范围，健全市场化利率形成机制；有助于提高商业银行负债利率定价能力，促进存款利率化进程；有助于增强市场对于商业银行经营管理和财务状况的监督和约束。人民银行推出这两项负债工具被认为是推进存款利率市场化的准备工作之一。

同业存单是由银行业存款类金融机构在全国银行间市场上发行的记账式定期存款凭证，是一种货币市场工具。2013年12月8日，人民银行发布《同业存单管理暂行办法》，次日起实施，规定发行同业存单的机构需要满足三个条件：一是市场利率定价自律机制成员单位；二是已制定本机构同业存单管理办法；三是人民银行要求的其他条件。同业存单的投资和交易主体为全国银行间同业拆借市场成员、基金管理公司及基金类产品。据Wind统计，2015年前8个月，全部商业银行同业存单实际发行接近3300只，发行金额达2.63万亿元，是2014年全年同业存单发行量的2.9倍；城商行同业存单实际发行超过1700只，发行金额超过1万亿元，是2014年全年的3.4倍。

大额存单是由银行业存款类金融机构面向非金融机构投资人发行的记账式大额存款凭证。2015年6月2日，人民银行发布了《大额存单管理暂行办法》，并于公布当日开始实施，规定大额存单期限最低1个月、最高5年，投资人包括个人、非金融企业、机关团体等非金融机构投资人，以及保险公司和社保基金；个人投资人认购起点金额不低于30万元，机构投资人不低于1000万元。发行人发行大额存单应当具备三个条件：一是全国性市场利率定价自律机制成员单位；二是已制定本机构大额存单管理办法，并建立大额存单业务管理系统；三是人民银行要求的其他条件。大额存单推行初期，首先在市场利率定价自律机制核心成员范围内进行了试点发行，目前已经扩大到基础成员，发行机构数量从最初的9家扩容至102家。大额存单作为一般性存款，纳入存款保险的保障范围。

负债管理不仅要关注资金来源多样性和负债流动性，还要将资金成本控制在合理水平。首先，存款的成本是在不断增加的。在存款利率上浮区间不断扩大的过程中，各家商业银行均不同程度地上浮了各期限存款利率，城商行上浮的程度整体上高于大型商业银行和股份制商业银行。《存款保险条例》于 2014 年 10 月 29 日国务院第 67 次常务会议通过，自 2015 年 5 月 1 日起施行。商业银行需要为吸收的人民币存款和外币存款向存款保险基金管理机构交纳存款保险费。存款保险费率由基准费率和风险差别费率构成。每家商业银行所适用的费率由存款保险基金管理机构根据其经营管理状况和风险状况等因素确定。这意味着，大部分城商行可能要负担比大型商业银行和全国性股份制商业银行更高的费率。存款保险为 50 万元限额以内存款的竞争创造了一个更加公平的市场环境，这一点有利于城商行。其次，非存款负债成本整体上高于存款。非存款负债成本将主要由无风险利率、商业银行的风险等级、期限、通货膨胀等因素决定，它们会根据市场行情和政策调整而变化。2013 年底，国家开发银行、工商银行、农业银行、中国银行、建设银行 5 家银行发行首批同业存单，其中国家开发银行同业存款期限为 6 个月，利率是 5.25%；工商银行的是 1 个月，利率是 5.1%；其他三家的是 3 个月，利率是 5.2%。四家大型商业银行的同业存单利率均低于同期限上海银行间同业拆放利率（shibor），但要远高于同期限定期存款利率。2015 年 6 月，9 家市场利率定价自律机制核心成员首批发行的大额存单利率普遍较同期限存款基准利率上浮40% 左右，高于同期限定期存款利率。此外，除了保存一部分流动性应对不时之需外，个人投资者和机构投资者都会在不同收益率的投资产品之间进行套利和调整资金配比，从而促进各类投资产品的收益率均等化。随着非存款负债占比上升，以及存款成本上升，商业银行整个负债成本将逐步上升。

商业银行负债方已经发生了重要的变化，一些变化仍在深入发展中，存款竞争将日益激烈，负债的利率风险将日益突出。这些变化需要城商行密切关注，并加强负债管理，及时监控存款与非存款负债的结构和成本，从其他金融机构、企业和居民那里筹集资金，以维持正常的经营活动。

首先，负债管理要与流动性管理和资产负债管理融合在一起。流动性包括资产流动性与负债流动性，正常时期的流动性状况和危机时期的流动性状况存在根本性差别。随着非存款负债占比的不断上升，负债流动性对于商业银行将愈发重要。商业银行需要按照流动性风险管理要求，完善流动性风险管理策略、政策和程序，完善流动性风险识别、计量、监测和控制以及管理信息系统等各项基本要素，综合运用现金流测算、风险预警、限额管理、融资管理、压力测试、应急计划等多种技术，提高流动性风险管理的精细化程度和专业化水平。利率风险将成为资产负债管理最大的挑战之一。商业银行需要实行积极的资产负债管理，坚持资产与负债的平衡，尽可能对资产负债的金额、结构、期限、收益和成本等进行控制，实现资产管理和负债管理的协调一致，控制风险敞口，从资产和负债两方面赚取收入并控制成本，从积极资产负债管理和主动的风险承担要效益。

其次，加强存款管理。存款是商业银行发展的根基，盈利的来源。存款规模可以在一定程度上衡量社会公众对于商业银行的认可程度。存款管理的目标是，以尽可能低的成本吸收存款，为业务发展提供充足的资金支持。商业银行依靠其提供的存款账户服务来吸收存款，另有一部分存款是通过资产业务带动的。随着金融脱媒的不断深化，这两方面都在遭受冲击。越来越多的非银行金融机构和互联网金融企业在提供着与商业银行类似的金融服务，一些互联网金融企业所提供的账户服务，比如余额宝，比商业银行的存款账户服务更加地贴近应用场景，应用场景更加丰富，应用起来更加便捷，功能也更加完善。这些竞争使得商业银行的存款成本大量增加。商业银行需要创新存款服务方式，从账户类型、服务方式、定价、应用场景等方面提高存款账户的吸引力。存款稳定性也需要密切关注，商业银行需要加强对存款的监测，处理好存款偏离度和理财产品大规模到期的问题。

最后，加强非存款负债管理。国内商业银行非存款负债工具正在不断增多，大部分城商行已经可以发行同业存款和大额存单。非存款负债大部分是通过货币市场来筹集的，具有较高的利率敏感性，商业银行可以利用利率来控制和调节所需筹集资金的时间和金额。非存款负债比重增加是一个重要的现象，城商行需要为此做好充分的准备。

## （六）资本工具创新

资本金是业务扩张和持续发展的基础，补充资本金是城商行面临的一个重大课题。从 2014 年初到 2015 年中，城商行资本充足率低于全部商业银行平均水平，而且差距有所扩大。2014 年，城商行积极开辟新型资本来源，构建多层次的资本补充渠道体系，包括留存利润、增资扩股、二级资本债、H 股上市、优先股等。在当前的政策框架内，留存利润是每家城商行可以自己掌控的，也是每家城商行都在使用的资本补充方式，增资扩股也是大部分城商行使用的资本补充渠道。二级资本债和优先股发行以及 H 股上市是 2014 年发生在城商行资本管理方面的重要突破。

增资扩股是补充核心一级资本的重要方式，也是城商行经常性的核心一级资本补充渠道。2014 年 9 月，宁波银行完成定向增发，发行 3.66 亿股新股，新增资本金 31 亿元。南京银行于 2014 年 7 月启动非公开发行股票事项，几经修改和完善，最终与 2015 年 6 月完成发行，共发行约 3.97 亿股，募集资金总额 80 亿元。上海银行在 2014 年 7 月 31 日召开的 2014 年第一次临时股东大会审议通过了定向增发不超过 7 亿股股份的议案，2014 年完成定向增发约 3.74 亿股普通股，募集资金 61.95 亿元。2015 年 4 月，上海银行与 TCL 集团股份有限公司达成战略合作，后者将以现金形式按每股不高于人民币 16.57 元的价格认购不超过 2 股上海银行定向增发的股份。西安银行股权结构发生了较大的变动，2014 年 9 月，西安银行第一大股东中国信达将其所持有的西安银行 6.3 亿股股份（占西安银行总股本的 21%）以 22.5 亿元的总价转让给大唐西市文化产业投资集团有限公司；开元投资将其持有的西安银行全部 5000 万股股权（占西安银行全部股份的 1.67%）以 1.625 亿元的价格出售给西安城市基础设施建设投资集团有限公司。2014 年，西安银行还向银监会提起了增资扩股的请示，该请示已于 2015 年 3 月获得银监会批复同意，西安银行可以非公开募集不超过 10 亿股的股份。2014 年长沙银行向老股东定向增发了 3.5 亿股。2014 年，温州银行继续推进并于 10 月全部完成第六次增资扩股，定向增发 5.6 亿元。湖北银行启动第二轮增资扩股，并完成第一阶段 2.16 亿股的增资工作，募集资本金 5.62 亿元。广东南粤银行于 2013 年启动 40 亿股增资方案，并于 2014 年完成 8.1 亿股配股，募集资金 13.37 亿元。

二级资本债发行成为城商行补充资本金的重要渠道。银监会于 2013 年推出"转股型"和"减记型"资本工具创新之后，原次级债不符合新型二级资本工具的要求。2013 年仅有一笔二级资本债发行，即 2013 年 7 月天津滨海农村商业银行第一家成功发行 15 亿元含有减记条款二级资本债券。根据 Wind 统计，2014 年，国内商业银行发行二级资本债 3448.5 亿元，其中 22 家城商行参与二级资本债发行，共发行金额 419 亿元；发行规模最大的江苏银行在 2014 年二级资本债发行金额高达 120 亿元。2015 年前 8 个月，二级资本债发行量达到 1133.64 亿元，其中 19 家城商行共发行二级资本债 649 亿元；发行规模最大的北京银行发行两期，累计发行 180 亿元。

H 股上市是城商行资本补充和发展的大事件。上市对商业银行具有积极的影响。尽管银行股估值并不高，但城商行上市热情不减。A 股上市闸门一直不开，让城商行万分着急。自 2012 年起，上海银行、重庆银行、大连银行、徽商银行等多家城商行就向监管部门提交了 H 股上市申请。2013 年 11 月 6 日，重庆银行成功登陆 H 股，全球发售募集资金净额约 38 亿港元，成为近几年第一家在港交所上市的中资银行，也是第一家在香港上市的内地城商行。重庆银行成功上市之后第六天，即 2013 年 11 月 12 日，徽商银行在香港联交所正式挂牌交易，共发售逾 26.1 亿股，募集资本净额约 85.57 亿港元。2014 年 3 月 31 日，哈尔滨银行在香港联交所成功上市，全球发售 30.2358 亿股 H 股，募集资金净额约 77.22 亿港元。2014 年 12 月 29 日，盛京银行在香港上市，共发售 13.75 亿股，募集资金约 103.95 亿港元。2014 年下半年，A 股行情火爆和股票发行体制改革又让城商行看到了 A 股上市的曙光，但 2015 年 6 月以来的 A 股行情给资本市场改革者以及等待上市的城商行一个沉重的打击。目前，江苏银行、上海银行、贵阳银行、成都银行、杭州银行等几家城商行仍然在排队等待上市，广州银行、温州银行、大连银行等也有上市意向。此外，部分城商行还选择首先在新三板挂牌交易，再图公开上市的策略。2015 年 6 月 29 日，齐鲁银行在全国中小企业股份转让系统有限责任公司举行新三板挂牌仪式，正式宣告挂牌新三板。同时，齐鲁银行正在筹划新的资本筹措计划，计划发行不超过 6.29 亿股股份，募资总额为 20 亿元。根据一些公开信息，贵州银行、桂林银行等几家城商行也在筹划新三板挂牌。

优先股是 2014 年监管部门推出的一项重要的一级资本工具。当前，国内商业银行的一级资本结构比较单一，大部分商业银行没有"其他一级资本"，核心一级资本与一级资本在金额上相同。一级资本工具创新的需求巨大。2013 年，国务院决定开展优先股试点，并于 2013 年 11 月底发布了《关于开展优先股试点的指导意见》。证监会的《优先股试点管理办法》于 2013 年 12 月 9 日审议通过，并于 2014 年 3 月 21 日正式公布实施。2014 年 4 月 3 日，银监会与证监会联合发布《关于商业银行发行优先股补充一级资本的指导意见》，规范商业银行优先股发行。商业银行发行优先股需要首先取得银监会的批准文件，然后向证监会提出发行申请，由证监会进行核准。非上市商业银行发行优先股的，应当按照证监会有关要求，申请在全国中小企业股份转让系统挂牌公开转让股票，纳入非上市公众公司监管。商业银行应在发行合约中明确有权取消优先股的股息支付且不构成违约事件，未向优先股股东足额派发的股息不累积到下一计息年度。商业银行应根据相关规定，设置将优先股强制转换为普通股的条款，包含强制转换为普通股条款的优先股，应采取非公开方式发行。商业银行可以依据相关规定行使赎回权，但不得发行附有回售条款的优先股。在发行方面，截至目前，仅有宁波银行、北京银行两家城商行公布了发行方案。2014年10月，宁波银行公布优先股发行预案，将向不超过200名合格投资者非公开发行总数不超过0.5亿股的优先股，募集资金总额不超过50亿元。2014年12月，北京银行董事会和临时股东大会先后审议通过了关于非公开发行优先股的议案，同意发行优先股总数不超过1.5亿股，每股票面金额人民币100元，募集资金总额不超过人民币150亿元。方案须经银监会批准和证监会核准后方可实施。

# 第五部分

## 专 家 篇

当前，中国经济实际上正处于从"旧常态"到"新常态"的过渡期，在稳增长、促改革、调结构、惠民生和防风险中寻求综合平衡。中国银行业也面临前所未有的挑战，经济增长放缓、金融脱媒加速、资本市场波动加剧、银行准入放宽、利率市场化如期推进、人民币汇率弹性加大；同时，宏观决策部门和监管部门也出台了一系列有助于银行的政策，如成立国家融资担保基金，存贷比的取消，资产证券化的推广，大额定期存单的发行，互联网金融监管开始破题等。中国银行业既面临自身防范风险和发展转型的艰巨任务，也承担着促进实体经济发展和保持金融体系稳定的光荣使命。

　　同时，在由"旧常态"向"新常态"过渡的阶段，也是中国经济寻求新平衡的阶段，在这个过程中产生的新机遇、新动力、新能量将决定中国经济未来的走势。对于商业银行来说，必须深入推进改革转型，只有合理运用自身资源、调整经营模式、适应经济转型、改革创新的银行才可以在这一轮经济转换中立于不败之地。

# 充分发挥银行在新常态下撬动结构调整，
# 优化资源配置的杠杆作用

## 侯云春

金融是现代市场经济的核心，特别是在市场经济逐步的发育过程中。在经济新常态下，金融机构作用尤其重要，防止金融发生风险、危机也特别重要。金融工作的很多领域，实际上是用宏观经济的视野来搞微观经济的操作，用长远的眼光做眼前的事情，用发展辩证的思维来辨别优劣强弱。在我国经济新常态下，银行肩负着一个特别的使命——撬动经济结构调整，优化资源配置。

2014年5月，习总书记提出要主动适应新常态以来，经过一年多的时间，大家对于新常态的认识和感受都有一些变化，主要包括以下三种变化。

第一，对新常态的内涵认识越来越深刻。刚开始讲新常态，大家感到新常态也就是经济增速由过去三十多年的两位数的增长，转为中高速增长。实际上，经济增幅放缓只是一个表面现象。实际上的内涵是经济发展阶段的转换，是经济增长质量和效益的全面提升。经济结构、产业结构要从过去的中低端提高到中高端。经济速度不放缓，就没有办法进行经济结构调整，结构得不到调整和提升，就是原来经济上的衰退。

第二，对于新常态带来的挑战和困难感受得越来越真切。过去我们的工业增加值、财政收入都是两位数增长，最高的是2007年，全国财政收入增长32.41%。但在2014年降到个位数。现在带给我们的变化是企业利润和财政收入面临的压力。2015年1~8月财政支出增长

13.5%，其中8月支出25.9%；1~7月全国规模以上工业企业的利润下降了1%，其中7月下降了2.6%，1~7月整个全国国有企业的利润同比下降了2.3%。我们的苦日子、难日子、紧日子才刚刚开始，连财政部部长也讲今后五年将会是痛苦的困难时期。

第三，对于新常态带给我们的机遇、前景方向看得越来越清晰了。中国经济的新常态意味着经济结构的大规模调整。一要去杠杆、去泡沫，特别是房地产泡沫。全球新建的住房竣工面积一半在中国，尽管房地产市场从4月以来有一些变化，房地产的销售回暖（房地产的住房销售额增长了13.4%，住房面积销售面积增长了6.1%），但这只是一种假象，其主要是在消化库存，不代表房地产真正调整到位，出现回升。二要去过剩产能，传统的产业调整要到位。GDP中相当一部分也是被房地产"盖"出来的，老百姓手上的钱60%用来买房了，银行的钱60%用在房地产，产能60%是为房地产服务的。房地产的调整要求其他建筑行业要调整，这种调整在过去多少年都是增量调整，这一次的调整不仅要动"增量"还要动"存量"，必须加快一部分企业产能的市场退出。三要培育新的经济增长点，扶持新经济的发展壮大。这也是中国经济能够成功进入新常态，经济结构转型升级非常重要的标志。可喜的是，现在各个行业的互联网＋，新材料、新设备、新领域，特别是服务行业发展速度在加快。

在当前形势下，要做到稳增长、防风险、惠民生、促改革。

"稳增长"是一基础，经济增速下滑过快容易使消费者、投资者失去信心，而且经济增长稳不住也能使风险集中暴露出来。"防风险"是一前提，一旦发生风险，就会是金融风险，那个时候将一事无成，我们要守住系统性、区域性风险的底线。"惠民生"是根本目的，是我们发展的动力。消费需求是拉动经济增长的最大动力，不能再依靠出口拉动，尽管我国的出口份额在全球中还是在提高，但是增长速度大幅下滑。因此主要还得靠内需，靠满足民生各个方面的需求。"促改革"

是关键，最根本的是调整结构。调结构实际上是指创造性的破坏，把资源要素从产出效率低的部门、企业释放出来转移到效率高的部门、企业、行业里，说到底是企业结构的调整，因为企业是市场主体，企业结构的调整建立在优胜劣汰的基础上。我们国家的问题不在于找不到好的企业、优势企业，而在于劣势企业、僵尸企业死不了、退不出。这需要通过深化改革形成能够使资源要素在市场上、在配置上决定作用的一个体制机制。

对于银行来说，其在企业结构中肩负特殊的使命，银行是嫌贫爱富，催生催死，让有希望的、符合经济发展方向的、符合社会需求的企业快速成长起来，让那些不适合社会需要的、丧失竞争优势的加快衰亡的脚步。这就需要银行慧眼识珠，有特别高的鉴别能力，扶持优势企业加快发展。因此，对于银行业我提出几点建议。

第一，在结构调整中要注意从全局、从新常态的要求去发现，去鉴别哪些企业应该积极扶持加快发展，哪些企业应该促进它们退出市场。

第二，大力支持企业的兼并重组。对于企业来讲，新常态对优势企业是机遇，因为可以实现低成本的扩大。企业可以兼并重组其他企业说明有本事，能够被其他企业看上的企业说明有价值，作为银行、金融机构应该支持加快这样的企业兼并重组过程。

第三，要特别注意防止金融风险。因为在现代市场经济下，一旦发生经济危机最先表现的是在金融方面。稳健经营在任何时候都是银行业必须特别注意的，要把它放在第一位。

第四，银行业要发展一定要和互联网紧密结合起来，紧紧拥抱互联网。现在的金融互联网和互联网金融，在我们国家引起热议。从互联网金融带来的是什么？就是公开、透明、信息对称、高效、低成本。未来银行业、金融机构也要充分利用互联网这个工具，实现银行的转型升级、提高服务质量、创新金融产品。之所以中国的互联网金融特别热，是因为金融领域特别是银行系统，改革开放还没有完全到位，没有形成充分的竞争。互联网公司利用互联网对金融业的"插足"，使银行更加自觉、主动地运用互联网，使金融产品、金融服务提高到一个新的高度。

第五，银行要进一步开发金融产品，搞好金融服务，让企业能够信得过、靠得住、用得上。银行和企业应建立共生共融的关系，互相支持、共同发展，中国经济新常态赋予银行业撬动结构调整、优化资源配置的特殊使命，中国发展阶段的转变，中国结构的调整对银行业提出了更高的要求。

祝福银行业，特别是有竞争力的银行在大规模调整中、在新常态下，为促进经济结构调整，为优化企业的兼并重组，为促进中国经济可持续发展，为实现中国梦作出应有的努力和贡献。

（作者系原国务院发展研究中心副主任）

# 好的银行应该是受人尊敬的银行

## 王　君

中国经济正在面临人类历史上从没有过的机遇，如果事情向好的方向发展，那么有可能建成一个文明、和谐、有创造力、发达的国家，实现崛起的梦想。

但是目前发生的情况，也让我们看到，要实现这样的梦想并不是一件容易的事情。目前面临很多的挑战、很多的问题，从食品安全，空气污染，到所处的环境，以及资源能源的浪费，所有的方面都不容乐观。如果这些出了问题，对世界的经济也会产生重要的影响。而所有问题的背后，比如房地产产能过剩的问题，都能找到银行的影子。基本上所有的产能过剩行业、僵尸行业，背后都有银行在提供助推的作用。

所以，把银行办成好银行，是非常重要的。但是说起来容易，做起来很难。

首先，受人尊敬的银行不仅仅只是体量大。从一个传统的计划经济国家历史走出来，中国银行业几乎所有的商业银行都在追逐规模市场份额，在这样的驱动下其实掩盖了很多问题，造成了很多扭曲。目前我国的商业银行管理层之间的关系还存在一些模糊地带，公司治理结构不合理，战略定位存在问题，趋同现象仍然存在，差异化的竞争还没有真正形成，所处的金融环境还有很多非商业的因素在干扰。

其次，银行一定构建完整、系统的培训体系。中国的银行业很少能找到自成体系的培训方法，往往是做一个预算，办各种各样的培训班，但是不能让员工形成结构合理的、与该行业务和战略密切结合的这样一套学习体系。要想成为受人尊敬的银行，银行首先要尊重自己、尊重员工，不仅仅是银行，企业也是如此。"命运＋控制"的管理方法使得员工很难形成每个人都是被受尊重、具有独立人格、独立思维的个体，然而这些"个体"才是银行创新、风险管理、创造业绩的最根本的元素。如果不能形成体系，原本能实现的各个轮子都能驱动的情况很难实现。

再次，好银行要有社会责任感，要办成绿色信贷的银行。在中国，除了极个别的银行以外，绝大多数的银行还把"绿色信贷"视为一个口号、一个标签，作为公关企业形象提升的手段。在中国目前的阶段，如果不注意由银行信贷导致的环境影响和破坏性，那么银行注定会在未来受到谴责。这就需要全体员工形成共识，凡是对社会环境、人民的福利造成不利影响的业务坚决不做。

最后，要把银行办成受人尊重的银行，需要政府监管者尊重银行、尊重银行家。绝大多数银行的高官还是把相当多的时间用来搞政府关系，跑监管部门。诚然，必要的沟通协调毫无疑问是重要的，也是银行家所拥有的素质。但是将过多的时间花费在政府公关上，不仅是时间和资源的浪费，银行也难以形成自己的价值体系。

未来要形成好的银行体系和受尊重的银行，一定是要尽可能脱离不必要的意识形态和政府过度干预的，允许银行收购兼并形成竞争力，这样就有希望在未来出现更多的好银行、受尊重的银行以及受尊敬的银行家。

（作者系原世界银行东亚太平洋金融发展局首席经济学家）

# 强化管理，转型创新，在服务"三农"和区域发展战略上取得新成效

## 楼文龙

作为一家国际性大银行，中国农业银行要有自信，要有战略，要有前进的动力。关于风险防范，大家都在参照巴塞尔协议，从巴塞尔Ⅱ到巴塞尔Ⅲ。但是，我认为我们也要根据国情和市场行情来选择，有些太先进的理念，可能与中国国情并不相符，会束缚手脚。现在中国银行业的规则制度不一定是越"先进"越好。中国的银行除中国银行和交通银行以外，基本上只有五六十年的历史，大部分是随着改革开放成长和发展起来的，与国际大银行还有很大的差距，与它们适用同样的监管制度，这明显不公平。

但我们还是应该有自信、有战略。中国工商银行在世界上是很有名气的，这说明我国银行对规则的适应性还是很强的，这要感谢央行和银监会等监管部门在监管规则制定和引领方面作出的重要贡献。在2008年金融危机中，我们中国的银行业包括中小银行都经历了考验，而且没有一家倒下，这就是监管引领的效果。

那么，农业银行到底是不是好银行，是一个什么样的银行，让我一一道来。

中国经济正趋于增速变化、结构优化、动力转化的新常态，宏观经济与金融形势也是与时俱进地发生变化，我们的市场也在与时俱进，一天不学习都不行。那么农业银行是怎么学习、怎么研究的呢？农业银行根据当前的新情况、新要求，按照中央对农业银行服务"三农"国家队的定位，主动认识新常态、适应新常态、服务新常态。总的来

看，就是集团协同、区域联动、整体推进、比学赶超、强化管理，加大经营转型和管理创新的力度，管理的创新可能比其他创新还要重要。

针对农业银行的战略，我介绍两点农业银行的做法。

首先，立足"三农"定位，创新联动支农模式。农行按照"三农"的定位，把握新"三农"、大"三农"的发展趋势，制定了"服务到位、风险可控、发展可持续"的"三农"服务发展理念。分别围绕渠道联动、城乡联动、行司联动、内外联动和扶贫联动，积极探索服务"三农"的新模式，激发服务"三农"的新动力。

怎样实现联动呢？我们认为，没有渠道就没有服务"三农"的基础，农业银行把县域渠道打造好就是基础。构建物理网点，摆放自助银行，安放"惠农通"工程设备和互联网建设，加强"四位一体"的渠道建设，力争使农民兄弟和农村老百姓享受到便捷的金融服务。尽管农民兄弟的收入、交易额度不大，但是农业银行一直坚持投入，一直坚持做好相关服务，这是农业银行商业化经营与社会责任的一个结合点。

城乡联动是通过客户、产品的研发，通过城市业务反哺农村业务。通过激励考核和资源分配，把城市业务收入的一部分拿出来，支持以"三农"服务为主的一些支行。

行司联动是通过平台推动信贷、租赁、基金、保险的联动。最近农行与吉林省签订了一个关于农业机具租赁的10亿元合作协议，支持一些家庭农场、大型农场等。由于这些客户流动资金不够，所以买不起设备，但他们可以租设备，通过租赁联动来支持"三农"。

内外联动主要是同政府开展银政、银企合作，其中探索了不少有效的模式。比如，甘肃的"双联贷"，政府财政参与组建担保公司，这种模式也得到了中央有关部门的认可。还有内蒙古的"强农富农贷"、江西的"财银惠农贷"等，这些模式有利于发挥金融机构的融资优势和中介优势，更有利于发挥政府同企业的协调优势和风险保障优势。

　　扶贫联动是把扶贫与县支行的竞争力建设相结合。有些县支行不愿意做风险大、效益低的项目，做一单业务有时候成本都不一定收得回，但是农业银行总行出台政策给予补贴，尽量争取政策化与商业化相结合。

　　服务国家区域战略是根据国家战略需要，如京津冀战略、长三角战略和粤港澳战略等，努力研究境外境内分支机构怎么联动。以长三角联动为例，我们成立了上海管理部，先从公司业务开始，包括自贸区业务，三省一市先联动起来，初步来看效果不错。有些联动可以作为信息了解和加强管理的措施。另外是给他们提供包括自贸区业务在内的"一条龙"服务。农业银行接下来会在金融市场、资产管理、零售业务等条线加快推进，力争在上海做实"三大"，即大客户、大项目、大行业；做好"三化"，即市场化、国际化、综合化。探索全方位集团协同联动，为社会经济发展服务，为老百姓服务。

（作者系中国农业银行副行长）

# 互联网金融的下一步发展

## 刘晓春

关于互联网金融的下一步该如何发展，我想用佛学中的一个词来表达我的想法——"真空妙有"。互联网金融怎么做到"真空妙有"，有以下四个方面。

第一，产品和服务。作为金融企业，银行的产品和服务可以看成"有"。而互联网金融的关键在于产品的设计、服务的设计能不能起到真正的资源配置作用和资金流通的作用。互联网金融产品的根本还是要立足于金融的本质，而不仅是一些花拳绣腿。客户到网上是来办金融业务的，不是来体验愉快游戏的，产品服务才是真正主要的东西。对于互联网金融产品来讲，要破除以一个产品打遍天下的迷思。互联网在销售保险产品上有很大的优势，但是保险业务不仅是销售保险产品，后面还有更多关于保险产品的设计、精算。这些产品服务怎么能够实现互联网化，不仅是通过销售业务来实现，还要有互联网思维，要用互联网为一个企业，或者为一个企业群来做，而不是做一个平台让所有企业上来做。

第二，企业内部管理的互联网化。做互联网金融，从银行来讲，内部的整个管理都会互联网化，在这个基础上提供服务，提供产品，互联网金融产品的服务才是真正有效并收获效益的。

第三，互联网金融的成本。我认为在互联网上传递信息是低成本的，但是要维护传递低成本信息的基础，成本是不能低的。特别是年轻人要搞互联网金融，他们认为这是低成本的。一个企业的组织体系无论是层级的也好，还是平面的也好本身是需要成本的。这些成本无论是用在科技上还是用在业务上也是成本，包括为了防止光能、电线被挖断也需要成本的投入。怎么保持互联网可持续地向前发展，是要认真考虑的。怎么有效的配置成本？特别是配置人才，也是需要认真考虑的问题。

第四，风险控制。互联网不仅是经营的一个工具，还是一个公共品，对信息的扩散能力、渗透能力非常强，对金融领域也是渗透到生活的方方面面，扩散能力、渗透能力也是非常强的，两个结合起来优势扩散得很强，风险也会扩散得很快很强，互联网有运行、监管的风险，无论是互联网企业还是金融企业，都要有信心在科学、严格的监管条件下发展互联网金融。

如果能够做到以上四个方面，我想互联网金融能够实现"真空妙有"。

（作者系浙商银行行长）

# 依托转型创新应对挑战

## 陈晓燕

中国银行业从诞生的那一天起，就是在挑战中谋生存，在变革中求发展。从专业银行到商业银行再到国际公众持股公司，从资本不足、不良贷款率高企到跻身国际先进银行之林，从以存贷汇等传统业务为主体到构建形成跨境、跨市场的全功能业务平台，转型和创新一直是国内银行业发展变革的主要抓手。

今天，我们身处巨大的时代变局之中，挑战前所未有。首先，中国经济步入新常态，经济增速放缓和结构调整提速意味着新旧经济形态和产业链条的更替，由此不可避免地会带来不良贷款的上升，信用风险和资产质量管理承受压力；其次，全球范围内金融监管趋紧，银行在资本金标准、流动性管理及合规经营方面临"严约束"，必须加速向提升经营效率的内涵式发展转型；第三，金融改革深化，特别是利率市场化和汇率市场化改革的全面完成，以及直接融资市场的加速发展，将进一步挤压银行传统业务的盈利空间；最后，"大云平移"技术，即大数据、云计算、平台和移动互联网的兴起，根本性地改变了商品的流通与交易模式、消费者的消费习惯与支付方式，互联网金融业态也从金融企业"触网"发展成为电子商务企业、通讯企业、互联网企业跨界等类金融、泛金融的形式，因而信息技术已不仅仅是银行业务处理的工具，更成为推动银行业务经营与管理模式再造的重要动力。

商业银行是配置金融资源的主要力量，在引领时代变革、创造社会财富和巩固国家金融安全中发挥着重要的作用。因此，在这个时代变局中，我们的挑战还来自于我们肩负的历史使命。从社会金融需求的满足，新兴金融业态的稳健发展，到金融体系创新活力的充分释放，都离不开银行的引领和示范作用。"明者因时而变，知者随事而制"，面对前所未有的挑战，中国银行业只能以变应变，以改革突破瓶颈，以转型激发潜力，以创新驱动发展。我认为，新时期商业银行的创新转型有以下三个重点。

一是风险管理转型和信贷管理创新双管齐下，实现发展质量的新提升。

国内大部分商业银行都经历过改制前不良贷款率高达两位数的痛楚，深知资产质量是业务发展的基石，是经营转型的前提。在增速换挡期、结构调整期和前期刺激政策消化期"三期叠加"的大背景下，要稳定资产质量，需要双管齐下，固本清源。

"清源"是要把握新常态下业务发展的新规律、新特征，建立全周期、全流程的新型风险管理体系，实现信贷风险与非信贷风险、表内与表外风险、融资与投资风险的统筹管理。

"固本"则是要立足于实体经济转型以及产业和区域格局变化，优化信贷投向，创新信贷管理模式。当前，国家正在努力创建大众创业、万众创新的政策环境，小微经济正在成为经济体中发展最快、活力最强的组成部分，特别是随着混合所有制改革和PPP融资模式的推广，一些优质的民营企业和私营企业未来可能成为所在行业的龙头企业。商业银行支持"小"客户和非国企客户，不仅仅是履行社会责任的需要，更是分享经济转型红利的重要抓手。当然，在调整信贷投向的同时，我们还需要依托互联网技术，开发低门槛、便捷化的线上业务渠道与低成本、标准化的产品服务，这样才能从长尾客户中发掘业务增长潜力、开拓盈利空间。

二是以国际化、综合化和信息化为突破口，实现业务的转型升级。

在国际化、综合化方面，不仅要围绕国家新一轮对外开放、多层次金融市场创建的大格局，建立跨境、跨市场的业务网络，更重要的是找准最具发展潜力和联动效应、最能切合社会发展脉搏的业务条线和重点区域，例如，"一带一路"沿线的境外机构，可以在国家间基础设施互联互通、贸易投资便利化中寻求业务发展机遇；又如，在居民财富结构调整和客户多元综合的资产运作管理需求旺盛的大背景下，资产管理与服务类业务会成为未来银行业务体系的重要支柱，因此，过去各资管条线分头发展的模式也要被全市场、全客户、全价值链的资产管理与服务平台所替代。

在信息化银行建设方面，要按照信息共享、互联互通、整合创新、智慧管理和价值创造的原则，将大数据、信息化技术和互联网深度应用到银行经营管理的各个方面，包括依托平台化经营，建立开放、快捷、个性化的金融服务生态系统，推动服务模式升级；通过互联网信息获取与大数据技术运用，推动管理体系再造，实现由靠人力、靠条规、靠经验为主的管理方式向以大数据分析、智能化判断、精准化管控的新型管理方式转变。

三是以转变客户服务模式和产品创新机制为切入点，深层次推进经营改革创新。

改革和创新是转型的催化剂，也是转型的本质内容之一。未来银行的转型发展要依托改革创新突破发展道路上的瓶颈。与转型相配套的改革创新要点有很多，但我认为其中有两个永恒不变的主题：客户和产品。首先，客户服务模式改革是基础工程。客户是商业银行最为宝贵的资源，也是银行转型发展的核心动力，如何更好服务于客户是转型必须解决的问题。互联网时代为我们提供了很好的改革客户服务的契机，将来银行对客户的营销服务要打破传统封闭和单点式的模式，向开放式、社会化方向转变，积极通过线上平台互动、社交功能运用和线下商圈建设，主动融入客户的生活场景和社会关系圈，围绕客户需求改造业务与管理流程，增强对客户个性化金融解决方案实时定制服务的能力，构建银行与客户之间互利互惠、高度黏合的新型生态关系。其次，产品创新是重要引擎。伴随着经济金融和技术环境的变革，差异化、个性化金融消费需求将成为主流，标准化的产品、同质化的服务已经无法满足客户的金融需求，产品的吸引力和竞争力将成为决定银行业务转型成效的关键要素。未来是消费者主权时代，因此银行要彻底改变"以我为主"的产品创新导向，更加重视客户体验，增强客户在产品研发、投产、推广全流程中的参与度，适应新时期产品创新"短频快"的要求，积极建立"迭代式"等新型产品研发模式，全面提升产品的市场适应力和客户粘合力。

（作者系中国工商银行资产管理业务总监）

# 当前银行要思考四方面的关系

## 杨 涛

　　怎么衡量银行是不是好？有一方面是技术、制度方面的标准。

　　技术更多的是衡量银行在漫长的历史周期变化中能不能成为常青树。比如，日本在1990年时，按资产来算排名在全球前十的银行还有7家，在2000年的时候只有2家了。在漫长的历史转变中，可以看到巨无霸很有可能消失在未来的长河中。制度上什么算是好的银行？在当前金融经济格局下，在整个金融体系中需要对银行部门有一个外部的机制，不能因为独一无二的话语权导致错误的决断。对于一家银行来说，从长期和短期来衡量，是短期以利润为主，还是长期营造更好的生态环境呢，这需要外部的机制来评判。

　　在商业银行当前的发展背景下，我认为有四方面的关系特别值得思考。

　　第一，银行部门与实体经济的关系。从宏观层面来讲，无论是直接经济还是间接经济，不可否认在未来宏观经济中有很多矛盾值得思考，比如社会融资总额与银行信贷规模的偏离等，这些问题表明宏观经济存在一些结构矛盾。从微观层面来讲，银行与企业的关系更多的是需要构建一个共赢生长的状态。我们在调研的时候，在经济形势比较好的时候，银行业积极地向企业放贷，一旦出现了风险问题，商业银行首先肯定是抽贷，然后企业也开始要赖，最终形成恶性的生态。

　　第二，综合经营与特色化经营的关系。在2008年的金融危机之后，以美国为首的国家对综合性经营进行反思，实际上体现在金融控股公司转型为银行控股公司。从全球来看，很难简单判断总体趋势潮流是怎样的。从现在来看，多数的银行在法律层面上还没有落到实处。但是从现实层面上，大家直接和间接地都在向综合性领域靠拢。我觉得中国的银行业并不一定需要跟着全球的趋势，随着中国经济体的不断提升，商业银行如何发挥主导作用是很关键的。对于综合经营的大型机构来说，更重要的是跑马圈地，实现不同功能之间的布局协同。但是综合性经营也不一定就是整体向必然的趋势。是做大还是做小，是每个银行都值得思考的。

第三，线上和线下的关系。互联网金融对银行业提出一个巨大的挑战，正是因为在经济周期下行的情况下，银行年报不太好看，所以大家想更多地突出互联网金融的业绩。现有的上市银行互联网金融的业态布局，实际上停留在一个跑马圈地的阶段。概念比较混乱，业务边界不太清晰。一个是功能渠道的替代，比如电子银行等，或者大力发展移动支付，或者是线下的融资走到线上，或者间接进入 P2P。未来银行业的发展中，互联网金融更多地应考虑背后的技术以及可能带来的变化。当前时代带来影响的是信息技术，未来可能是物联网，都是为了围绕客户消费者的需求，打造一个大的平台。

第四，从商业银行整体发展趋势来看，更多地需要从供给驱动转向需求驱动。主要是更好地面向当前金融体系中的短板，仍然是红海业务＋蓝海业务。红海业务仍然要靠投资拉动、靠规模拉动，商业银行该怎么改善对大企业、大项目的支持是值得深思的。针对消费者的蓝海是消费金融和财富管理，是便捷智能的支持，是面向消费者的金融，这些业务是目前中国金融业的短板。另外，针对小企业的蓝海不仅是资金支持，而且是对协同化的谋划和支持，我认为在这个领域，最容易实现银行金融，互联网跟产业的融合，未来能够融合到不同的产业链、不同的环节中去。

（作者系中国社会科学院金融研究所所长助理）

# 商业银行创新的动力源泉

## 周　立

针对商业银行的转型创新，我谈以下两点内容。

首先，商业银行是一个传统古老的行业，但是商业银行的创新步伐从来没有停止过。在漫长的发展进程中，银行的功能、社会角色在不断地演绎变化，从现代商业银行的代表——英格兰银行算起，一开始从保管衍生出基础的传统业务，发展到现在银行已经成为提供丰富多彩的、综合性金融服务的金融机构，成为市场经济的中心。在这样的进程中，它的重要推手就是互联网。可以说，商业银行的整个发展历史就是一部创新史，在发展的过程中，创新需要一定的环境，所以时快时慢。中国银行业近几年的创新特别深刻、震撼、有影响力。从业人员在 20 世纪 90 年代离开银行五六年，再回到银行工作很快就能适应，但是现在从五年前离开再回来，你会感到明显的不适应和陌生感，因为新的东西太多了，从经营理念到服务方式，到产品，再到整个战略，包括现在耳熟能详的结构化融资、P2P、ABS、产业基金等，过去在中国银行业这些是很陌生的概念，这几年全出现了，而且发展速度很快。

其次，商业银行为什么会有如此深刻的变化，创新的动力是什么？毫无疑问，竞争是创新的重要驱动，监管是创新的重要保障，科技是创新的重要支撑。这些创新行为都是市场化行为，都是银行自发自愿的。

竞争是重要驱动力。目前面临的竞争者，除了互联网金融的搅局者，包括十年前 WTO 引进了投资银行，处于现在这样的市场中，银行金融面临越来越大的困境，会出现必然的分化。这几年提出"大众创业，万众创新"，一行三会从上到下都出现了很大的变化。2015 年是中国金融法律创新的一个重要年度，已经实现了基本上的利率市场化：可以自由定价了，取消了存贷率考核，改善了人民币弹性汇率的机制，存款的统计也发生了改变。监管部门对整个银行创新是鼓励和提倡的，这些对为我们行业的创新提供了很好的制度环境和发展环境。

必须看到科技是重要支撑。没有科技手段的创新是没有层次的创新，在当前互联网、物联网、云计算的时代，要改善客户的体验，提高客户的服务体验，这些科技手段是重要的载体。

（作者系平安银行行长助理）

# 地方商业银行不良资产现状及其有效化解途径

## 王乃祥

### 一、银行业不良资产现状

近年来，随着我国经济发展速度减缓，银行业不良资产比例出现了上升势头。

1. 不良贷款持续反弹。银监会披露数据显示：2015年第二季度末，商业银行不良贷款余额为10919亿元，较上季度末增加1094亿元；商业银行不良贷款率为1.50%，较上季度末上升0.11个百分点。

2. 不良贷款双升成为常态。根据上市银行半年报，截至2015年6月末，16家上市银行的不良贷款余额为8841亿元，比2014年末增加1810亿元，平均不良贷款率为1.31%。此外，值得关注的是，16家上市银行还有高达1.9万亿元的关注类贷款。16家上市银行的贷款减值准备余额已达1.6万亿元。

总的来看，我国银行的不良率总体还在2%以内，而国际上许多大银行的不良贷款率都突破了2%，比如大摩、花旗、富国、汇丰、法巴、巴克莱等，不良率都在3%以上。所以，从国际范围内来看，我国商业银行的不良贷款率并不算高，而且我国银行的资产拨备覆盖率较高（行业均值为198.39%），完全有能力覆盖风险。

### 二、地方商业银行不良资产现状

从不良贷款余额来看，自2011年第四季度至2015年6月末，城市商业银行和农村商业银行的不良贷款余额分别上升了230%和332%；从不良贷款率来看，2011年末至2015年6月末，城市商业银行和农村商业银行的不良贷款率分别从0.80%、1.60%上升至1.37%、2.20%。

银监会表示要把遏制不良贷款的快速上升，作为当前风险防范工作的首要任务来抓。监管层表示，既要及时处置存量不良贷款，积极防范新增不良贷款，切实做好不良贷款的动态管理，又要不断优化信贷结构，持续加大对实体经济的信贷支持力度。

### 三、不良资产的有效化解途径

1. 法律诉讼：传统的处置方式，是金融机构维护权利、实现回收的基本方式。各家银行、资产管理公司普遍采用的处置方式，也是其他处置方式的基础。

2. 债务重组：同债务人和当地政府的谈判，通过债务金额、期限等方面的重组，完成最终和解与处置。在政策和盈利能力许可的情况下，目前某些商业银行也采取此种方式处置不良资产。

3. 债务转让：通过价格折让的方式将不良资产快速处置给社会投资者。以价格换时间，通过让利给社会投资者，金融机构实现资产处置。

4. 批量打包处置：按照财政部、银监会关于《金融企业不良资产批量转让管理办法》的规定，通过批量打包处置的方式转让给资产管理公司。各大国有商业银行和地方商业银行普遍采取快速大量处置不良资产的方式，缺点是处置价格较低。

5. 引进国际资产：利用境外投资者的资金和客户资源优势，将不良资产转让给国际投资者。此种处置方式既能实现金融机构较大规模处置不良资产的需求，也能实现处置价格的市场化。大型国有商业银行和资产管理公司普遍采用。

6. 资产证券化：通过资产证券化既可以实现不良资产快速出表，也可以最大限度地实现未来回收。各大商业银行、资产管理公司均已经采取该方式处置不良资产。同时越来越多的地方商业银行也尝试采取该方式处置不良资产。

### 四、北京金融资产交易所的优势

针对不良资产的不同处置方式，北京金融资产交易所（以下简称

"北金所") 可以提供多种服务方式。

1. 债务转让：北金所可以利用信息平台优势、投资者资源优势协助金融机构发现投资者，并通过为投资者提供融资集成服务帮助实现交易。

2. 批量打包处置：北金所可以帮助各金融机构通过定向招投标的方式实现不良资产向资产管理公司的剥离处置。

3. 债务重组：北金所可以通过向债务企业、当地政府提供融资集成服务的方式，帮助实现和解方案。

4. 法律诉讼：北金所可以利用投资者资源优势，通过向司法处置程序推荐投资者的方式协助债权人实现最大回收。

5. 引进国际资本参与处置：在取得政府批准、备案的前提下，北金所可以帮助金融机构通过国际招投标的方式实现引进国际资本参与不良资产处置。

6. 资产证券化：北金所可以为各金融机构提供通过资产证券化处置不良资产的综合服务，并可以为私募证券化产品提供转让平台。

（作者系北京金融资产交易所董事长）

# 以第三方的角度看当前的中国银行业

严盛炜

从一个四大会计师的角度谈一下我的看法。安永跟中国内地银行业最初的接触要追溯到 1997 年，第一家客户是外资银行在中国内地分行。那时四大会计师事务所都一样，一开始都没有内资银行客户，都是从外资银行分行开始。四大和内资银行开始相互接触的时候都非常谨慎，双方都有顾虑，一方面是担心风险高，另一方面是担心不了解国情，总而言之，担心无法完成审计，不能按要求出具审计报告。然而这都是过去了，现在，包括四大国有商业银行、股份制银行，以及众多的城商行都已经成为四大竞相追逐的优质客户。这在当时是想都不敢想的，这里面的原因主要有中国银行业近年来的快速发展、资产质量的提高和风险管理的提升，这一切在很大程度上改变了国外包括四大在内对中国银行业的看法。

安永每一年都会出具中国上市银行的报告。我们就基于上市银行这个整体看一看中国银行业面临的挑战。

首先，2014 年上市银行平均净利润增速首次降为个位数，较 2013 年增加 7.9%，这个增速比 2013 年的 13% 下降了 5.1%。这主要是因为各银行都加大了贷款拨备的计提力度。如果不考虑资产减值损失对净利润的影响，2014 年 21 家上市银行资产减值前营业利润的增速为 16.4%，较 2013 年的增速还提升了 3.4 个百分点。这说明银行面临的最主要挑战不是发展速度的问题，而是资产质量和风险管理。近年来，中国银行业的发展一直不缺少速度。我们可以通过一个不常用的数据看一下。2006 年，国内银行业对外资全面开放，外资银行可以享受国民待遇，可以设立法人银行。那个时候，国内很多银行担心"狼"来了，担心内资银行受不了外资银行的冲击。然而事实情况如何呢？2006 年，外资银行在国内市场份额大约为 2.1%。到了 2014 年，根据银监会的报告，外资银行的市场份额只有 1.6% 了，还不如开放前。是外资银行发展慢吗？不是，是中资银行的发展速度实在是太快了。在这么快的增速下，资产质量和风险管理能不能跟上，成了银行的首要问题。2014 年末，21 家上市银行加权平均不良贷款率从 2013 年末的0.97% 上升至 1.21%。这还不包括上市银行较上年多核销了人民币1000 多亿元的贷款，增幅达 140%。也就是说，如果考虑多核销的贷款，今年不良贷款率还不止所披露的 1.21%。此外，上市银行总体关注类贷款也比 2013 年末增加了 42.7%。而在外资银行这边，虽然不良率近年来也有较大幅度上升，但是 2014 年末的不良率还维持在 0.8%，比上市银行要低很多。我认为，这其中和外资银行在国内的风险偏好和发展战略密切相关。去年甚至是前年开始，我接触的许多外资银行中有不少就已经主动地限制贷款的发放规模，并加强贷前审核和贷后审查的要求，有一些甚至是开始只接受总行统一授权的集团客户，他们牺牲业务规模的增长而把更多精力放在控制信贷风险方面。换言之，同大多数中资银行都期望做"大"银行相比，外资银行更加看重做一家资产质量和风险管理"好"的银行。怎样从做"大"到做"好"，这可能是目前经济形势下国内银行可以思考的一个转型层面。

　　其次，银行业的另一个大的变化是资产证券化的迅速发展。2014年，中国全年信贷资产支持证券人民币 2800 多亿元，这个数字几乎相当于 2005～2013 年试点发行量总和的 3 倍。资产证券化业务的发展可以盘活存量信贷资产，带来中间业务收入的增长机会，还有利于优化资产负债结构，降低风险资产规模，提升资本充足率水平，同时也拓宽了融资渠道。这能够同时帮助银行解决盈利能力和资产质量两方面的问题。然而即便以 2014 年的数字来看，资产证券化在中国仍处于起步阶段，截至 2014 年底，中国资产证券化产品发行量仅占整个债券市场发行量的 4.7%。相比发达市场，例如美国，2014 年资产证券化产品发行量占到整个美国债券市场发行量的 23.9%。这其中还有很大的增长空间。在 2014 年底及 2015 年初，中国迎来了证券化市场备案制加央行注册制，证券化规模有望加速扩容，业务常规化发展，未来发起机构、产品类型、结构设计和交易场所也将进一步多元化发展。此外，资产证券化业务的发展还有利于银行提升信贷资产定价能力，更好地应对利率市场化。银行应进一步提升产品设计能力以及业务运作效率，抢占市场发展先机。如何结合政策和自身情况，充分利用资产证券化和其他金融市场产品从做"存量"银行到"流量"银行，是当下银行需要研究的另一个转型问题。

最后，谈一下互联网金融。与其说它是对银行业的冲击，不如说是它给人们带来的感受变化是巨大的。现在有多少支付方式是通过手机而不是现金和银行卡，出门带手机不带钱包已经成为很多人的习惯，余额宝产品的出现也一定程度上改变了人们的理财习惯。一谈到互联网金融的冲击，很多人想到的是渠道支付、社交媒体、大数据、云、还有诸如人脸识别等的技术变革，而我今天想谈的是另一方面。我认为，互联网金融企业相较于传统银行业最大的优势是它们的企业文化和组织管理结构。大部分的互联网金融企业的定位首先是互联网企业然后才是金融。为什么这么说呢？这是因为看一家企业不是主要看它做什么而是看它怎么做，看它做事的思路。许多互联网企业都有一个最大的特点，是什么？是危机感，这不仅存在于行业中那些初创企业也包括龙头企业。这个行当的从业者都清楚，可以在短短一两年估值翻个几十甚至上百倍，也可以在同样的时间里被人赶超甚至击败而退出市场。这决定了互联网企业的一个很有特色的企业文化，是"拼"。如果你接触过一些顶尖的互联网企业就会不难感受到，上至公司管理层下到普通员工，做事都非常"拼"，这对他们来说已经是一种习惯，因为不发展、不进步就意味着很快被击败、被淘汰，这同传统银行业是不一样的。我有机会和一些互联网高层接触，你知道他们和你一起吃饭的时候最喜欢谈的是什么？除了经济形势和企业管理，是你有没有用过他们公司的最新产品，他们会直接手把手帮你在手机上下载他们公司最新推出的应用，教会你使用，然后下次见面就会问你用户体验怎样，谈到他们公司的产品时总是滔滔不绝而又如数家珍，而且每个人都是这样，真是惭愧啊。这就是互联网的习惯。试想，如果这样的企业搞金融，要同他们竞争还真是有压力。还有是他们扁平化的管理结构，我参加过一些他们公司的会议和讨论，最深刻的印象是高管和下级员工经常出现在同一个会议发表自己的观点、提出建议，级别相差很大的管理层就同一个问题直接讨论甚至争论，他们组织会议的宗旨是相关性，与级别无关，所以一般在不同级别开几个会议研究的事，可能通过一个会就搞定了，因而有很多看似很困难的问题和想法都可以很快得出解决方案并付诸实施。很多创新，包括余额宝等在传统银行业是很难获得成功的，不是缺乏技术和能力，而是管理结构和决策速度。就拿余额宝来说，从推出时获得巨大成功到现在很大程度上被银行同质产品削弱，也就一年多的时间，也就是说产品的黄金生命周期很短，如果内部研究和决策的时间长了，那么产品的价值就会大幅度下降。产品生命周期短，如何以最快速度推出新产品是互联网金融的一个特点。当然，互联网金融的企业相比银行业也有相对的不足之处，过度的危机感，一味地追求创新和速度会给风险管理带来巨大的挑战，也会为未来的持续发展埋下隐患。但是对银行业来说，怎样借鉴互联网的文化和管理体制中的优势和精华，而不是仅仅从技术手段和业务层面上实现互联网金融，是转型中值得好好探索的领域。

（作者系安永金融服务部合伙人）

# 商业银行如何应对"互联网+"时代的挑战

## 张　越

今天，我想在这很有限的时间里专注于两个问题：第一，互联网＋时代，银行会变成什么样子？第二，互联网＋时代，传统银行如何应变？

对于第一个问题，我们有三点想法：

第一点，您所熟知的很多金融产品将以完全不同的面貌出现，因为移动互联、大数据等技术以及跨界合作将带来银行产品的深度创新。

举个例子：澳大利亚 CBA 银行有一款房贷产品的 APP。客户看见心仪的房子，用手机拍照。APP 中的图片比对功能可以迅速识别这是什么小区，并给客户显示出这个小区的房屋价格、其他在售房子、历史交易价格、房屋所在区域的人口数据、收入水平、犯罪率等，如果客户感兴趣，马上可以在 APP 上联系中介，并且可以在 APP 上预申请房屋贷款并预约银行的贷款经理。这样的房贷产品无疑将给客户带来完全不同的体验。然而，这样的产品需要银行以客户为中心，在产品设计、运营流程、技术支撑方面作出深刻的改变。而且，这样一款产品需要银行进行跨界合作：与房地产交易平台、房屋中介、技术创新公司（例如图片识别与比对）、政府机构等。当然，这样一款产品要求银行能够做到线上与线下的无缝对接。

第二点，数据将贯彻银行价值链的各个主要环节。

您可能会问，我们银行业从诞生之日起就天天跟数据打交道，这里有什么变化可言？是的，银行业拥有海量数据。但是，数据的应用还存在相当大的潜力。试问：我们在用数据洞悉客户，做精准营销、客户细分和预防流失方面还有没有提升空间？我们有没有用数据指导渠道和介质的建设，例如个性设计、功能优化和多渠道整合？我们有没有充分地基于数据做产品与服务的设计，例如产品创新、非金融增值服务和个性定价？我们有没有充分发挥数据的力量进行风险控制，例如优化模型和算法、管理不良资产、识别欺诈异常？我们有没有让数据支撑我们的运营交付，例如优化管理渠道、优化流程、提升产能？"大数据"已经成为了热词，但究竟"大"在什么地方？我们认为，这个"大"体现在当数据海量可获、处理技术日益精进的时候，数据能够以更快、更准、更低成本的方式支持银行业的转型与发展。这是银行业在"大数据"方面必须抓住的机遇。

第三点，银行的传统业务领域将充斥着跨界竞合。

银行业将成为更开放的行业，不仅是持牌机构，您会看到越来越多的跨界竞争。我们对于金融科技创新的一个研究的总结论是：在传统银行的各业务领域，在客户与银行互动的各价值链环节，互联网与金融的融合与创新都如雨后春笋般涌现。未来，我们今天的银行业原住民将会与这些选手在各个角落竞争、合作。银行业将面临更高层次的重新大分工，生态、平台、跨界将是您会时时听到的关键词。

在讨论第二个问题之前，我们想先介绍一个简单的分析框架。银行业务是异常复杂的，为讨论方便，我们把银行业中的所有活动简化为两个部分：第一，业务模式，其中包含了客户、产品、渠道、区域，这是在回答一家银行"做什么"的问题；第二，运营模式，其中包含流程、IT，体制机制、核心管理职能，这是回答"怎么做"的问题。

在这个框架的指导之下，我们总结了波士顿咨询在全球 45 个国家的项目经验，发现有 6 件事是各家银行在转型过程中都难以回避的。

1. 重塑客户旅程，即客户与一家银行在完成一个业务时的互动方式与历程。

2. 精简产品与服务组合，即清理货架，给客户真正最需要的，而不是所有他可能需要的。

3. "端到端"精益流程优化。传统的"铁路警察、各管一段"式的流程优化是"部门银行"现实之下的产物，但是，流程的繁冗浪费往往大量存在于环节之间与部门的交接处，如果不能"端到端"地看问题，流程优化很容易事倍功半。

4. 建设数字化与自动化运营大平台。中国的银行业有百万级的柜员大军，此外，各家银行的后台中心、呼叫中心等交付与服务单位还有为数众多的自有员工和外包人员，日复一日地完成大量低价值的处理活动。而客户的维护、服务、交叉销售等活动却因为人员不足而难以充分展开。中国银行业亟待进行人员结构的调整。互联网时代，建设以技术和数据为支撑的运营大平台势在必行，也是大势所趋。

5. 体制机制改革应适应互联网时代。这是个"深水区"话题，同时也是中国银行业改革的巨大"红利"所在。在一个精英聚集的行业中，一旦人的创造力与生产力得以释放，转型的车轮将滚滚向前。"互联网＋"时代需要灵活应变、扁平高效的组织。如何使一个强监管、重稳健的行业迎风起舞，这是海内外各家银行都正在积极攻坚的课题。

6. 数据驱动的科学、精细化管理体系。中国人常说，"不怕做不到，就怕想不到"。要怎样才能想到呢？需要"以客户为中心"进行精细化的科学管理，而不是"拍脑袋"、"唯领导"。这就需要各家银行积极借力数据，并应用科学的方法建设管理体系。

这六大抓手是中国银行业转型难以回避的六大议题。但转型的路径又是怎样的呢？

过去，海内外银行业总体而言有两大业务模式：规模制胜或者体验制胜。在过去的数年间，很多银行都想努力融合二者，想做到"既大又美"，但探索的道路异常艰难。但是，在互联网时代，我们看到了解决这一矛盾的契机，因为技术带来了创新成本的大幅降低和创新速度的显著提升。规模与定制、成本与体验之间有了融合的可能。然而，在探索的过程中，我们的传统银行面临一个转型的路径选择问题：是在母体内一点一点地完成深度的数字化、渐变式的转型，还是主要在体外创新，从而规避转型的障碍，以求轻装前进，以小博大？

这个讨论至今没有一致的观点。综观波士顿咨询在全球的项目经验，我们也看到了在不同路径之下的各种尝试。对于中国的银行业，我们更加相信，越来越多的银行，特别是大行，会更多地采取双线作战的模式，即母体的渐变式数字化与体外的阔步创新。这是因为中国银行业在转型中面临的挑战与很多海外成熟市场不同：宏观经济的新常态、银行业的市场化压力与互联网的迅速商业化碰撞在了一起，这既激发出了雄厚的转型动力，也带来了巨大的转型压力。中国银行业面临的新五年，势必艰巨，但也壮阔，这是一场面向朝阳的转型。大潮从来都会带来机遇，我们坚信，中国的银行业在经过洗礼之后，会更强大、更精彩。

（作者系波士顿咨询董事经理）

# 当前是中国经济的战略决策点

## 刘煜辉

　　在国家经济遇到大的困难和挑战的情况下，中国银行业能够逆势生长，确实不容易。

　　中国经济现在面临着困难，全球看空中国经济的预期情况十分糟糕，这可能是过去十几年罕见的，而且迟迟不能消散。这种预期来源于中国经济最近的一种让人看不懂的状态，2015 年 6～8 月，整个中国的财经政策像中了魔一样，一副好牌，打一张错一张。最重要的表象就是中国股市的大幅波动。

　　资本市场这一波的上涨行情最终的确立，背后的原因是在 2014 年中期，中央确立了一个积极的股市政策，这个导向是很明显的。

　　一方面，政府要通过政策推动金融资源配置体制的转型。中国经济现在面临经济结构的调整和转型，但是依靠传统的商业银行为主体的这一套间接金融体系，是不太可能把金融资源转移到中国经济未来要转型的，所谓轻资产部门上去的。政府曾经也做过努力，包括从 2014 年开始推进利率市场化、放松金融管制、推进金融自由化。目的是希望给现有的商业银行更多的金融自主权，希望它们能够更多地把金融资源分配到私企、服务业、高科技企业，能够实现金融配置的转型。但是由于没有整体改革框架的推进，也就是国企改革的缺失、财税改革的相对滞后，最后金融改革的单兵突进，出现了一个不太好的导向。集中反映就是在 2012～2013 年变成影子银行的繁荣。当我们要去清理、把盖子揭开的时候，发现几十亿元的债务。更多的金融资源没有流向经济转型的方向，商业银行把更多的钱投向了平台和房地产。

从这个角度去看，2015 年 3 月 12 日周小川行长所讲的，银行资金进入股票市场，也是金融支持实体经济。要实现所谓金融资源的转移、配置机制的转移，单靠商业银行为主体的间接金融体制是没有办法实现的。商业银行的贷款是依靠抵押物的，而真正经济转型的方向最缺乏的恰恰就是抵押品，所以不可能从传统商业银行体系中获得资源。那要怎么办？所以政府设计出了一个积极的股市政策，利用资本市场的发展给未来要发展的、或者代表中国梦转型的部门，给它一个资本的估值，给商誉、前景、梦想一个资本的估值。有了资本估值以后，这些企业就有了市值的概念，实际上就是造了一个抵押品。这些上市公司或者估值的转型部门公司，就可以以市值、以资本市场造出的抵押品、股权，到传统商业银行体系获得资源，这就是股权抵押贷款。股权抵押贷款是从 2013 年之后开始繁荣起来的，在这个过程中，包括各种的金融工具，以股权为依托、为标的的各种金融创新和工具，使得传统的商业银行体系里的资源开始向转型的部门流动，从整体战略来讲设计是非常合理的。如果做得好，应该是非常合理的一个方向。在股市没有波动之前，我们也看到了一个积极的效果，一个繁荣的产业资本的并购市场已经开始形成。2014 年，每个月发生企业之间的并购规模金融已经超过了 2000 亿元人民币，一年差不多有 2.5 万亿元的信用资源，实际上在要转型的公司部门已经开始进行资产资源的重构，这是悄然发生的很大的一个变化。特别是 2015 年 1~5 月，这个势头骤然升级，整个股权质押贷款做了大概 8000 亿元，这样就看到了资源配置开始转型配置的良好效果了。

另外，就是打破传统的金融体系中非常顽固的体制弊端，所谓刚性兑付和道德风险的体制。对于中国的宏观决策者来讲，不太可能采取一个休克的疗法，不可能用一次性出清这种剧烈方式的办法完成中国经济结构的调整。那么我们怎么处理这么大的存量？想到的办法都是围绕资本市场做文章。通过快速提升整个经济的证券化率，逐步找到化解这样庞大的存量包袱的办法。这为下一步进行的国有企业改革，国有资产的证券化奠定了一个很好的基础。然而，从5月开始，资本市场的状况整体脱离了运行轨道，形成了非常大的泡沫，由于各种政策的协调，整个财经决策体制出现了一系列的失误，完全脱离之前所设想的，最后酿成了灾难性的过程。

制定战略的出发点没有问题，但在具体执行中到底哪个环节失控，导致了泡沫的破裂？有很多人把原因归结于杠杆的交易，但我觉得这只是一个表象，其实真正的原因还是来自于实体经济本身，金融和实体经济之间的脱节，脱节真正的关键在于过去两年多和三年多所争取的时间内，我们没有真正培育出一个实体经济中能够加杠杆的主体。用通俗的话讲就是没有找到一个新的驱动力，我觉得这是问题最根本的症结。如果没有找到一个能够加杠杆的主体的话，就意味着整个经济面临高收益、风险可控的资产供给的短缺。这是目前商业银行所面临的急迫问题，商业银行面临的并不是存量不断溢出的不良贷款，而是在经济中间找不到一个信用资源可以投上去的、可靠的、能够创造高收益的供给主体。

这个问题不是在今天发生的，而是由来已久，可以追溯到"4万亿"时期，商业银行简单地把钱砸给地方平台，通过它们形成一条链条，维持了两年时间最后也破灭了，随着地产周期拐点的到来，再到后来会出现天大的窟窿，再把这样的模式复制到资金向资本市场转移的过程中，通过大量的银行信用资源直接进入到不是产业资本和资本市场真正结合的产权并购领域，大量的资金通过资本市场创新的工具，涌入了金融资本市场的资本工具交易环节，资金最终并没有沉淀在希望的市场，而是进入交易环节。整个交易量急剧放大，最高的时候一天超过了2万亿元，这是人类股票交易市场的奇迹。最后，大量的金融资源都在交易流转的环节，没有找到实体，这样制造出来的短期高收益市场只是一个幻觉，大量的钱借给人炒股，这样制造出来的市场实际上是一个幻觉。随着泡沫做大的时候，突然一下坍塌下来，进入今天非常糟糕的状态。根本的原因还是金融一直无法回避的——货币的堰塞湖问题，在整个金融机构、市场之间来回转悠，这是一个非常奇怪的现象——高收益市场紧缺，面对的是一个市场接一个市场，在短期资金的追逐下变成一个又一个的泡沫。风险外溢性一定会传染商业银行，因为损坏了整个中国最有活力的团队，造成了经济一波又一波衍生的影响，将深刻地影响商业银行的未来，甚至整个国家的安排计划。

中国经济现在的问题，从中长期来讲，中国经济的潜力非常大，因为中国得的病，中国经济所面临的困境和日本、欧洲完全不一样，因为它们的问题是经济社会文化、文明发展到相当高的水平后面临增长的瓶颈。中国所面临的增长困境从医学的角度来讲是"内分泌失调"。中国政府要"割块肉"，要把利益、空间、机会让出来，让民资去投资、让富人不要移民。其实民营资本都很有钱，没有真正的债务负担，缺的就是政府诚意，一个是产权，一个是税费。

所以，大家所面对的是系统性风险。经过 6～8 月中国金融市场的大震荡以后，整个决策层也在反思、评估、调整。我希望他们能够找到问题的症结，现在政府一定要拿出诚意，这样民资才能成为真正能够为中国经济不断地持续贡献高收益资产的主力军。只有这样，中国经济的转型和商业银行的战略转型才能得以实现。

还是那句话，今天是最好的时代，也是一个最坏的时代。从机遇的角度来讲，中国现在是三大战略在一个历史窗口形成汇聚的局面，在全球经济体上是非常罕见的。三大战略中第一个是经济结构的转型；第二个是金融体系的改革转型，从一个间接的以银行为主的金融体系转向以市场为导向的直接融资为主的金融体系；第三个是本币的国际化。三大战略机遇在历史上同一个时间窗口汇聚，机会非常好，要好好把握。

（作者系中国社会科学院金融实验室主任）

# 打造持久竞争力的几点体会

## 欧明刚

经过 10 多年的银行竞争力评价工作后，我有几点体会想与大家分享。

一是幸福的家庭都是相同的，不幸的家庭各有各的不幸。长期以来，大凡经营情况好、竞争力指标稳居前列的银行，大都表现为：公司治理比较好（主要表现为班子稳定、懂银行经营并以银行家为主要追求目标）、战略思路清晰并能得以实现、创新能力强、管理基础好、操作比较规范、人力资源丰富并有相应的激励机制（不一定表现为高货币收入）等，最基本的就是能基于长远规划，愿意做基础性的工作和进行战略性布局。而有些银行长期表现不尽如人意或者在某一阶段表现不尽如人意，具体情形则各不相同，有些是领导层不稳定、不团结，有些是基础太弱，有些是剑走偏锋而不因时改变，有些则没有特色过于平庸。

二是三十年河东，三十年河西。从全球大银行的排名中，我们总是看到全球银行业的风云变幻和银海沉浮。20 世纪 80 年代跻身全球银行前 10 名的日本大银行，不少已经销声匿迹。虽然我们对中国商业银行进行评价的时间还不太长，但从评价结果，即排名表的变化中，我们仍然可以看到其中的变化。在早期，我们看到，股份制银行独特的竞争优势，而随着国有银行的股份制改革和上市，股份制银行的体制优势渐渐不那么明显，国有银行管理基础好，信息技术投入的优势却日益显现，从而带来竞争力后来的相对变化。从宏观的角度看，反映了中国银行业竞争格局正在形成，银行业的整体活力在提升。从微观的角度看，反映了不同性质银行战略、治理、风险管控等方面提升的快慢或问题表现的多少。

三是打造百年老店任重道远。从多年的银行评价来看，一些不错的银行被打上了鲜明的领导人个人烙印。然而，领导人毕竟是有任期的，领导人也有看走眼的时候，因此，要想打造百年老店，成为具有持久竞争力的银行，显然不能将希望寄托在某个领导人身上，这还是人治的银行。这就需要除了建立一个良好的公司治理架构之外，还要有一套良好的、独特的银行文化，这套文化将具有强大的生命力和渗透力。从中国目前银行业的情况来看，要实现这一点，还真不容易，还有许多工作要做。

当前的突出工作就是转型。尽管中国商业银行在国际上的竞争力已经大有长进，但这些成绩的取得在很大程度上来自良好的宏观经济环境和初始的金融改革红利。对于银行家们说，真正的竞争才刚刚开始。随着宏观经济进入新常态、改革走向深水区，不良资产上升、盈利能力下降，银行面临的挑战可能要大于机遇，总之，银行必须依靠转型来应对挑战。

关于转型，我想说两个观点。一是转型要处理好短期利益与长期利益的关系、短期风险与长期风险的关系。转型是一场银行的内部改革，会涉及业务模式、管理体制，当然会涉及利益调整，会触及人的灵魂，难度非常大，操作不当会对短期业绩造成影响，甚至带来灭顶之灾，但如果不进行转型，则市场会被对手慢慢瓜分。这需要对转型有良好的设计和精心的操作。二是银行转型既要关注战略转型，更要关注管理转型。关于银行转型，讨论比较多的是战略转型，即讨论要放弃哪些业务、哪些客户和哪些市场，而重点进攻哪些业务、哪些客户和哪些市场。我认为这非常重要，因为战略失误是最大的风险。然而，对于中国银行业而言，我认为管理转型可能更为重要。银行业竞争更加依赖产品、服务和管理的时代已经过去，银行更加依赖管理技术。中国银行业此前由于在良好的宏观经济环境下，管理好坏的银行都在赚钱，银行也没有改进管理的动力和压力，不少银行是于最近20年内才成立，管理基础非常薄弱。不管如何进行战略转型，中国银行业轻松赚钱的时代已经一去不返了，因此，管理能力则成为银行竞争力的核心。因此，需要改革粗放的管理模式，采用精细化管理手段，加强培训，重视银行的管理基础工作，重视管理细节，注重成本管理和业务流程管理，加强风险管理。这些工作虽然琐碎、耗时，短期可能没有成效，但我们不得不做，谁做得好、做得早，谁就主动，转型才可能真正成功。

（作者系《银行家》杂志副主编）

# 获奖行代表发言

陈晓燕

　　《银行家》杂志这些年来始终如一，坚持对银行建立一个科学合理的评价体系，帮助大家共同分析所面对的市场，所面对的挑战以及共同研究探讨该如何应对这些挑战？给我们提供了一个很好的交流沟通和促进行业发展的平台。

　　关于新常态中新的特点、新的挑战，工商银行也在不断地强化对它的认识。当然工商银行还是坚持稳健和转型创新发展，保持了一贯稳健的经营风格，持续推进转型和创新战略的执行。2014 年，工商银行的业绩是非常好的，虽然利润增长率降到了个位数，但是盈利模式、盈利结构、盈利质量都在向好的方向发生转变。资产的结构和质量也在发生变化，客户的结构和质量也在发生变化，这些正是应对新常态下持续推进转型和创新实际的效果，也是我们想追求的方向。

　　随着时间的推进，我们对新常态下的新挑战还会不断地加深认识。整个社会经济的结构随着中国市场经济不断的深化和发展，还会有更多的挑战，同时也伴随着机遇，我们更应看到其中蕴含着的大量机遇。

　　所以，下一步工商银行首先会坚定信心持续做好服务于实体经济的工作，用转型创新的方法持续优化存量的资产结构不断创新服务、优化资产增量的质量，要锻炼一副火眼金睛，持续推动新的产业升级创新和发展，服务实体经济，让金融的"活水"更好地浇灌实体经济，这是下一步一定要坚持的战略。第二，会持续进一步地推动创新和服务。大家热议的互联网金融，工商银行会持续在互联网金融发展中去推进创新、改善服务，让工商银行提供的服务更好地契合客户的需求，契合市场的发展变化，以更低的门槛、更高的服务、更优的效率广泛地服务于我们的客户群。第三，作为大型商业银行，工商银行会进一步增强责任感、使命感。在推进银行的综合化、国际化中下更大的力量，让已经走向国际的金融服务在更好地服务本土客户的同时融入全球的金融服务市场竞争，在开拓更广阔金融市场上发挥作用，同时要在综合化上发挥作用。国际化和综合化分不开，我们不仅仅是服务传统金融，更要为更多创新型金融服务，比如资产管理、互联网金融等，提供更广泛的综合金融服务，支持我们的客户、支持国家战略、支持中国资金走向市场。下一步，工商银行会坚持既定的发展战略，让战略实实在在地落地，成为全球、全集团的行动，为中国金融的发展作出更大的贡献。

（作者系中国工商银行资产管理业务总监）

# 申学清

作为国内为数不多的不收费评比项目，《银行家》杂志建立了一套客观、公正的评价模型，确保了评价结果的独立、权威。

对于郑州银行来说，能够获得此项荣誉，的确来之不易。郑州银行于1980年成立的，隶属于人民银行的城市信用部，可以算是城商行系统的一名老兵。历经改制更名，从郑州城市信用联社、郑州城市合作银行、郑州市商业银行，到今天的郑州银行；从1998年发生严重挤兑，几乎丧失支付能力，几近面临"退市"，惊动党中央、国务院，到浴火重生并逐步跻身到城商行系统的第一梯队，甚至开始谋求香港H股"上市"，乃至得到今天这样的荣誉。套用股市上的一句话，郑州银行实现了"V"型反转，进入了"主升浪"，这应该可以算是中国金融史上的一个奇迹。这不仅得益于我们国家社会主义制度的优越性，也得益于我们的监管当局、各级政府的科学决策和正确领导，还得益于各位专家学者、兄弟金融机构的帮助和支持。

近年来，郑州银行围绕中原经济区建设和郑州商贸物流城建设，突出个性化和特色化，立足商贸物流银行、中小企业融资专家和精品社区银行的市场定位，全力推进转型发展，努力探索符合自身特点的发展道路，一直在追赶"老大哥先进行"的发展步伐，也作出了一些有益的探索。但是与在座的"老大哥行"和兄弟城商行来比，我们仍有较大的差距。

今天有幸领到这个奖项，我认为不仅是郑州银行的荣耀，更是代表着整个城商行群体的荣耀。这个群体曾经在金融体系中，只能起到拾遗补阙的作用。而今天城商行系统的资产规模已经达到 20 万亿元，接近全国银行业资产规模的十分之一。一些城商行在规模上已经超越了部分股份制商业银行，一些城商行在综合化经营方面已经展开积极的尝试，一些城商行在本地市场份额已经位居前列。尤其是在支持小微企业和"三农"方面，多数城商行走在当地金融机构的前列。今年上半年，全部 16 家 A 股上市的银行中，除平安银行外，只有 3 家城商行（北京银行、南京银行、宁波银行）净利润增长达到两位数以上。可见，城商行的发展对于支持国民经济，尤其是地方经济发展的作用越来越大，对于优化中国的金融体系的意义也越来越重要。

但是，就城商行系统自身而言，整体发展还处于不均衡状态，也存在一些短板。一是规模实力不均。既有超万亿元的"大个头"，也有百亿元左右的"小个子"，更多的城商行仍然是在夹缝中生存。郑州银行资产规模虽然已经达到 2000 多亿元，但仍然属于一个小型银行。二是发展空间受限。在跨区域发展上受到政策制约，在本地发展上受制于当地经济总量。三是业务功能不全。受制于自身实力和所处地理环境，科技投入不足，高端人才缺失，开发能力不强，业务品种相对单一。资格准入受到限制，尤其是综合化经营步伐较慢，在金融日益脱媒的现状下，缺少足够的应变手段。四是体制机制不适。多数城商行仍类同传统国有企业监管，人事管理和薪酬管理不能体现市场化原则，缺乏相应的激励约束机制，不利于人才引进。

所以，时至今日，我们感到，不仅是郑州银行，包括整个城商行系统，仍然面临一些瓶颈亟待"破题"。

第一，在市场准入上。现有的全国性股份制商业银行也是在当年的区域性银行的基础上发展而来的，这说明城商行同样具备这样的发展潜力。因此，城商行能否与同类同质银行机构实行同一监管、准入标准，而不单纯以出身加以限制；是否可以制定相应的标准，在机构、业务准入方面放宽政策，允许一部分城商行先试先行。

第二，在发展模式上。能否推动部分城商行进行综合化经营试点，如开办互联网金融公司、物流金融公司、保理公司等专营机构，发起金融租赁公司、基金公司、消费金融公司，发起设立或参股信托公司、保险公司，提高其综合服务能力，以帮助其采取更为有效的措施，应对金融脱媒现象。

第三，在体制改革上。日前，中共中央、国务院已经出台了关于深化国有企业改革的指导意见。目前，多数城商行仍然是以国有成分为主体，由于隶属于地方政府管理，与其他国有企业又有所不同，因此在改革的措施上也可能存在行业差异。城商行如何跟上改革步伐，探索符合自身特点的改革措施，需要我们更为积极的探索。

第四，在转型发展上。不同发展阶段的城商行应当制定不同的战略规划，确立不同的战略目标，锻造与之相适应的能力，全面推动自身的转型发展。但是做好转型发展，城商行面临着人才和科技两大"洼地"。这需要城商行建设更加科学的用人和薪酬机制，加大科技投入，加强信息和技术共享。

这些问题，我们正在积极探索解决。但是，有些问题仅凭自身力量是难以一蹴而就的。我们也恳切地希望在座的政府、人民银行等监管部门领导给予帮助和指导，希望各位专家、学者给予关注和研究，希望"老大哥行"和兄弟金融机构给予关心和支持。

（作者系郑州银行行长）

# 第六部分

# 附录：2014 年中国商业银行
# 竞争力评价结果

# 附录一 商业银行竞争力排名表（2015）

**表 6 - 1**          **2014 年全国性商业银行核心竞争力评价排名**

| 大型银行 | 资产（亿元） | 风险 | 资本 | 盈利 | 流动性 | 综合财务评价 | 名次 |
|---|---|---|---|---|---|---|---|
| 中国工商银行 | 206099.53 | 0.803 | 0.983 | 0.824 | 0.710 | 0.847 | 1 |
| 中国建设银行 | 167441.30 | 0.810 | 0.996 | 0.804 | 0.684 | 0.841 | 2 |
| 中国银行 | 152513.82 | 0.769 | 0.946 | 0.720 | 0.621 | 0.776 | 3 |
| 中国农业银行 | 159741.52 | 0.823 | 0.902 | 0.762 | 0.740 | 0.810 | 4 |
| 交通银行 | 62682.99 | 0.776 | 0.960 | 0.650 | 0.524 | 0.746 | 5 |
| **全国性股份制商业银行** | **资产（亿元）** | **风险** | **资本** | **盈利** | **流动性** | **综合财务评价** | **名次** |
| 招商银行 | 47318.29 | 0.840 | 0.876 | 0.802 | 0.633 | 0.813 | 1 |
| 上海浦东发展银行 | 41959.24 | 0.849 | 0.847 | 0.784 | 0.521 | 0.790 | 2 |
| 兴业银行 | 44063.99 | 0.852 | 0.847 | 0.789 | 0.413 | 0.782 | 3 |
| 中国民生银行 | 40151.36 | 0.800 | 0.829 | 0.791 | 0.549 | 0.779 | 4 |
| 恒丰银行 | 8485.55 | 0.867 | 0.845 | 0.711 | 0.588 | 0.771 | 5 |
| 华夏银行 | 18516.28 | 0.819 | 0.839 | 0.720 | 0.631 | 0.766 | 6 |
| 中信银行 | 41388.15 | 0.774 | 0.885 | 0.695 | 0.593 | 0.752 | 7 |
| 浙商银行 | 6699.57 | 0.911 | 0.827 | 0.670 | 0.485 | 0.751 | 8 |
| 中国光大银行 | 27370.10 | 0.773 | 0.853 | 0.715 | 0.544 | 0.747 | 9 |
| 平安银行 | 21864.59 | 0.781 | 0.835 | 0.671 | 0.656 | 0.738 | 10 |
| 渤海银行 | 6671.48 | 0.813 | 0.843 | 0.642 | 0.519 | 0.723 | 11 |
| 广发银行 | 16480.56 | 0.750 | 0.819 | 0.621 | 0.582 | 0.699 | 12 |

表 6 – 2  　　　　　　　　2014 年全国性商业银行财务评价排名

| 大型银行 | 公司治理 | 发展战略 | 风险管理 | 信息科技 | 产品与服务 | 人力资源 | 市场影响力 | 总分 | 排名 |
|---|---|---|---|---|---|---|---|---|---|
| 中国工商银行 | 0.861 | 0.893 | 0.902 | 0.925 | 0.891 | 0.858 | 0.915 | 0.892 | 1 |
| 中国建设银行 | 0.857 | 0.868 | 0.887 | 0.838 | 0.878 | 0.862 | 0.898 | 0.870 | 2 |
| 中国银行 | 0.827 | 0.852 | 0.855 | 0.846 | 0.858 | 0.841 | 0.895 | 0.853 | 3 |
| 交通银行 | 0.869 | 0.845 | 0.828 | 0.827 | 0.825 | 0.848 | 0.832 | 0.839 | 4 |
| 中国农业银行 | 0.790 | 0.815 | 0.825 | 0.855 | 0.834 | 0.797 | 0.868 | 0.826 | 5 |
| 全国性股份制银行 | 公司治理 | 发展战略 | 风险管理 | 信息科技 | 产品与服务 | 人力资源 | 市场影响力 | 总分 | 排名 |
| 招商银行 | 0.858 | 0.871 | 0.827 | 0.815 | 0.872 | 0.842 | 0.848 | 0.848 | 1 |
| 中信银行 | 0.815 | 0.832 | 0.797 | 0.815 | 0.861 | 0.853 | 0.853 | 0.832 | 2 |
| 平安银行 | 0.841 | 0.834 | 0.836 | 0.783 | 0.855 | 0.813 | 0.801 | 0.823 | 3 |
| 中国民生银行 | 0.848 | 0.821 | 0.810 | 0.803 | 0.818 | 0.815 | 0.832 | 0.821 | 4 |
| 兴业银行 | 0.824 | 0.831 | 0.796 | 0.807 | 0.834 | 0.817 | 0.842 | 0.821 | 5 |
| 上海浦东发展银行 | 0.808 | 0.829 | 0.812 | 0.812 | 0.821 | 0.821 | 0.835 | 0.820 | 6 |
| 中国光大银行 | 0.781 | 0.818 | 0.820 | 0.745 | 0.825 | 0.761 | 0.815 | 0.795 | 7 |
| 华夏银行 | 0.770 | 0.791 | 0.800 | 0.706 | 0.781 | 0.757 | 0.791 | 0.771 | 8 |
| 广发银行 | 0.698 | 0.790 | 0.760 | 0.715 | 0.798 | 0.737 | 0.715 | 0.745 | 9 |
| 浙商银行 | 0.667 | 0.761 | 0.795 | 0.685 | 0.735 | 0.767 | 0.701 | 0.730 | 10 |
| 渤海银行 | 0.556 | 0.672 | 0.745 | 0.605 | 0.687 | 0.773 | 0.668 | 0.672 | 11 |
| 恒丰银行 | 0.531 | 0.681 | 0.781 | 0.616 | 0.692 | 0.717 | 0.689 | 0.671 | 12 |

表 6 – 3  　　2014 年资产规模 2000 亿元以上城市商业银行综合排名

| | 总资产（亿元） | 风险 | 资本 | 盈利 | 流动性 | 综合财务评价 | 排名 |
|---|---|---|---|---|---|---|---|
| 郑州银行 | 2042.890 | 0.860 | 0.683 | 0.845 | 0.682 | 0.809 | 1 |
| 长沙银行 | 2120.960 | 0.901 | 0.745 | 0.790 | 0.704 | 0.808 | 2 |
| 广州银行 | 3308.80 | 0.850 | 0.678 | 0.760 | 0.820 | 0.772 | 3 |
| 盛京银行 | 5033.71 | 0.924 | 0.747 | 0.709 | 0.599 | 0.759 | 4 |
| 成都银行 | 3002.30 | 0.809 | 0.728 | 0.737 | 0.679 | 0.747 | 5 |
| 徽商银行 | 4827.64 | 0.827 | 0.802 | 0.696 | 0.497 | 0.730 | 6 |
| 宁波银行 | 5541.13 | 0.795 | 0.702 | 0.714 | 0.671 | 0.727 | 7 |

续表

|  | 总资产（亿元） | 风险 | 资本 | 盈利 | 流动性 | 综合财务评价 | 排名 |
|---|---|---|---|---|---|---|---|
| 南京银行 | 5731.50 | 0.823 | 0.637 | 0.699 | 0.699 | 0.718 | 8 |
| 哈尔滨银行 | 3436.42 | 0.756 | 0.890 | 0.619 | 0.621 | 0.708 | 9 |
| 重庆银行 | 2745.31 | 0.836 | 0.602 | 0.717 | 0.533 | 0.705 | 10 |
| 北京银行 | 15244.37 | 0.834 | 0.594 | 0.711 | 0.427 | 0.691 | 11 |
| 昆仑银行 | 2782.99 | 0.844 | 0.722 | 0.643 | 0.394 | 0.684 | 12 |
| 天津银行 | 4774.67 | 0.713 | 0.728 | 0.664 | 0.507 | 0.674 | 13 |
| 上海银行 | 11874.52 | 0.801 | 0.720 | 0.634 | 0.412 | 0.671 | 14 |
| 江苏银行 | 10383.09 | 0.746 | 0.658 | 0.628 | 0.540 | 0.655 | 15 |
| 杭州银行 | 4185.41 | 0.685 | 0.681 | 0.627 | 0.569 | 0.646 | 16 |
| 包商银行 | 3128.65 | 0.696 | 0.640 | 0.622 | 0.559 | 0.638 | 17 |
| 吉林银行 | 2837.83 | 0.824 | 0.471 | 0.596 | 0.632 | 0.631 | 18 |
| 锦州银行 | 2506.93 | 0.783 | 0.541 | 0.616 | 0.444 | 0.625 | 19 |
| 厦门国际银行 | 3489.41 | 0.753 | 0.537 | 0.585 | 0.553 | 0.614 | 20 |
| 苏州银行 | 2013.20 | 0.738 | 0.722 | 0.477 | 0.569 | 0.601 | 21 |

**表 6-4　2014 年资产规模 1000 亿～2000 亿元城市商业银行综合排名**

|  | 总资产（亿元） | 风险 | 资本 | 盈利 | 流动性 | 综合财务评价 | 排名 |
|---|---|---|---|---|---|---|---|
| 台州银行 | 1024.54 | 0.882 | 0.889 | 0.900 | 0.716 | 0.875 | 1 |
| 贵阳银行 | 1529.42 | 0.785 | 0.794 | 0.891 | 0.828 | 0.839 | 2 |
| 南充市商业银行 | 1306.52 | 0.767 | 0.707 | 0.895 | 0.797 | 0.816 | 3 |
| 重庆三峡银行 | 1008.92 | 0.936 | 0.549 | 0.847 | 0.676 | 0.793 | 4 |
| 西安银行 | 1512.82 | 0.873 | 0.726 | 0.781 | 0.636 | 0.779 | 5 |
| 威海市商业银行 | 1170.36 | 0.876 | 0.801 | 0.688 | 0.665 | 0.755 | 6 |
| 张家口市商业银行 | 1052.13 | 0.805 | 0.580 | 0.825 | 0.640 | 0.752 | 7 |
| 洛阳银行 | 1172.70 | 0.738 | 0.728 | 0.782 | 0.611 | 0.743 | 8 |
| 宁夏银行 | 1038.23 | 0.716 | 0.736 | 0.746 | 0.681 | 0.730 | 9 |
| 长安银行 | 1258.90 | 0.845 | 0.791 | 0.691 | 0.453 | 0.726 | 10 |
| 富滇银行 | 1451.31 | 0.766 | 0.917 | 0.652 | 0.487 | 0.717 | 11 |
| 九江银行 | 1336.50 | 0.627 | 0.787 | 0.721 | 0.613 | 0.700 | 12 |

续表

| | 总资产（亿元） | 风险 | 资本 | 盈利 | 流动性 | 综合财务评价 | 排名 |
|---|---|---|---|---|---|---|---|
| 华融湘江银行 | 1643.33 | 0.767 | 0.586 | 0.712 | 0.648 | 0.694 | 13 |
| 河北银行 | 1821.61 | 0.766 | 0.671 | 0.648 | 0.718 | 0.689 | 14 |
| 东莞银行 | 1869.92 | 0.682 | 0.825 | 0.629 | 0.518 | 0.670 | 15 |
| 兰州银行 | 1551.62 | 0.759 | 0.557 | 0.653 | 0.750 | 0.670 | 16 |
| 桂林银行 | 1064.48 | 0.647 | 0.627 | 0.659 | 0.629 | 0.647 | 17 |
| 浙江稠州商业银行 | 1224.20 | 0.680 | 0.755 | 0.610 | 0.470 | 0.643 | 18 |
| 南昌银行 | 1558.75 | 0.533 | 0.686 | 0.686 | 0.615 | 0.640 | 19 |
| 湖北银行 | 1212.85 | 0.601 | 0.824 | 0.590 | 0.574 | 0.638 | 20 |
| 青岛银行 | 1561.66 | 0.726 | 0.589 | 0.581 | 0.576 | 0.618 | 21 |
| 晋商银行 | 1435.28 | 0.755 | 0.639 | 0.521 | 0.610 | 0.612 | 22 |
| 广东南粤银行 | 1427.58 | 0.643 | 0.712 | 0.522 | 0.614 | 0.600 | 23 |
| 厦门银行 | 1191.09 | 0.760 | 0.695 | 0.473 | 0.555 | 0.597 | 24 |
| 汉口银行 | 1690.90 | 0.560 | 0.761 | 0.484 | 0.595 | 0.569 | 25 |
| 福建海峡银行 | 1078.34 | 0.574 | 0.624 | 0.533 | 0.441 | 0.552 | 26 |
| 珠海华润银行 | 1075.34 | 0.674 | 0.734 | 0.369 | 0.480 | 0.530 | 27 |
| 龙江银行 | 1422.79 | 0.527 | 0.706 | 0.368 | 0.807 | 0.519 | 28 |
| 温州银行 | 1262.83 | 0.705 | 0.619 | 0.318 | 0.536 | 0.497 | 29 |

**表6-5　2014年资产规模500亿～1000亿元城市商业银行综合排名**

| | 总资产（亿元） | 风险 | 资本 | 盈利 | 流动性 | 综合财务评价 | 排名 |
|---|---|---|---|---|---|---|---|
| 青海银行 | 533.34 | 0.820 | 0.979 | 0.821 | 0.590 | 0.829 | 1 |
| 唐山银行 | 572.64 | 0.966 | 0.582 | 0.850 | 0.827 | 0.823 | 2 |
| 沧州银行 | 581.39 | 0.861 | 0.818 | 0.717 | 0.811 | 0.783 | 3 |
| 邯郸银行 | 816.49 | 0.833 | 0.819 | 0.756 | 0.699 | 0.782 | 4 |
| 浙江泰隆商业银行 | 868.58 | 0.741 | 0.691 | 0.799 | 0.663 | 0.749 | 5 |
| 营口银行 | 816.37 | 0.668 | 0.821 | 0.743 | 0.818 | 0.747 | 6 |
| 日照银行 | 730.73 | 0.703 | 0.732 | 0.773 | 0.706 | 0.740 | 7 |
| 攀枝花市商业银行 | 620.54 | 0.821 | 0.857 | 0.689 | 0.544 | 0.741 | 8 |
| 乐山市商业银行 | 639.42 | 0.676 | 0.820 | 0.758 | 0.568 | 0.731 | 9 |

续表

| | 总资产（亿元） | 风险 | 资本 | 盈利 | 流动性 | 综合财务评价 | 排名 |
|---|---|---|---|---|---|---|---|
| 晋城银行 | 535.49 | 0.794 | 0.788 | 0.697 | 0.578 | 0.728 | 10 |
| 辽阳银行 | 815.81 | 0.765 | 0.778 | 0.573 | 0.767 | 0.681 | 11 |
| 齐商银行 | 707.34 | 0.774 | 0.712 | 0.589 | 0.781 | 0.679 | 12 |
| 柳州银行 | 775.12 | 0.619 | 0.827 | 0.632 | 0.625 | 0.667 | 13 |
| 鞍山银行 | 806.15 | 0.771 | 0.612 | 0.564 | 0.768 | 0.646 | 14 |
| 阜新银行 | 785.64 | 0.666 | 0.801 | 0.522 | 0.677 | 0.629 | 15 |
| 内蒙古银行 | 835.61 | 0.730 | 0.823 | 0.478 | 0.572 | 0.619 | 16 |
| 浙江民泰商业银行 | 887.14 | 0.676 | 0.674 | 0.575 | 0.563 | 0.619 | 17 |
| 潍坊银行 | 823.30 | 0.701 | 0.745 | 0.530 | 0.526 | 0.615 | 18 |
| 莱商银行 | 552.51 | 0.707 | 0.691 | 0.481 | 0.668 | 0.598 | 19 |
| 德阳银行 | 564.44 | 0.730 | 0.915 | 0.349 | 0.527 | 0.575 | 20 |
| 泉州银行 | 607.79 | 0.786 | 0.631 | 0.381 | 0.526 | 0.547 | 21 |
| 绍兴银行 | 557.69 | 0.609 | 0.675 | 0.347 | 0.638 | 0.507 | 22 |
| 广西北部湾银行 | 840.99 | 0.593 | 0.904 | 0.177 | 0.595 | 0.468 | 23 |

表6-6　　2014年资产规模500亿元以下城市商业银行综合排名

| | 总资产（亿元） | 风险 | 资本 | 盈利 | 流动性 | 综合财务评价 | 排名 |
|---|---|---|---|---|---|---|---|
| 曲靖市商业银行 | 196.46 | 0.864 | 0.878 | 0.900 | 0.846 | 0.881 | 1 |
| 遂宁市商业银行 | 243.92 | 0.803 | 0.783 | 0.946 | 0.808 | 0.864 | 2 |
| 承德银行 | 425.39 | 0.912 | 0.685 | 0.876 | 0.932 | 0.852 | 3 |
| 凉山州商业银行 | 209.85 | 0.741 | 0.856 | 0.877 | 0.742 | 0.825 | 4 |
| 雅安市商业银行 | 113.10 | 0.855 | 0.817 | 0.728 | 0.901 | 0.794 | 5 |
| 秦皇岛银行 | 334.37 | 0.739 | 0.655 | 0.850 | 0.935 | 0.792 | 6 |
| 宜宾市商业银行 | 211.54 | 0.716 | 0.794 | 0.809 | 0.818 | 0.784 | 7 |
| 泸州市商业银行 | 228.28 | 0.676 | 0.704 | 0.909 | 0.524 | 0.771 | 8 |
| 乌海银行 | 288.80 | 0.709 | 0.990 | 0.762 | 0.527 | 0.771 | 9 |
| 石嘴山银行 | 349.25 | 0.704 | 0.709 | 0.850 | 0.673 | 0.768 | 10 |
| 丹东银行 | 411.42 | 0.792 | 0.841 | 0.705 | 0.793 | 0.763 | 11 |
| 抚顺银行 | 388.10 | 0.752 | 0.948 | 0.711 | 0.642 | 0.762 | 12 |

续表

| | 总资产（亿元） | 风险 | 资本 | 盈利 | 流动性 | 综合财务评价 | 排名 |
|---|---|---|---|---|---|---|---|
| 衡水银行 | 333.69 | 0.706 | 0.632 | 0.821 | 0.888 | 0.761 | 13 |
| 平顶山银行 | 331.24 | 0.724 | 0.855 | 0.725 | 0.802 | 0.758 | 14 |
| 营口沿海银行 | 146.82 | 0.776 | 1.000 | 0.680 | 0.574 | 0.757 | 15 |
| 东营银行 | 461.58 | 0.815 | 0.696 | 0.727 | 0.778 | 0.748 | 16 |
| 邢台银行 | 418.79 | 0.649 | 0.692 | 0.813 | 0.784 | 0.745 | 17 |
| 达州市商业银行 | 166.92 | 0.637 | 0.685 | 0.856 | 0.626 | 0.744 | 18 |
| 大同银行 | 280.67 | 0.865 | 0.757 | 0.612 | 0.918 | 0.735 | 19 |
| 德州银行 | 337.58 | 0.728 | 0.733 | 0.727 | 0.694 | 0.725 | 20 |
| 济宁银行 | 341.98 | 0.743 | 0.885 | 0.639 | 0.726 | 0.723 | 21 |
| 江苏长江商业银行 | 133.62 | 0.776 | 0.885 | 0.574 | 0.776 | 0.707 | 22 |
| 葫芦岛银行 | 416.86 | 0.81 | 0.821 | 0.583 | 0.753 | 0.704 | 23 |
| 绵阳市商业银行 | 445.86 | 0.618 | 0.879 | 0.707 | 0.559 | 0.704 | 24 |
| 景德镇市商业银行 | 155.52 | 0.676 | 0.754 | 0.698 | 0.633 | 0.697 | 25 |
| 焦作市商业银行 | 270.64 | 0.862 | 0.906 | 0.55 | 0.458 | 0.690 | 26 |
| 玉溪市商业银行 | 190.67 | 0.727 | 0.893 | 0.566 | 0.745 | 0.689 | 27 |
| 自贡市商业银行 | 269.52 | 0.697 | 0.922 | 0.577 | 0.651 | 0.684 | 28 |
| 枣庄银行 | 137.53 | 0.534 | 0.594 | 0.753 | 0.758 | 0.667 | 29 |
| 本溪商业银行 | 227.88 | 0.652 | 0.790 | 0.602 | 0.739 | 0.666 | 30 |
| 金华银行 | 485.16 | 0.705 | 0.662 | 0.606 | 0.680 | 0.649 | 31 |
| 湖州银行 | 295.59 | 0.699 | 0.815 | 0.449 | 0.788 | 0.618 | 32 |
| 长治银行 | 206.505 | 0.676 | 0.650 | 0.583 | 0.556 | 0.617 | 33 |
| 泰安市商业银行 | 358.59 | 0.691 | 0.581 | 0.575 | 0.683 | 0.616 | 34 |
| 烟台银行 | 477.95 | 0.516 | 0.774 | 0.423 | 0.809 | 0.555 | 35 |
| 鄂尔多斯银行 | 492.97 | 0.534 | 0.965 | 0.350 | 0.568 | 0.541 | 36 |
| 嘉兴银行 | 407.33 | 0.647 | 0.610 | 0.228 | 0.625 | 0.449 | 37 |

注：数据披露不充分、成立未满三年（截至 2013 年 12 月底）以及正在重组合并的银行不计入此次排名。

# 附录二 2015 年中国商业银行竞争力排名获奖名单

表 6 – 7　　　　　　　　　全国性商业银行

| 大型银行财务评价前 3 名 | |
| --- | --- |
| 1 | 中国工商银行 |
| 2 | 中国建设银行 |
| 3 | 中国农业银行 |

| 全国性股份制商业银行财务评价前 5 名 | |
| --- | --- |
| 1 | 招商银行 |
| 2 | 上海浦东发展银行 |
| 3 | 兴业银行 |
| 4 | 中国民生银行 |
| 5 | 恒丰银行 |

| 大型银行核心竞争力前 3 名 | |
| --- | --- |
| 1 | 中国工商银行 |
| 2 | 中国建设银行 |
| 3 | 中国银行 |

| 全国性股份制商业银行核心竞争力前 5 名 | |
| --- | --- |
| 1 | 招商银行 |
| 2 | 中信银行 |
| 3 | 平安银行 |
| 4 | 中国民生银行 |
| 5 | 兴业银行 |

| 全国性商业银行单项奖 | |
| --- | --- |
| 最佳全国性商业银行 | 中国工商银行 |
| 最佳风险管理 | 浙商银行 |
| 最佳产品创新 | 平安银行 |
| 最佳战略管理 | 中国工商银行 |
| 最具盈利能力 | 上海浦东发展银行 |
| 最具研究能力 | 交通银行 |
| 最佳财富管理 | 中信银行 |
| 最佳资本管理 | 中国建设银行 |

表 6 - 8 　　　　　　城市商业银行

| 资产规模 2000 亿元以上城市商业银行竞争力评价前 5 名 | |
| --- | --- |
| 1 | 郑州银行 |
| 2 | 长沙银行 |
| 3 | 广州银行 |
| 4 | 盛京银行 |
| 5 | 成都银行 |

| 资产规模 1000 亿 ~ 2000 亿元城市商业银行竞争力评价前 5 名 | |
| --- | --- |
| 1 | 台州银行 |
| 2 | 贵阳银行 |
| 3 | 南充市商业银行 |
| 4 | 重庆三峡银行 |
| 5 | 西安银行 |

| 资产规模 500 亿 ~ 1000 亿元城市商业银行竞争力评价前 5 名 | |
| --- | --- |
| 1 | 青海银行 |
| 2 | 唐山银行 |
| 3 | 沧州银行 |
| 4 | 邯郸银行 |
| 5 | 浙江泰隆商业银行 |

续表

| 资产规模 500 亿元以下城市商业银行竞争力评价前 10 名 | |
|---|---|
| 1 | 曲靖市商业银行 |
| 2 | 遂宁市商业银行 |
| 3 | 承德银行 |
| 4 | 凉山州商业银行 |
| 5 | 雅安市商业银行 |
| 6 | 秦皇岛银行 |
| 7 | 宜宾市商业银行 |
| 8 | 泸州市商业银行 |
| 9 | 乌海银行 |
| 10 | 石嘴山银行 |

城市商业银行单项奖

| 最佳城市商业银行 | 郑州银行 |
|---|---|
| 最佳品牌城市商业银行 | 北京银行南京银行 |
| 最具盈利能力城市商业银行 | 台州银行承德银行 |
| 最佳风险管理城市商业银行 | 盛京银行西安银行 |
| 最佳管理创新城市商业银行 | 富滇银行包商银行 |
| 最佳产品创新城市商业银行 | 南昌银行德州银行 |
| 最佳小企业服务城市商业银行 | 浙江稠州商业银行哈尔滨银行 |
| 最佳新锐城市商业银行 | 石嘴山银行自贡市商业银行 |
| 最佳战略管理银行 | 邯郸银行微商银行 |
| 最佳公司治理银行 | 重庆银行晋城银行 |
| 最佳直接融资服务城市商业银行 | 天津银行青岛银行 |
| 最佳创新资产交易城市商业银行 | 江苏银行 |

# 附录三　注　　表

**表 6 – 9**　　　　　　　　　　　　未计入此次排名的银行

| 成立未满三年的城市商业银行 | 中原银行 | | |
|---|---|---|---|
| 数据披露不充分或不及时的城市商业银行 | 平顶山银行 | 临商银行 | 大连银行 |
| | 阳泉市商业银行 | 乌鲁木齐市商业银行 | 赣州银行 |
| | 朝阳银行 | 铁岭银行 | 贵州银行 |
| | 上饶银行 | 库尔勒市商业银行 | 新疆汇和银行 |
| | 盘锦市商业银行 | 廊坊银行 | 保定银行 |
| | 哈密市商业银行 | 晋中银行 | 甘肃银行 |